明清交替與江南社會

十七世紀中國的秩序問題

岸本美緒
Kishimoto Mio

明清交替と江南社会——
17世紀中国の秩序問題

吳靜芳——譯注

目次 Contents

導論……吳靜芳 005
序……031
第一章 明末清初的地方社會與「輿論」……059
第二章 明清時代的鄉紳……095
第三章 明末社會與陽明學……145
第四章 「五人」像的成立：明末民變與江南社會……203
第五章 崇禎十七年的江南社會與北京消息……259
第六章 清初松江府社會與地方官們……331
第七章 《歷年記》所見清初地方社會的生活……377
後記……435
索引……455

導論

吳靜芳／東海大學歷史學系副教授

本書作者岸本美緒教授，歷任東京大學文學部助教授、教授，現為御茶水女子大學名譽教授、公益財團法人東洋文庫研究員，為日本學界中國史研究的代表學者之一。岸本教授的著作相當豐富，歷年來累積的論文、書評等單篇作品高達一百三十一件；[1]在論著方面，主要有《清代中国の物価と経済変動》、[2]《明清交替と江南社会——17世紀中国の秩序問

1 參考自（日本）國立研究開發法人科學技術振興機構所建「J-GLOBAL」網頁所示研究者相關學歷、履歷與著作。https://jglobal.jst.go.jp/（檢索日期：二〇二三年十二月十四日）

2 岸本美緒，《清代中国の物価と経済変動》（東京：研文出版，一九九七）。中譯版：岸本美緒著，劉迪瑞譯，《清代中國的物價與經濟波動》（北京：社會科學文獻出版社，二〇一〇）。

題》（以下簡稱《明清交替與江南社會》）、[3]《明清史論集》（四冊）[4]與《明末清初中国と東アジア近世》[5]等。

在一九七〇年代末期，岸本教授早先是投入經濟史研究，尤其關注十七、十八世紀中國境內白銀流通及其對中國境內市場、產業與民生物價的影響，其研究成果主要集結於《清代中国の物価と経済変動》（一九九七）一書。岸本教授利用奏摺、文集與地方志等文獻，將晚明至清初時期米穀、棉花、生絲、棉布與田地的價格變化繪製成圖表，並且分析時人（官員、知識分子）觀察物價變化所留下的紀錄，討論時局變動對物價變化的影響。[6]進入一九八〇年代，由學者森正夫提出的「地域社會」作為方法概念，在日本學界的中國史領域引起廣泛地討論與迴響。[7]岸本教授也受其影響，將研究領域擴展到社會史，並稱之為「地域社

3 岸本美緒，《明清交替と江南社会——17世紀中国の秩序問題》（東京：東京大學出版會，一九九九）。

4 《明清史論集》分為四冊：第一冊是《風俗と時代観》（二〇一二），第二冊是《地域社会論再考》（二〇一二），第三冊是《礼教、契約、生存》（二〇二〇），第四冊是《史学史管見》（二〇二一），以上四冊皆由東京都研文出版社出版。現有中譯本：岸本美緒著，梁敏玲、毛亦可等譯，《風俗與歷史觀：明清時代的中國與世界》（桂林：廣西師範大學出版社，二〇二三）。然而，這部中譯本並

非前述四冊論集的完整譯本，而是從每冊論集中擷取部分篇章進行翻譯，因此不能說是完整呈現四冊論集的內容。

5 岸本美緒，《明末清初中国と東アジア近世》（東京：岩波書店，二〇二一）。目前尚未有中譯本。

6 據二〇二二年八月出版《風俗與歷史觀》中譯本內岸本教授撰寫的序文，回顧自己的研究經歷時提到，早先從事清代經濟史研究的方法，並非直接套用西方經濟學理論，而是藉由清代文獻分析以「釐清他們如何因應變動的經濟狀況來選擇自身的行動」。參見岸本美緒著，梁敏玲等譯，《風俗與歷史觀：明清時代的中國與世界》，〈序〉，頁ii。

7 有關「地域社會」的涵義，據森正夫教授解釋：「是關於為了把握人類按歷史進程所形成的社會的方法相關的概念」。「地域社會」作為用語，在使用上會出現「作為實體的地域架構」與「作為方法概念」的兩種情況，廣義來說，「是為了總體性地把握人們生活的基本場域而有的方法概念」。在其他論著中，也同樣強調他所提的是地域社會，「始終是觀點、是方法概念」，並且認為呈現「作為方法概念的地域社會特徵的關鍵詞」，包括：「場」、「秩序」與「知識道德的作用」。參見森正夫，〈中国前近代史研究における地域社会の視点——中国史シンポジウム「地域社会の視点——地域社会とリーダー」基調報告〉，收入森正夫，《森正夫明清史論文集》（東京：汲古書院，二〇〇六），第三卷「地域社會 研究方法」，頁九—一〇。森正夫，〈地域社會論的核心、背景、理解和課題〉，《人文研究期刊》（嘉義：嘉義大學人文藝術學院）第十二期，二〇一四年十二月，頁二九—三〇。森正夫，《「地域社會」視野下的明清史研究：以江南和福建為中心》（南京：江蘇人民出版社，二〇一七），頁一六—一七。

會論」，[8]而本書《明清交替と江南社会》即是岸本教授將地域社會論的觀點與方法予以具體實踐的研究論著。[9]雖然之後出版了《地域社会論再考　明清論集2》（二〇一二），從書名來看似著重於「地域社會」的討論，但是實際上該書收錄的論文是以廣域的視角探討中國乃至東亞社會，大致來說可分為兩項議題：其一是經濟層面，探討清代中國的市場運作、白銀流通與貨幣政策間相互影響；其二是國家統治與社會秩序的關聯，例如該書的第二部分「國家與社會秩序」，從明末清初江南社會發生的幾則民變事件，探討「暴力」與「正義」兩面性的問題。[10]

相較之下，較早出版的《明清交替と江南社会》（一九九九），則聚焦於十七世紀即明清政權交替時局下的江南社會，議題核心為江南地區的民眾面對變動局勢的回應方式，並從中帶出社會流動與輿論擴散、社會不安與民眾運動、陽明學傳播與民眾心態，以及國家權力與民眾對應等重要課題。雖然前述議題被認為是社會史領域，但是岸本教授認為這些「社會史」的議題並未脫離早先她從事的經濟史研究，提到：「當時的人們並不會對經濟和社會進行區分。無論是買賣商品和土地，還是與周遭的人們構築起人際關係，這些行為都是為了過上更好、更安定的生活」，[11]並且強調其研究出發點在於分析人們採取社會性行動其背後的

8 森正夫教授指出「地域社會」這個觀點，後來被岸本美緒教授稱作「地域社會論」，始自岸本教授在〈モラル・エコノミー論と中国社会研究〉一文中提到「森の地域社会論」。參見森正夫，〈地域社會論的核心、背景、理解和課題〉，頁二九；森正夫，《「地域社會」視野下的明清史研究：以江南和福建為中心》，頁二三；岸本美緒，《清代中国の物価と経済変動》，第二章〈モラル・エコノミー論と中国社会研究〉，頁九一。

9 據學者山本英史回顧自戰前至九〇年代日本學界中國史研究的歷程，提到早先在戰前時期的日本學界對於中國歷史演變的看法受到「停滯論」的影響，直到西嶋定生以十六、十七世紀松江府的棉業發展為課題而建構出發展階段論的架構，才有所改變。其後，七〇年代的日本學界中國史研究，特別是在明清史領域，圍繞著「鄉紳論」為主題，探討國家統治的模式。來到八〇年代而有森正夫提倡「地域社會」的概念，而山本氏認為，「這樣的議論正式形成的時期，是由岸本美緒對地域社會再度表示認同的九〇年代」，文中肯定岸本教授以地域社會論的概念重新探討明清社會經濟史研究。參見山本英史，〈序章　日本の伝統中国研究と地域像〉，收入同氏編，《伝統中国の地域像》（東京：慶應義塾大學出版會，二〇〇〇），頁一－九。

10 岸本教授在《地域社会論再考　明清論集2》的〈中国における暴力と秩序——前近代の視点から——〉文末「補記」提到她對於「暴力」所具有的思想性面向感到興趣，於是有〈明末清初における暴力と正義の問題〉一文的撰寫，乃至可以回溯到一九九九年出版的《明清交替と江南社会》已經隱約有前述議題的討論。參見岸本美緒，《地域社会論再考　明清論集2》，頁一四六。

11 岸本美緒著，梁敏玲等譯，《風俗與歷史觀：明清時代的中國與世界》，〈序〉，頁ii。

動機與目的。而這樣的研究關懷，她認為正好與一九八〇年代日本學界明清中國史研究興起的「地域社會」的關注點相吻合，或可謂研究方法上的契合，也就是岸本教授採取「由下而上」視角去分析人們面對各種情勢如何且怎樣採取行動的原因。[12]

本書的章節結構

《明清交替與江南社會》為岸本教授立基於「地域社會論」的研究方法所撰寫的研究論文之集結。雖然看似是論文集的形式，但是實際上有其作為主軸的核心議題，也就是岸本教授在序文中提到，藉由明清之際江南社會發生的事件或民變，探討「當時的人們為何採取那樣的行動」、「怎樣的狀況使人們朝向這個方向運作」，以及「當時的人們如何看待他們的社會」等問題。基於這樣的研究取向，加上岸本教授又陸續撰寫關於江南社會的多篇論文，因而被認為是自八〇年代「地域社會」概念興起以後的代表性學者。

日本學界中國史研究出現「地域社會」概念之前，曾經歷若干變化，據學者高明士、川島真的研究指出，[13]戰後日本學界的中國史研究開始反省並批判「亞洲社會停滯論」，認為中國社會有其發展進程而非停滯不動。同時，深受馬克思主義史觀的影響下，展開熱烈的「時代區分論戰」，從而衍生出資本主義萌芽與「近代」的起始等議題。之後的七〇年代發生了撼動日本社會的「安保鬥爭」，[14]乃至八〇到九〇年代中國境內文化大革命的結束到天

12 岸本美緒，《明清交替と江南社会：17世紀中国の秩序問題》，頁viii。

13 高明士，《戰後日本的中國史研究》（臺北：明文書局，一九九六），頁二一－二四。川島真，〈近年日本中國史研究的變化〉，《臺大歷史學報》，第二十二期，一九九八年十二月，頁一二五－一三六。

14 安保鬥爭起自於日本民眾反對日本政府與美國政府締結《日本安全保障條約》而發動的遊行抗爭運動。當時最後爭議的是條約中的第五條與第六條，規定無論美方或日方哪一國受到武力攻擊，都視為對本國的安全構成威脅並應該採取行動，以及美國的陸、海、空軍被允許使用日本境內的設施與區域。昭和三十五年（一九六〇）自民黨政府強行通過此條約，使安保鬥爭演變成全國性抗爭行動。雖然隨著岸信介首相的下臺，安保鬥爭運動也逐漸沉靜，但是到了昭和四十五年（一九七〇），由於安保條約的自動延長約期和修訂內容，又開啟新一波的安保鬥爭運動，此次不僅有學生、勞動階層參加，甚至有新左翼等激進人士引起的武裝鬥爭行動，更加激化官民之間對立的程度。以上內容參考自「日本知識大百科資料庫」中「安保闘争」條（デジタル大辞泉）、「安保闘争」條（日本国語大辞典）、「七十年安保闘争」條（デジタル大辞泉）、「日米安全保障条約」（デジタル大辞泉）。（檢索日期二〇二三年十月十一日）

安門事件的發生，皆促使日本學界的中國史研究再次發生變化，從注重發展階段論的馬克思史學，轉向著重民眾行動與常民生活的新社會史，從中發展的議題包括：土地稅役、良賤身分、鄉紳論與民眾叛亂等，而作為一種統整型的方法概念——森正夫教授的「地域社會」即是在這樣的背景中蘊育出來。[15]

如前文所述，「地域社會」在八〇年代最先是由任教於名古屋大學的森正夫教授提出，他在一場研討會的報告中，從「實體概念」與「方法概念」說明「地域社會」的涵義。他提到，一種是將「地域社會」作為「實體概念」來使用的話，前提是「必須是指具有一定且具體的地理界限」；另一種是將「地域社會」作為「方法概念」的情況下，則是「為了總體地把握人們生活的基本場域」，而其中最攸關民眾生活的議題就是「社會秩序」，這是由習俗、倫理、禮儀和價值觀統合的秩序概念，會經由某些指導者或指導團體，讓特定地域下原本相異或對立的各個人們傾向採取共同行動。[16]進入九〇年代，由岸本美緒、山田賢等學者稱為「地域社會論」，其後作為一種中國史研究方法而逐漸被廣泛使用。關於日本學界中國史研究的「地域社會」概念的運用，學者川島真進行具體的分析，他認為「地域社會」概念的特色，其一是在方法論上，不再如往昔研究般事先套以某種架構，而是因應不同的研究對象，採取多元的觀點與方法進行探究；其二是運用新的實證方法，不局限於經典文獻，而是採用田野調查的方式，深入當地環境，學習當地人的語言並且蒐集現地資料。[17]學者山本英史則指出九〇年代後期，隨著中國各地整理並出版地方檔案、行政文書，乃至契約、碑刻也

15 關於日本的歷史學界在第二次世界大戰後的研究取向變化，如學者福井憲彥指出，日本學界將第二次世界大戰的歷史學稱為「戰後歷史學」，特色在於比起政治史更重視的是社會經濟史。由於當時日本的歷史學者受到西方的生產發展階段論的影響，因此強調國民經濟論的社會經濟史便占據歷史學界的重要地位。基於這樣的研究傾向，歷史學者關心的議題集中在各個時期的社會所呈現的民眾生活。具體來說，提出的問題，包括：民眾具有那些生存條件？與他人如何構築連結關係？面對社會的現實，是如何考慮其中利害關係？並且基於民眾的日常習慣，他們又會採取什麼樣的行動？其後又出現什麼樣的後果？福井氏認為正是由於像這樣的「由下而上的歷史」觀點的建立，因而開展戰後日本的歷史學界多樣化的社會史研究議題。參見福井憲彥，《歴史学入門（新版）》（東京：岩波書店，二〇二二），頁五－六。由此來看，「地域社會論」的形成，或許也曾經受到這股戰後歷史界興起的經濟社會史研究風潮的影響。

16 森正夫，〈中国前近代史研究における地域社会の視点——中国史シンポジウム「地域社会の視点——地域社会とリーダー」基調報告〉，《森正夫明清史論文集 第三卷》（東京：汲古書院，二〇〇六），頁五－一〇。森正夫，《「地域社會」視野下的明清史研究：以江南和福建為中心》，頁一七。

17 川島真，〈近年日本中國史研究的變化〉，頁一三〇－一三一。

陸續問世，促使日本學者們積極地採取「地域社會」作為研究方向。[18]

在同文中，山本氏也提到「地域社會」雖然早在八〇年代已由森正夫提出，但是引起學界廣泛討論則要到九〇年代，這也是岸本教授再度檢視「地域社會」，並稱之「地域社會論」的時期。對此，山本氏予以肯定，認為岸本教授的貢獻在於：

> 立基於自身關於物價史的實證研究，以江南為舞臺並按該地域具有地域特色，放置於該地域的架構中進行思考的新嘗試，在關於社會性的連結、國家與社會、當時人們抱持的感覺等議題上，反省、檢討截至目前的明清社會經濟史研究的做法，而有多篇嶄新的研究發表於世。[19]

而本書《明清交替與江南社會》即是匯聚岸本教授於八〇年代後期至九〇年代，以江南作為研究焦點，將「地域社會論」的概念進一步實際論證的集大成之作。

整體而言，本書結構可分成三大部分：

第一部分是方法論與十七世紀江南社會概述，包括〈序〉、第一章〈明末清初的地方社會與「輿論」〉、第二章〈明清時期的鄉紳〉等篇。文中岸本教授說明何謂「地域社會論」，以及其作為研究方法上的特點。同時，從秩序瓦解、社會流動、鄉紳階層、人際關係連結與心學對民眾集體行動的影響等關鍵點，概括地闡述明末清初江南社會的特徵。特別是牽動晚明江南社會秩序的關鍵人物——鄉紳，岸本教授綜整過去日本學者關於「鄉紳論」的說法，進而提出自身論點，分析江南社會的鄉紳其角色作用、威信與勢力來源

第二部分是資訊傳播下的民眾集體行動，包括第三章〈明末社會與陽明學〉、第四章〈「五人」像的成立：明末民變與江南社會〉與第五章〈崇禎十七年的江南社會與北京消息〉。岸本教授先是以陽明學的流行，特別是「良知」說與「萬物一體」說，作為引發晚明江南社會民變的群眾集體心理的思想源頭。接著，岸本教授分別利用天啟、崇禎朝的「開讀之變」與崇禎十七年後的「從逆」問題，探討晚明出版文化興盛的背景下，透過文集、小

18 山本英史，〈序章　日本の伝統中国研究と地域像〉，收入山本英史編，《伝統中国研究と地域像》（東京：慶應義塾大學出版會，二〇〇〇），頁五－六。

19 山本英史，〈序章 日本の伝統中国研究と地域像〉，頁五。

說、戲曲乃至邸報、北來單與公道單等官方消息等情報的散布，江南社會的民眾如何受到鼓動而發起群眾運動，而這些運動又對地域社會秩序有何影響等議題。

第三部分是明末清初政權交替下江南社會的官、紳與民的關係，包括第六章〈清初松江府社會與地方官們〉與第七章〈《歷年記》所見清初地方社會的生活〉，岸本教授利用多部文人筆記，分析明清交替的變動時局下，江南社會的「政權」與「紳權」在當地的勢力消長以及對社會秩序的影響，並且探討江南社會的民眾如何看待新政權，以及為了保全身家與維持生計，他們的考量與行動又是如何？以上海人姚廷遴《歷年記》為例，該文獻反映他的人際關係、生計經營，以及從中衍生的訴訟與稅務相關事件，藉此觀察明清政權交替的時局下，江南社會民眾的生活情形。

國家與社會：由下而上的視角

前文提到一九八〇年代後，日本學界中國史研究方向再度轉變，把目光從馬克思史學轉向重視民眾生活的新社會史。據學者川島真的研究指出，「國家與社會」即是當時受到熱烈討論的議題之一。[20]以傾向採用「地域社會」概念的學者來說，他們用來探究「國家與社會」之關聯的切入點就是「秩序」。學者森正夫在早期研究中，解釋社會秩序是「以習俗、倫理、價值觀為媒介構成的秩序意識的統合」。[21]在後來的研究中，又提到社會秩序的形成，是「和人與人之間關係中的意識層面」有密切關聯，並且社會秩序的實踐場域，「是被放置在以人們的生產和生活為基礎單位的地域社會中」。[22]至於社會秩序的內涵，森氏認為是與「禮」有關，表現在地域社會裡人們之間存在的不同的社會關係，像是身分如尊卑、良賤，或階級如主佃、主僕關係。[23]

既然社會秩序是需要被放置在地域社會中實踐，那麼地域社會的範圍或規模該如何界定？森氏認為地域社會「必定有一定且具體的地理界線」，例如「省府縣的行政區劃；城鎮

---

20 川島真，〈近年日本中國史研究的變化〉，頁一二九。

21 森正夫，〈中国前近代史研究における地域社会の視点——中国史シンポジウム「地域社会の視点——地域社会とリーダー」基調報告〉，頁七。

22 森正夫，〈明末の社会関係における秩序の変動について〉，頁四六。

23 森正夫，〈明末の社会関係における秩序の変動について〉，頁四七—五三。

村的聚落型態；墟、市、集等以市場為中心的市場圈」，[24]乃至後來森氏利用「地域社會」作為方法，在一篇分析多位研究中國前近代史研究的日本學者論點的論著中，整理出四種說明地域社會「領導力」來源的立場，其中之一為「國家基軸論」，在這部分的內容中，森氏提到若將地域社會作為方法概念的話，則國家也可視為地域社會的一種。[25]而之所以有這樣的觀點，據森氏的說明，主要是來自對於戰後日本的中國前近代史研究的反省，並且「出自對於國家與社會二元論式的分離進行的批判」。[26]

然而，這種「國家」也是「地域社會」的說法，引來學者山田賢的批評，例如森正夫把中國這樣龐大空間的國家視為「廣義的再生產」活動場域，同時也是具有「共同秩序」的場域，對山田氏而言這樣的論述存在著「不協調感」。[27]他進一步指出，森正夫提出的「國家基軸論」，雖然克服了戰後日本學界中國史研究的「國家・社會二元論」的矛盾，但是未能解決學界的另一觀點：「家族國家論」——君臣與父子、忠與孝等「公」與「私」未能分化的狀態。[28]也就是說，森正夫以「地域社會」作為方法、概念的研究中，對於當時社會的「私」領域內的關係連結，是經由什麼樣的媒介以及如何收束於「公」領域也就是「國家」之內？乃至「國家」究竟是否因此就能視為「地域社會」？山田氏認為森氏對於這方面的說明仍然不足夠。[29]

關於這部分的欠缺，山田氏認為岸本教授提出的國家・社會的「機能的同型性」理論，可作為補充國家與社會彼此關聯的適切詮釋。[30]何謂國家・社會的「機能的同型性」？據岸本教授的研究，她先是從官員與地方士紳維持地方社會秩序的作用與國家政權相同的這一點

24 森正夫，〈中国前近代史研究における地域社会の視点——中国史シンポジウム「地域社会の視点——地域社会とリーダー」基調報告〉，頁一〇。

25 森正夫，〈中国前近代史研究における地域社会の視点——中国史シンポジウム「地域社会の視点——地域社会とリーダー」基調報告〉，頁一七。

26 森正夫，〈中国前近代史研究における地域社会の視点——中国史シンポジウム「地域社会の視点——地域社会とリーダー」基調報告〉，頁二〇。

27 山田賢，〈中国前近代研究における「地域社会論」の現状と課題〉，《歴史評論》，第五八〇號，一九九八年，頁四四。

28 山田賢，〈中国前近代研究における「地域社会論」の現状と課題〉，頁四五。

29 山田賢，〈中国前近代研究における「地域社会論」の現状と課題〉，頁四六。

30 山田賢，〈中国前近代研究における「地域社会論」の現状と課題〉，頁四六。

談起，進而導出國家．社會的「機能的同型性」的說法。其內容除了在本書第二章能見到相關論述，在她的另一篇研究〈比較国制史研究と中国社会像〉也提到：

與其說官員與地方紳士的角色是「難以分界」，不如說他們最初就是屬於同型性機能。若比較即使「國家」與「社會」在機能上分離，兩者仍舊互相依存的狀態，那麼在中國，「國家」與「社會」的機能上的同型性並非只是「國家與社會（互不干涉的意義下）的分離」，乃至讓人有「國家與社會之間零和式拮抗」的印象，這也不是沒有道理的。理由在於，正因為是同型，所以地方社會即便沒有國家也能成立，並呈現出乍看之下似是自立的樣貌。[31]

那麼，官員和當地士紳的重要機能是什麼呢？對於地域社會論學者而言，答案是「維持

31　岸本美緒，〈比較国制史研究と中国社会像〉，收入同作者，《史学史管見．明清史論集4》（東京：研文出版，二〇二一），頁一二七－一二八。對此，學者山田賢對於岸本教授的「國家．社會『機能的

同型』論」有更簡潔的解釋，譯者摘譯轉釋如下：「國家也好，社會也好」，都是「相同的秩序意識，相同的秩序維持機能」，只要國家與社會皆朝向相同的志向——「實質的調和狀態的實現」，國家也好，社會也好，都能包含在學者森正夫所謂「人類生活基本場域」的「地域社會」範疇中。參見山田賢，〈中国前近代研究における「地域社会論」の現状と課題〉，頁四六－四七。另外，受到國科會人文社會經典譯注計畫的補助，譯者得以前往東京進行移地研究，並且有幸向岸本教授請教「國家．社會『機能的同型性』」概念。據岸本教授的說明：近代社會的運行模式，基本上是屬於分立的，社會上的每個人彼此互相競爭，國家則是不介入個人間的競爭，而是設定規則，讓社會上各個成員在設定好的規則中競爭。就像運動競賽一樣，事先有規則設定好，每位運動員的能力不同，在既定規則下競賽，分別勝負。像這樣的近代國家的模式下，由國家政權訂定規則，讓民眾在既定規則裡競爭，並且發揮不同的角色功能。不過，前述是屬於西方社會的模式。相較之下，在中國，有官僚制度，到地方則成為紳士的角色。民間紳士是屬於有力人士，與國家官僚具有相同的維持秩序的能力，這是基於科舉考試制度所賦予的特權與能力。民間紳士與國家官僚有相似的角色與功能，都是屬於有力者，只是以不同方法維持社會秩序。由此來看，由於國家官僚與民間紳士這類有力者的角色功能相似，所以說是機能的同型，進一步來說，在中國，即使沒有國家也能成立社會，因為社會能自行維持秩序。在中國，可說國家與社會是分離的。就西方近代國家模式而言，沒有國家就無法存在社會，但是在中國，即使沒有國家，社會也能存在，因為社會本身具有自行維持秩序的條件——有維持秩序效果的紳士存在。（二〇二四年一月二十五日）

秩序」。而岸本教授進一步追問：「究竟秩序是如何運作？」特別是在地方社會發生動亂後，當動亂被處理的過程中，民眾如何區別國家與民間秩序？又會以何種形式在國家與民間秩序之間做選擇？[32]這個時候，官員與在地士紳的作用就顯得重要。岸本教授指出，明清時期地方社會秩序的形成，官、紳發揮很大的主導作用，原因在於官、紳這類人物，往往被視為具有「全人格的優越性」，因此成為當地民眾信賴且追隨的核心。[33]

那麼，該如何判斷一個人具有人格的優越性？而這樣的人格優越性又如何發揮穩定地方社會秩序的作用？在本書的第二章中，岸本教授便提出詳細的說明。文中指出科舉功名是鄉紳與國家有所連結的機制，由於科舉考試是以儒學為主的教養測驗，因此科舉合格者被視為擁有道德上的人格優越性，並且由此衍生管理眾民的能力。即使後來他們退出官場回鄉成為鄉紳，這種因科舉功名而附加的人格優越性，就成為他們在鄉里能保有威信的憑藉。此外，科舉功名帶給鄉紳的特權，也成為民眾爭相依附的理由，從而形成鄉紳在地方社會的勢力來源。這股自明中期以來江南社會的鄉紳勢力，直到明清交替之後，清廷的政策同樣是承認並利用鄉紳的威信來協助清政權維持地方秩序。

如何觀察明清時期國家與社會的關係？岸本教授認為必須從「當時的人們如何看待『國

家』與『社會』」，也就是「由下而上的視角，研究當時一般民眾為何、如何認同地方官和鄉紳等人物的權威，並且順從他們的命令」。[34]之所以採取這樣的視角，岸本教授解釋：「『國家』與『社會』得以存在，是當時大部分的民眾對於維持生活的秩序抱持共識，並且以此共識為基礎來行動所致」。[35]在本書的第七章，岸本教授利用清初上海人姚廷遴《歷年記》的記述，分析一介庶民如姚廷遴所見的國家與社會是如何運作。文中岸本教授指出，「對於地方社會的人們來說，藉由審判和徵稅，最能感受到國家的統治」。例如在訴訟問題上，對姚廷遴而言，「國家的審判」和「民間的調解」並非是二選一的單選題，反而是民眾在日常生活中都會採用的制度，對於姚廷遴而言，他也很自然地能因應實際狀況，彈性地選擇審判或調解。若選擇國家的審判，由地方官作為裁判的信任基礎，在於其背後的國家權

32 岸本美緒，〈比較国制史研究と中国社会像〉，頁一一九。
33 岸本美緒，〈比較国制史研究と中国社会像〉，頁一二二。
34 岸本美緒，《明末清初中国と東アジア近世》，頁二四四。
35 岸本美緒，《明末清初中国と東アジア近世》，頁二四四。

力，這是自不待言；若選擇民間的調解，則鄉紳如退休居鄉的姚永濟就成為姚廷遴經常尋求協助的對象，像這樣在《歷年記》所載調停過程中，便清楚地反映姚永濟作為鄉紳，他在維持地方社會秩序的作用以及其威信的存在。

晚明江南社會的民眾運動——是暴力還是公義

岸本教授提出的「『國家』與『社會』的機能同型性」的論點，其中重要的解釋在於上至皇帝、官員，下至地方紳士、庶民，大家皆以社會全體利害為方向，共同合作，以實現社會和諧為目的。[36]在地方社會，這樣的社會和諧很大程度來自維持秩序者的官、紳所具有的威信與勢力，而其威信與勢力又來自於國家設置的科舉制度所認證的道德上的人格優越性。

然而，晚明紛亂的政局助長了官員與士紳重視私慾的一面，甚至出現以「私」害「公」的不法行徑，這不僅折損官、紳的威信，進而引發數起批判、攻擊官、紳的民眾運動。在本書中，對於晚明幾個著名的民眾運動，如天啟朝「開讀之變」、南明時期「反從逆」運動加以探討，其中核心議題在於促使民眾集體發起運動的原因為何？對此，岸本教授從「民眾的內在意識」與「社會的外在環境」這兩方面進行討論。

首先，關於民眾的內在意識方面，岸本教授認為陽明學的流行是晚明民眾運動興起的重要關鍵，而這樣的觀點的出現可能是岸本教授受到島田虔次、溝口雄三等學者的影響。[37]學者島田虔次認為正是「庶民性的熱情」，而且是「向上的、一直勵進不已的熱情」催生出陽明學。[38]關於島田氏詮釋的陽明學義理，學者吳震整理出幾項要點，其中的第四點提到「人作為良知的存在，具有『平等』特徵，從而在『庶民』階層開出一條與士大夫相同的學問道路」，這表現在當時興起庶民階層出現接受陽明學並且積極參與講學活動的風潮。[39]由此脈

36 岸本美緒，〈比較国制史研究と中国社会像〉，頁一二七。

37 黃聖修教授提示譯者戰後日本的中國思想史研究對於本書所論陽明學的影響，同時黃教授提供數篇參考資料，對於譯者在第三章的翻譯過程助益甚多，在此對於黃聖修教授的建議與協助表達誠摯謝忱。

38 島田虔次著，甘萬萍譯，《中國近代思維的挫折》（南京：江蘇人民出版社，二〇〇八），頁一五二－一五三。

39 吳震，〈十六世紀中國儒學思想的近代意涵：以日本學者島田虔次、溝口雄三的相關討論為中心〉，《臺灣東亞文明研究學刊》，第一卷第二期，二〇〇四年十二月，頁二〇九。

絡來看，在人皆有良知的前提下，不僅是士人，即使是庶民也有追求學問、接受道德教養的平等資格。那麼，在維持地方社會秩序方面，庶民是否也與士人具有相同的作用？

據溝口氏對於社會秩序的解釋，認為必須在「社會關係上從倫理觀的角度加以把握」，這樣的社會秩序是「圍繞著天理人欲觀，或者公私觀、仁觀而闡示」。[40]溝口氏還指出，在朱子學規劃的理想社會中，是由官員和士大夫階層擔當維持秩序的角色，理由在於他們接受的儒學即是道德修養的學問，其最大目標就是「安定秩序」，如此一來，儒學便「從作為教養的學問轉變成廣義的政治之學」。[41]然而，隨著明代中期商品經濟帶來的社會風俗變化，「產生讓庶民階層也主動承擔秩序的時代需要」，而陽明學也在這樣的社會氛圍中逐漸盛行。經由陽明學提出「致良知」等方法論，使庶民也能在日常形式中磨練道德，因而溝口認為這時期的中國社會「維持秩序的中堅從統治階層向庶民階層擴展」。[42]

然而，矛盾的是，晚明時期特別是在江南一帶，卻是發生數起規模不小的民眾運動，看似是一種破壞社會秩序的暴動。不過，在本書中，岸本教授認為應該把這些民眾運動的興起結合當時流行的社會思潮來看，便能發現這些民眾運動是與「公義」的展現有關，而岸本教授這樣的觀點或許可以與溝口氏提出的十六世紀以降儒學變化有關。據學者楊芳燕整理歸納溝口雄三對於明清儒學的詮釋，提到溝口氏認為此時期思想變化的意義，在於以肯定個人的私與欲的基礎上，「導出的均、平、公等『共同體』式的社會理念和理想」。[43]進一步來說，個人的私與欲雖然受到肯定，但是仍不允許破壞整體的社會和諧，因此「合私以為公」變成為一種達到和諧社會的終極目標。

在本書的第一、三、四章中，可以見到岸本教授延續這樣的觀點來解釋晚明江南社會民眾運動的成因與當時文人的看法。這三章的內容互有關聯，岸本教授先是提到與陽明學「良知」說有關的「赤子之心」，這是指民眾無矯飾的真性情的展現。書中以天啟朝開讀之變為例，透過當時記載民變的文獻多強調「全城士民」，所有人不分階層發起共同行動，便是他

---

40 溝口雄三著，喬志航、龔穎等譯，《中國的歷史脈動》（北京：生活·讀書·新知三聯書局，二〇一四），頁二一六。

41 溝口雄三著，喬志航、龔穎等譯，《中國的歷史脈動》，頁二一七。

42 溝口雄三著，喬志航、龔穎等譯，《中國的歷史脈動》，頁二一八。

43 楊芳燕，〈明清之際思想轉向的近代意涵——研究現狀與方法的省察〉，《漢學研究通訊》，第二十卷第二期，二〇〇一年五月，頁四八。

們基於自然直率的真性情去追尋公義的表現，對於這場民變，江南一帶的文人是以善意的態度來看待與書寫，甚至蘇州士人發起彰顯開讀之變的主角顏佩韋等五人的行動。在這些士人的撰文中，屢屢強調「五人」的行為是出於公義，並且源出於作為「人」的善良本性，因而肯定這「五人」即是所謂的「義民」。這樣的稱頌其背後反映的是，江南社會原有秩序解體下，陷於不安情緒的民眾轉而支持勇於對抗專權的草莽人物。

其次，關於社會的外在環境方面，輿論傳播往往是激起民眾情緒、促使串聯行動形成的最佳工具。例如在本書第四章提到開讀之變發生後，透過以魏忠賢之劣行為題材的小說、戲曲，以及描述魏忠賢之不法情事的文集，即是所謂「刺魏文獻」流傳於世的影響，一方面促使推崇五人之公義行徑的提倡；另一方面，揭露官員的怯懦與卑屈，塑造正、負面的強烈形象對比。而在本書第五章同樣探討輿論傳播激化民眾運動的作用，從崇禎十七年的反「從逆」運動來看，在該運動的醞釀期間，藉由各種編輯逃難者的經驗談的刊物問世，以及塘報、北來單、公道單等傳到江南社會，形塑出一股地方社會的公論，使人們憑藉此公論作為展開行動的正當性，而對他們視為「不義」的官員、鄉紳進行批判譴責，進而發展成攻擊、破壞他們的身體與財產的行動。

有別於森正夫等學者從「主佃」、「良賤」、「尊卑」的生產與身分階層關係來看江南社會秩序的崩解，[44]岸本教授則是注意到晚明以降官員、紳士的威信的殞落，導致原本在民眾心中暗默的道德高低階級秩序崩解，依仗明代國家政權運作的官、紳在地方社會不再具有聚合民眾的核心地位，而身處社會秩序解體而感到惶惶不安的人們，急於尋求新的地方社會的核心力量。在第一章與第六章中，岸本教授指出順治朝至康熙初年，朝廷派遣的文官與軍官陸續進駐松江府，成為江南社會的新權力核心，也是民眾待望的新投靠對象，到後來，這些文官與軍官甚至取代明末「鄉紳之橫」，發展成新的地方勢力，也因此引起清統治者的警戒，於是有自順治八年（一六五二）起的整肅吏治行動，隨之出現一批鐵腕清官，如于成龍、湯斌到江南赴任，為清廷博得當地民眾的好感與支持，如姚廷遴《歷年記》對於于成龍的好評，反映清廷為收攬民心所施行的政策得到效果。岸本教授認為，自十六世紀以降江南社會秩序的崩壞，憂心忡忡的民眾基於自保，急於尋求新的人際關係，於是出現各式各樣的集團。然而，當清朝政權進入江南，一方面強制解散往昔留下的集團；另一方面，以集權式

44 森正夫，〈明末の社会関係における秩序の変動について〉，頁四七、七四－七五。

官方統治來重組地方秩序，尤其是康熙朝一連串政治宣傳，如「清官」的派遣與「明君」康熙帝的南巡，將過去明末「自由」的社會收束在清初統治者規劃的一君萬民式的政治秩序中。

後記

譯者在譯注本書的過程中，承蒙岸本教授惠予諸多協助，包括譯文的審訂、譯注方向的建議，乃至日文版版權的洽談，皆受到岸本教授的大力幫助。在修改譯文的過程中，得以重新整理與釐清岸本教授關於地域社會論的諸多論點，對譯者而言是最寶貴的收穫。對於岸本教授的指導與協助，譯者在此獻上萬分感激之意。另外，在譯注稿送審過程中，審查委員們賜予譯者諸多寶貴的修改建議，皆有助於精進譯注稿的質量，譯者在此同樣表達誠摯謝意。至於本書的譯注內容若有任何錯誤、疏漏之處，皆為本人作為譯者的責任，還盼各界大方之家指導斧正是幸。

序

本書是有關中國在一六四四年明清交替前後百餘年間的社會變動，並以江南（長江三角洲）的地方社會為研究焦點寫作而成。其中有若干篇章是新寫成的論文，而其他則主要是自一九八六年以後陸續發表的論文集結而成。若說我的第一本論文集《清代中国の物価と経済変動》（研文出版，一九九七）❶是以經濟史範疇的論文集，則本書可謂是屬於社會史領域的論文集。雖然反映了這十幾年來我的研究重心的轉移，但是經濟史也好、社會史也好，我的基本興趣其實幾乎沒有改變。在前一部著作收錄一九七八年的論文中，我提到的主旨是，

❶【譯注】中譯版參見岸本美緒著，劉迪瑞譯，《清代中國的物價與經濟波動》（北京：社會科學文獻出版社，二〇一〇）。

並非在「當時社會經濟上的各種變化——土地集中、商品生產及農村手工業的發展等——與高度抽象化的發展階段論、經濟構造論相結合而加以論述」，而是想探討「對當時的各個土地所有者和生產者來說，使那樣的變化成為可能、有利或不可避免的具體經濟背景」。那也是前一部著作整體上所反映我的研究課題的重心所在。然後，在本書中，我的目標也不是把陽明學的流行、鄉紳統治與民眾暴動等增添明末社會特色的各種事件，放在宏大的發展階段中討論這些事件的近代性或界限性，而是具體地理解當時的人們為何採取那樣的行動？怎樣的狀況促使人們朝向這個方向運作？

不過，關於前一部著作，是由於當時日本的明清史學界幾乎沒有關於物價方面的研究，因此絕大部分的心血都投注在物價資料的蒐集，以及經由資料整理後的事實說明。相對於此，明末清初江南地方社會的激烈變動，是戰後日本的明清史研究一直以來的重點之一，陽明學、鄉紳勢力、民眾暴動等，無論是哪一項議題都累積相當程度的研究成果。因此，本書的寫作重心，比起各個事實的發現——當然，希望本書多少包含具有價值的事實發現，還是擺在重新解釋有關明末清初的江南社會歷來受到注目的事實，解開研究史上的膠著議題，以及試著描繪出能整合性說明各式各樣的事物與現象之整體性圖樣。特別是第一、二、三章，是屬於對研究史的再檢討這種稍微帶有論爭色彩的內容，與當時正逢八〇年代以降作為日本的明清史研究的一股潮流而受到矚目的「地域社會論」互有關聯，於是在發表當時承蒙接受各種方法上的批判與評論。

關於以這些批評作為啟發而得到的新發現，在以下各章的內容裡將適當地展示出來，而在此藉由本書的序文，重新回顧我的研究基本方向在研究史上具有何種特質？那樣的方向性的由來為何？碰巧，一九九九年初於東京學藝大學，有機會就關於「地域社會論」向學生們進行演講，在那個時候，我試圖稍微牽涉到個人的情況，因此盡可能樸素直率地表達我的想法。請容我將那時的演講內容進行若干補充修正並且再次收入本書即如下內容，以作為序文的替代。[1]

在日本的明清史研究，「地域社會論」一詞表現出作為一種方法論上的立場的起始，已經是十幾年前的事。成為那直接的契機的是，如同經常被提起的，正是由一九八一年名古屋大學東洋史學研究室主辦，以「地域社會的視點——地域社會與領導者」為主題所舉辦的研討會。我也參加了那場研討會，得到某個核心議題被提出來的印象。然而，與其說那個議題當場被明快地解決，不如說讓我覺得還留有一個無法釋懷而必須自行思考的功課。那之後，以解答那項功課為一個目的，有幾次我使用關於這場研討會的重點所在的「地域社會論」這一詞彙，以闡述我的看法。[2]結果，沒想到竟會被視為「地域社會論」的「代表性的學者」，[3]反省之下，對於我這樣的行為，會不會限制了八一年那場研討會具備的豐富的可能性，或是扭曲了其意義呢？這讓我不禁感到有些惶恐。

由於有關被視為所謂「地域社會論」的各個研究及其內容，目前已有諸多議論——其中也包含對於此詞彙的使用表達疑義的論者——在此就不再疊床架屋地闡述我的見解。[4]對此感到興趣的人士，請自行參閱這些文獻——如果有可能，不只是瀏覽介紹性質、評論性質的文章，也可閱讀相關的實證性質的論文，進而因此能建立自己的觀點的話，那更是難得。在此寧可帶有自我反省的意味，試著思考我為何並且如何會對「地域社會論」式的方法抱持著興趣。想來，研究者受到某種研究方法吸引的過程，與其說一開始就具有證明其方法的「正確性」之堅實證據與理論，不如說可能是對其人不自覺地先是有一種契合的感覺。以我的情況而言，不僅是「地域社會論」，在其他方面也都是如此。閱讀他人的論文感到興趣，並涉獵史料寫作論文，在其過程中自然而然地展現出自己的喜好與傾向，那究竟是什麼呢？在剛開始時也不是很明白。在接受他人的指摘和批評，察覺到自己的偏頗後，進行反省與辯解的跌跌撞撞地前進過程中，逐漸地察覺到自我風格的「方法」作為思考的對象。

現在的我，或許被認為是屬於比較常使用抽象的「方法論」的類型，但學生時代的我，是個對於梅尼克（Friedrich Meinecke, 1862-1954）《歷史主義的興起》卷首的題詞「個體無法用筆墨言詞道盡」一句有著掩飾不住的認同感的「個體實證派」，對於抽象化的「方法論」反而有種牴觸或敬而遠之的感覺。方法論並不是某種從自身之外束縛自己的框架，只不過是察覺自己為何會這樣思考，並且以自己思考方式的基礎公開表達的論述而已，當我注意到這件事的時候，已經是成為研究者以後的事了。即使是現在，我對於高舉「方法論」來掌握學術界的主導權以折服對手的事並沒有興趣，基本上我只是對於「為何我會這樣思考呢」、「是在怎樣的不同前提下出現我與他人不同的主張呢」等問題感到興趣。我也會有對於剛好其他研究者也具同樣研究方向感到欣喜，就以「最近的學界動向」這樣的語詞輕率地予以一般化的舉動；再者，有時也會因為受到其他研究者強烈的批評，固執強辯自己的方法的正當性，這些情況確實存在，對此我也加以反省，因此關於以下闡述的內容，我未必是要提出「由於這是新的（正確的）方法，所以大家應該都要採取這個方法」的主張。我的目的只不過是坦白地展示出如下真實情況：我對「地域社會論」所關切的，與其說是立基於我對

「地域社會論」普遍性真理的確信，不如說是立基於我從小以來的癖好和興趣。至於當中的適切性就交由讀者自行判斷。

「地域社會論」的不定型性

「地域社會」是一個具有各種含意又籠統的詞彙，其實在所謂「地域社會論」問世之前，明清史學界已經著眼於「地域」，積極地進行多樣的研究。第一，是從如此廣大且不能一概而論的中國此一觀點出發，對於各自不同的地域，例如江南、華北、福建等雖然廣幅互異，但仍從產業、文化等方面選取出具備固有特色的地域。第二，比起各個地域的不同特色，毋寧說更著眼於以體系的統合性與自立性來劃分地域的方法。像是以河川為中心的交通運輸體系的觀點，將中國分為八或九個大地域的施堅雅（G. W. Skinner, 1925-2008）提出的宏觀區域理論（macro-region）即為一例。不僅有將中國劃分幾個區域的觀點，相反地也有像是「朝貢貿易體系」，提出超越中國範疇的廣域式體系的構想。這裡的第一、第二所指的「地域」，與人文地理學中「同質地域」（uniform region）、「機能地域」（functional region）

的概念各自吻合。第三，與地理的、空間的大小無關，還有從社會階層這一觀點來關注當地社會的研究動向。日本戰後的中國史學界，研究者所關注的並非宮廷、中央政府層級的政治史，而多是在處理作為社會基本結構的生產關係、階級對立的社會經濟史；在歐美史學界也是，提出對比於靜態的、理念的國家秩序圖像，從充滿紛爭的地方社會（local society）實況更能發現動態的「歷史」的主張，這自一九七〇年代以降益加顯著。[5]

從如上情況來看，對「地域社會」的關注並不能說是「新」的視角。我的意圖也不在於特別標榜其新穎性。雖然如此，二十世紀八〇年代以後的明清「地域社會」研究中，還可不可以發現與以往不同的共同特色？這些特色是不是值得注目？這才是我幾次提及「地域社會論」的動機。

那麼，上述觀點的共通特色為何？請容我引用山田賢出色的賅括，他曾將總稱為「地域社會論」的研究所蘊含的思潮歸納如下，並自謙是「隨意的」總結。[6]

> ①「地域社會」、「地方社會」、「在地社會」等，是個人與個人相遇，取得社會關係連結，並且那樣的社會關係連結在互相重複來往接觸下形成社會關係網絡的

「場域」。在這些「場」裡，有著讓社會逐漸凝聚為一個整體組織的磁力（或是對於具備對抗動機的反統合的抵抗）起作用，即便其力量被稱為權力、支配、秩序等不同的名稱。「地域社會論」所注目的是這種「場域」的運作方式。

②這個「場域」可比喻成把個體（單字）連繫起來的句法乃至「文法」，而被人們共同認知並通行的領域。「地域社會論」把這個領域從原先特定空間的範圍中解放出來，試圖重新解釋為更柔軟且可變的結構，也就是藉由人與人連結關係為網目，並以共有目標作為基礎而成立的認知體系，才始賦予其根據，並且具有從內部逐漸充實的結構。

從這個摘要中浮出的「社會」的想像，並不具備清楚的輪廓，甚至可能讓人感到是非常模糊不清的。然而，正是這樣的不定型的特性，才讓我受到「地域社會論」的吸引。說起來，由於我自幼就對於所謂的社會之難以掌握，往往感到不可思議和不安，因此一旦接觸到如同具有明確框架的構造物一般的「社會」形象，與其說覺得安心反而會感到困惑。這或許有些難以理解，那麼以下便稍作說明。

若想到現在在這裡的「我」，究竟我對於自己生活的社會有什麼感覺呢？我無法實際做到鳥瞰這個社會。我頂多是以現實所知內容，就只是家庭、職場、交際範圍內極為小層面的人際關係而已。例如從目前任教的大學來看，關於大學的整體狀況，即使看了結構圖而在概念上有所了解，但是實際狀況確實是這樣的嗎？這也並非親眼所能確認的。不過，仍然可以感覺到所謂的「大學」其不言自明般地存在，也是在那樣的信賴的支持下，才能每天上班、教書和領薪水。並且，在沒有發生什麼特別不方便的狀況下，繼續過生活。我對於任教的大學尚且充滿不確定的感覺，更不用說對於比大學規模更大的「社會」，也僅止於漠然地想像。然而，所幸的是，我的常識和行動模式似乎沒有與一般人相距甚遠，即使有時會有失敗的事情發生，但是至今為止還沒有出現不可收拾的局面（或許不久以後會有也說不定）。說到我們對於社會的「了解」所指為何，那就是在與他人共有那樣的常識，並透過經驗累積去掌握為了達到恰如其分的目的而採取相應的行動方式。這樣一想，與我一樣具備大同小異的有限知識的無數大眾，雖然各自行動，但是卻能形塑出具有某種程度的秩序的社會，並且大家在不懷疑那份安定性的情況下能繼續生活著。雖然這是很讓人驚訝的事，但是能逐漸形塑「社會」的條件，正是像這樣的一個個的人們所抱持的知識和付諸的行動。

關於社會，首先我們依據實際感受而能確認的事，是生活在社會中的每個人的知識，都是極為有限且不完全的。我們在日常生活中眼睛所見、肌膚所感受到的，只不過是我們相信其存在的「社會」中非常微小的一部分而已。雖然如此，我們仍根據自己想像的所謂「社會」的某些真實，而能做出種種選擇。例如，參加大學入學考試、繳交稅金、買賣股票等。在那當中就是一種依據常識採取行動的做法，因為大多數的人都掌握其中要領，所以大規模的社會就能確保某種程度的秩序並且存續下去。

方法上的個人主義

就我個人見解而言，「地域社會」的曖昧與不定型，或許是源自研究者是站在社會角落的行為者的立場所導致。「地域社會論」有一個經常受到批評的特色，就是議論的出發點並非關心如封建制、奴隸制那樣的宏大結構，而是以各個個體，譬如他們在形成宗族的過程中採取何種行動等微小事例為出發點。乍看之下，處理的似乎都是與重大局勢無關的細瑣事例。然而，「地域社會論」者所關注的當然不會僅止於各個微小的事例而已。就我所見，多數「地域社會論」相關研究呈現的共同方向，是他們從這些事例中擷取當時人們的行動模式、選擇的邏輯和社會想像等，作為整合概念的模式來加以掌握，並且從更一般性的社會脈絡中去捕捉。微觀或宏觀的問題，不是絕對的大小問題，而是方向性的問題。當我們並非藉由如神一般昂然聳立且超然的觀察方式去掌握社會，而是從社會角落中選擇的各個人們其行動的集合即為社會的觀點，去考慮人們為何會採取這樣的行動時，其研究的方向必定是以人們的行為和動機作為出發點，如此就必須採取微觀並且由下而上的方法才行。雖然欠缺國家論是「地域社會論」經常遭受的批評，但是不如說他們並非一開始就把國家當作是聳立於社會之外的巨大實體，而是把重點放在從思考居住在地域社會的人們如何看待官吏，以及為何應該服從官吏等觀點出發，進一步去解釋「國家權力」內涵。

從各個個體的動向去思考社會的活動，像這樣的方向，從我在撰寫碩士論文思索物價問題時，就已經強烈地感受到了，因此我將此稱之為「方法上的個人主義」——雖然在論文中未曾用過這個詞。基於在方法上有如此興趣，伴隨我對於發展階段論式社會經濟史研究的對抗意識，在我有關物價的論文中也明確地表示出來。當時我以「方法上的個人主義」一語思索的方向性，是與人類行動的合理主義式解釋相結合。那時候我感覺，「封建制」、「共同體」等詞彙，好像把「當時的人們為何採取那樣的行動」這樣的問題封閉於暗默之中，從外在的視角把當時各種事態定位於過去的階段。因此，我反而想提出當時的農民和地主的經濟行動，是立基於因應各個時期不同經濟狀況下仔細地計算利害得失而成。在那個時候，我看了經濟學者原洋之介撰寫以數理經濟學說明華北農村共同習慣的論文後受到衝擊，[7]而且對於論文中提到「只通過制度的存在型態變化的外面觀察而建構起來的發展階段論，對理解人類行為這一點來說還不夠充分」，以及「從關於人類行為動機的現實且妥當的假設出發，而試圖說明某個具體的歷史制度之成立與展開像這樣的方法，才對現代經濟史學是最必要的」等原氏的意見有極大的認同感。而我讀到俄羅斯（蘇聯）的經濟學者洽亞諾夫（A. V. Chayanov, 1888-1937）的《小農經濟的原理》，則是再稍晚一些，是我在一九七九至八〇年擔任助手的時期。

洽亞諾夫的「時常是『從經營經濟的人們的觀點』……去理解 subjective（主觀性＝主體性）經濟計算的意義，並且欲明確表示其中不可或缺的範疇」[8]的態度，我認為完全正確，這樣的想法至今也未曾改變，之後，我關注的研究課題從經濟史到社會史方面逐漸擴展，而我的研究興趣也朝向該如何說明不一定總是「合理的」群眾行動的方向。經由之前思考關於明末陽明學與民變的機會，在現在這個時間點所感受到的是，個人所謂合理的利弊打算以及超越個人利弊算計的集體意識和倫理，並不是可以單純地分開談論，而是深深地彼此糾纏。[9]例如像我在關於陽明學的討論所提到的，人並不感覺到所謂的自我是局限於個人肉體之物，而在更擴大的血緣集團，甚至在全人類的層級中能感到自我（誰能說那樣的感受是「錯誤」的呢？）的話，於是就沒有意義區別利己與利他了。而且，在極端的情況下，成員無私獻身所支撐的穩固且絕對的連結，才會產生保護集團成員的最良好的實際效果。如果我們考慮到此點，那麼人們通過一種實踐性質的感受來習得「泯滅個人這一防身術」一事也決非不可思議。我深受明末清初這一時期的吸引，正因為在這個社會不安的時期，才特別鮮明地呈現出個人與群體之間這樣的緊張且相即的關係。不過，這樣的研究關懷不全然是新的方向，而可說是包含我舊有關懷和傾向再起的這一面向。

不安的歷史學

若從「社會角落的行為者」創造社會秩序的過程來思考的話，「以不安為媒介的集結」

和「經由常識的交流」的兩條管道便浮現出來。這兩者並不一定是相互排他的關係，而且也不知道僅憑這兩者是否就能完成。不過，由於「不安」和「常識」對我來說是具有重要意義的關鍵字，現下就以這兩者的相關內容來思考看看。

自己生存的社會並不是確實穩固的實體，而是人們共同想像的產物，有沒有可能稍微推一下就稀里嘩啦地崩落了呢？這樣的不安感，從孩童時期就一直潛藏在我心中。例如關於「戰爭」，相較於與戰爭的被害與罪惡直接相關的事物，我所在意的是，「為什麼在戰爭的那個時候，幾乎所有人都當作是理所當然且毫無疑義的事，然而今日則幾乎所有人都當作那不是理所當然的事而加以非難呢？」、「今天的看法到底可說是正確的嗎？」對於「群眾心理」（當時覺得是非常高級的專門術語）這個詞彙抱持著興趣，而時時想過怎樣才能避免被這種心理沖走？

剛入大學的時候，偶然之下，幾乎同時讀著社會心理學者埃里希．弗洛姆（Erich Fromm, 1900-1980）的《逃避自由》和增淵龍夫《中國古代的社會與國家》，得到相當大的感觸。弗洛姆在書中討論到，從農村析離出來流入城市的下層中產階級，他們受到如浮萍般不安全感的刺激而「逃避自由」，集結到納粹主義之下。增淵氏的著書，則是處理戰國時期動亂為背景下「任俠的結合」之形成的知名論著。這兩本論著，雖然處理的時期和地域完全相異，但是他們所描述的是，當歷來的秩序崩壞，在人與人相互競爭的不安中迫切地尋求共同性，卻反而束縛了人們的動態過程，除了讓我有感同身受的感動之外，還感覺到超越時代、地域的共通性存在。在處理以社會流動作為背景的明末清初組成社會集團的風潮以及陽明學的共同性之論的本書各章節中，讀者應該可以感受到前述書籍所帶來的直接影響。

以「社會不安的時期」作為探討明末清初的切入點，是貫穿本書的特色之一。因此，採用「明清交替」當作書名，也是為了突顯伴隨國家權力真空而來秩序崩壞的不安全感。在第一章使用「流動化」一詞，讓人想起在歐美學界明清史研究歷來被使用的「social mobility」。[10]不過，相對於歐美學界的社會流動論，是指以近代性的能力主義的社會範式作為基準所測量的社會階層流動程度，本書的「流動化」理論則是涵蓋明末清初社會，與當時的秩序崩壞和無規範狀態有關的內容。受到不安的刺激而行動的人們在那裡產生的種種社會現象，包括以有力人士為中心的上下隸屬的社會關係的形成，以及擬似血緣的集結、社會團體相互激烈抗爭等，毋寧說呈現的是與社會流動高度安定的社會是極為相反的狀態。本書所謂的「流動性」，不是指大的社會發展構圖中的「近代性」，而是有著在秩序變動時期中重複出現的社會不安感的背景，對於這樣的「流動性」概念，是不會不遭到「不過是任何時代都有的，與歷史發展無關的現象」的這類批判。[11]不過，我反而想在那樣的社會不安下，人們從根源去直接面對秩序問題的情況中，找出我們生活的時代與當時相互連結的重要關鍵議題。

「地域社會論」的方法之所以吸引我，在於基本上那是以「秩序的稀少性」的感覺為前提，[12]探究「秩序是如何形成」之故。對於「地域社會論」與在那之前的谷川道雄的通稱「谷川共同體論」，常有的誤解是把這些理論看作把權力和支配問題棄置不顧的田園詩式的、樂天的社會秩序論。[13]這帶給人們的印象恐怕是不直接討論階級鬥爭、反權力鬥爭，而代之以探討「領導能力」等統合社會的契機的「地域社會論」的做法。然而，就我所見，正因為這些理論是以「所有人對抗所有人的戰爭」❷般殘酷的紛爭模式為潛在前提，所以「社會秩序如何成立」才成為值得探討的課題。

當然，階級鬥爭史觀也可以說是動態式紛爭的範式，但是對我來說，總覺得不夠充分，原因在於階級鬥爭史觀似乎對於秩序的存在之本身以及其必然地、接續地開展寄以先驗性的信賴。作為階級鬥爭史觀的基盤，如建築物般被實體化的社會構造的意象，與其說有回答我在上述所問的問題，不如說讓人感到這個問題從一開始就被閉藏起來。[14]在那當中我感覺到的，是階級鬥爭論的某種樂觀性，也就是它對於霍布斯（Thomas Hobbes, 1588-1679）提到的作為「人類沒法躲避的難題」之秩序問題，好像採取置而不論的態度。不過，當然正是有那樣的樂觀性，在社會改革實踐上才能夠勉勵人們朝理想前進，這一點我也不否認。我並不認為只針對這種實體論式社會形象的虛構性加以批評就夠了。在現實的生活也好，在社會改革的實踐也好，實體論式的社會形象正是支撐人們行為之基礎，對此點我們必須抱持尊重的態度去接受——這是到目前為止，我的另一種實感。

日常生活的意義建構

我記得從國中到高中時期，曾經有一段時間著迷於「常識」這一詞彙。我熱衷於英國的評論家、小說家切斯特頓（Gilbert Keith Chesterton, 1874-1936）也是在這段時期，這位人士

❷【譯注】原文為「the war of all against all」，出自湯瑪斯．霍布斯（Thomas Hobbes）在《市民論》（一六四二）與《利維坦》（一六五一）中，他用來形容人們在自然狀態下所表現出的原有模樣。

是撰寫以布朗神父作為主角的推理小說而著名，但如西部邁所強調，切斯特頓不單是幽默的作家，而是造詣精深的保守主義論客。雖然當時我的理解力有限是自不待言的，但是《名叫「星期四」的男人》等小說中發出的許多警句呈現出切斯特頓對「秩序的稀少性」的敏銳感覺，並且他對於「常識」和「健全的秩序」進行才智洋溢且充滿諷刺的援護，這些都相當吸引我的注意。我不曉得自己是不是保守主義者，但是至少有如以下所述的模糊感覺——也就是，我對於我們所處的社會總能穩定地運行的這樣情形感到驚異；平凡無奇的日常性一般想法之中，存在某種貴重的東西；不喜歡無視於使這個社會運行的辛苦之處，卻盛氣凌人地批評現狀等等。

在一九八一年的研討會中，森正夫的主題報告的一項特色，是強調「意識」的重要性。意識的問題歷來當然都是以馬克思主義式意識形態論的形式來處理，但這些意識形態論當中就有「意識形態＝虛偽意識」的含意，也就是說，其具有的含意是若摘除意識形態那隱藏真實的面紗的話，就會出現實體且客觀的社會結構。與此對比，該主題報告所著眼的「意識」並不一定是那樣的，而可說是當時人們共有的社會認識本身才能夠組織社會——既束縛又支持著我們的社會秩序，也是人們共同主觀意識的產物——像這樣的想法為基礎。在這場研討會中，圍繞著民眾對於地方社會的領導權的贊同，簡而言之，有兩種對立的立場存在，一種是認為那是由統治階層強加的意識形態，另一種則認為是基於共同意識的真實的紐帶。關於這一點，我並沒有特別詳加考慮，便在會場中發言：「究竟是發自內心真實的贊同，還是受騙而服從，這個問題到底沒辦法得到明確的解決，不管哪一種答案都可以。不如說，當時的人們對地方社會上各式各樣的行動做出的常識性判斷——比如『那是正常的』、『這是離譜的』等——那才是真正問題所在。他們常識性判斷的邏輯和做法中，才有著社會研究特有的令人深感興趣的問題存在」。直到這場研討會結束後的數年，我才注意到關於這樣的問題，在社會學領域中已有大量研究成果。

作為現象社會學的專門名詞「日常生活的意義建構」，將過去我莫名被吸引的「常識」一詞，以更明確的形式表述出來，並且證明了把「常識」作為「社會科學」的對象來處理的正當性。對於這個無限地多樣且混沌的世界各種現象，人們賦予其意義，由此才能建構社會作為具有意義的存在，進而相互溝通交流也成為可能。在那裡所組成的「日常生活的意義建構」，就其作為人們賦予意義的產物這點來看是「主觀的」，但並不因人而異，而只要是社會上具常識的成員，不問其立場信條如何所共有的「互為主觀性（intersubjectivity）」結構。雖然那也可以置換為「規範」、「秩序」等詞彙，但是不應該將其解釋為把人們的行動強制齊一化的框架，而是應該視作一種為了把立場互異或對立的人們的行動賦予意義、進行解釋而有的座標軸。從而，即使這個社會存在激烈的對立抗爭，只要大部分人不認為這是無法理解的混沌而能夠把握當中的對立結構與意義，則這些抗爭也就能被涵化於一定的認知世界中。

本書的第四、第五章，處理的是幾則撼動明末清初江南社會的事件，這兩章的焦點與其說在那些事件的「事實」本身，不如說是放在那些事件在地域社會的人們之間是以什麼樣的訊息來傳播，並且人們給予這些事件什麼樣的意義等問題上。像這樣著眼於「當時的人們如何看待他們的社會」這種主觀的觀點作為方法，被當作是「地域社會論」共通的偏重主觀的態度，即作為「沒有腳的幽靈」一般的觀念論而屢次受到批評。[15]在此想事先辯解之處有兩點。第一，像這樣「主觀的方法」，至少就我的看法，並不是否定在歷史學上採客觀的論證程序的可能性。也就是說，這個方法跟一種將歷史學上的不同主張，歸於各個人們之間終究無法對話的頑固主觀的這種態度幾乎是沒有關係。阿爾弗雷德・舒茨（Alfred Schütz, 1899-1959）提到：「（有別於自然科學）社會科學必須處理的是，社會上現實生活中人類行動及其常識性的解釋。……那樣的分析，必然不得不論及從行為者的觀點來解釋其行為與背景像這樣的主觀觀點」，[16]而我認為這樣的原則是非常正確。原因在於，有別於蘋果從樹上掉落之類的自然現象，人類的行為是通過人類的主觀才能進行的。若提到明末江南社會為何興起民變，我們需要討論當時的人們如何看待世間的變動，以及他們以什麼樣的行動認為是正義等有關主觀的問題。如對這些問題置而不論，則像明末民變那樣的現象是無法進行說明的。對有關人類行為的問題來說，唯有藉由那樣的「主觀的解釋」，才算是採取假設和驗證（反證）等科學程序。

包括我的論文在內，這些被視為「地域社會論」的各個研究論著，在那樣的程序上是否做到十分嚴密一事，當然還是有議論的空間。不過，我相信「地域社會論」所尋求的目標，並不像屢次受到的批評所指那樣是從社會科學逃避出來，反而是要擺脫教條式的社會實體化論和無法證明的必然論，立足於開放的視點來對人類活動交織而成的社會之動態進行理論化的工作。在那樣的意義下，我——身處於這個「後現代」盛行的現今——說不定仍然是一位相當老派的「社會科學」信徒。

第二，如上所述著眼於人們的意識的研究潮流，與聚焦於歷史上物質層面的自然科學式研究方法決不是對立的關係。一九七九年京都大學東南亞研究中心舉行的「江南三角洲研討會」[17]是促成農業學專家與中國史研究者對話的劃時代嘗試，成為此後把自然科學的研究方法積極導入於中國史有關農業技術、生態、環境等領域之重要契機。這個研討會與一九八一年名古屋大學舉辦的「地域社會論」研討會，屢次被相提並論作為催生八〇年代以降明清史研究新潮流的契機，但有些論者往往將兩者當作是對立的，而且主張地域社會論，由於過度重視主觀意識的結果，往往不合理地輕視歷史的物質層面。然而，就我的看法，地域社會論在社會科學上對主觀觀點的重視，雖然導致他們對於把自然科學式類比未加考慮地套用於社會現象這類做法加以批評，但並不代表他們忽視農業技術、生態和環境等問題的重要性，也不否定用自然科學式的方法處理那些問題的有效性。毋寧說，八〇年代以降的兩股新潮流，可說是在批評過去社會經濟史學採用的擬似自然科學式做法的過程中同時誕生的雙胞胎。

那麼，欲描述藉由人們的主觀認知所形成的社會秩序時，作為方法論上的難題，我莫名地想到的是，這樣的「說明」方式，究竟能否說明人們的主觀之最終根據——為何人們會這樣思考——這一問題。例如，試著思考鄉紳為何會被認為是具有權力者時，就能舉出其根據在於鄉紳具有廣大土地所有權和任官經驗等。但是，接下來就必須說明，為何鄉紳能快速地累積土地？為何他們的任官經驗是其威信的泉源呢？如果沒有先驗地設想鄉紳與官僚的勢力或國家權力的存在，我們是否就不能夠回答這些提問呢？要勉強回答這些提問時，我們會不會走進邏輯上的死胡同或者不斷兜圈子的死循環呢？

在成為第二章的基礎的論文中，我曾寫到：「人們選擇鄉紳來作為保護者，其基準並不是在於鄉紳擁有土地以及他們與國家權力的連結，而是他們在地方社會的實際的保護能力，除此以外沒有別的了。然而，這份保護能力正是源自於許多人集結在鄉紳底下這一事實。這是很明顯的循環論法。」那時，我其實有點陷入死胡同而放棄探求的感覺，而另一方面，也有些賭氣的心情，認為除了這樣的循環論法以外無法說明鄉紳勢力的根源。後來，等到許久之後，我才察覺到在社會學的領域以「自我組織（self-organization）」、「反身性（Reflexivity）」、「自我生成（autopoiesis）」等詞彙進行探討的問題，是與我那未成熟的疑問有關。[18]也就是說，「以成員對自己系統的認識為基礎的自我組織」[19]下的社會形成，或多或少，就不得不包含自我參照的悖論。這樣的「發現」，雖然不能說解決了這數十年來我對於社會的不可思議的感覺，但卻暗示了這並不是我個人特有的異常感覺，而是社會本來就是基於那樣的循環論法式機制才能成立。

以上就圍繞「地域社會論」方法的若干面向，同時交雜著我個人的情況來闡述我的看法。從以前我對於社會的脆弱、危險、失序時的苛烈，以及不可思議的精妙的關注，換句話說，也就是這麼地不完美的人們聚集起來，為何能讓社會總算穩定地運作，對此我感到非常驚訝。也因此，當我見到明清時代社會的時候也是，並不是採鳥瞰的方式，而是想探究與我同樣對於社會整體有著不透明感的人們，他們如何在摸索中建立社會。並且，與他們站在同樣的立場進行對話。屬於「地域社會論」流派的研究者們並不一定都是抱持同樣感覺進行研究，但是我想終究在那當中，對於所謂「社會」的實在性和發展的必然性抱持的懷疑，或許是今天的一種時代思潮也說不定。

以上所述內容，從現今的社會科學理論的前端來看，或許是幼稚且樸素的感想。不過，我想即使是那樣也沒關係。作為歷史研究者，首先要完全放開自己所有的感受性並且直接面對研究對象是為先決條件，如果在那當中獲得的知識，能給我某種銘感的話，那就太好了。關於那樣的方法，目前就是盡可能誠實地坦白我內心的想法，至於那樣的方法的妥當性與否，我想就交由讀者自行判斷。

注釋

1 本篇序文是由《史海》四六號（一九九九）所收拙文〈「地域社會論」雜感〉修改而成的內容。儘管是剛發表後不久的作品，在此感謝容許我轉載此篇的各相關人士。

2 〈モラル・エコノミーと中国社会研究〉（《思想》七九二號，一九九〇）；〈明清期の社会組織と社会変容〉（社會經濟史學會編《社会経済史学の課題と展望》有斐閣，一九九二）；〈地域社会の視点と明清国家論〉（科學研究費報告書《旧中国における地域社会の特質》〔研究代表者 森正夫〕，一九九四）等。

3 根據山本進，〈明清時代の地方統治〉（《歴史評論》五八〇號，一九八八），頁三。

4 當前最新的作品，請參考《歴史評論》五八〇號「地域社会論」特輯（山本進、三木聰、井上徹、山田賢），以及同刊五八二號伊藤正彥的評論。

5 關於在美國的情況，在 Paul A. Cohen, *Discovering History in China: American Historical Writing on the Recent Chinese Past*, Columbia University Press, 1984.中有饒富意味的敘述。❸

6 山田賢，〈中国明清時代史研究における「地域社会論」の現状と課題〉（《歴史評論》五八〇號），頁四一。

❸【譯注】中譯本參見柯文（Paul A. Cohen）著，林同奇譯，《在中國發現歷史：中國中心觀在美國的興起》（臺北：稻鄉出版社，一九九一）。

7 原洋之介，〈村落構造の経済理論〉（《アジア研究》二十一卷二號，一九七四）。

8 小島修一，《ロシア農業思想史の研究》（ミネヴァ書房，一九八七），頁二五八。

9 檀上寬在有關明清鄉紳論的研究動向的論文中，指出森正夫與岸本的觀點是不同的，認為：「相對於以人的聚合的基本契機歸於精神層面的森，岸本則雖重視依附於權威、威信的民眾行動中的精神性，但還注意到物質性利害關係在這些行動中起較大作用」，指出岸本關注著民眾的功利取向（檀上，〈明清鄉紳論〉，谷川道雄編著，《戦後日本の中国史論争》〔河合文化教育研究所，一九九三〕，頁二二二）。我在本書的第一章和第二章等提出的論點，的確給人那樣的印象。不過，我所關注的，與其說是重視功利還是無私獻身這一問題，不如說是那兩者成為表裡一體的明末人們聚合方式，而我那樣的想法是藉由檀上的評論才開始有所自覺。

10 以這個語詞作為關鍵詞的最有名的論著是，何炳棣（Ho Ping-ti），*The Ladder of Success in Imperial China: Aspects of Social Mobility, 1368-1911*, Columbia University Press, 1962.（《明清社會史論》，徐泓譯注，聯經出版事業公司，二〇一三）

11 《歷史学研究》五七五號所載〈一九八七年度歷史学研究会大会報告批判〉中丹喬二的評論。此外，關於比較中國史上其他時期，則明末清初是特別激烈的動盪時期這一點，或許有些學者提出異議。在中國史上，更為毀滅性的戰亂時期是不少的。而身處明末清初的人們面對眼前社會混亂的情況，有著種種的思索、喋喋不休地談論，甚至還能留下紀錄等，反而顯示明末都市其文化上、經濟上的繁榮。正因為有那樣的豐饒，所以當時人們才有了餘裕對於明末清初社會混亂作為一種「秩序問題」加以思索與探討。本書所欲關注的是，與其說是社會混亂的絕對程度，不如說是當時人們把自己的時代看作一個混亂期這一事實，因此相較於秩序崩壞本身，反而是把重點擺在當中所產生的「秩序問題」。

12 此語詞引用自嶋津格，〈秩序の希少性について〉，井上達夫等編，《法の臨界》II〈秩序像の転換〉（東京大學出版會，一九九九）。

13 在這裡我所指的是：重田德對於谷川的評論中提出的「天真的」、「世上稀有的倫理性的精神世界」等評語，以及山本進對於「地域社會論」的評論中提到的「將階級關係置之不論」、「聽不到（國家權力）刺耳的刀劍聲」等評語。

14 當然在此沒有要否定用物化論式觀點來解讀歷史唯物論的可能性，但這只不過把我當時接觸的歷史論文帶給我的多數印象闡述出來而已。

15 「沒有腳的幽靈」是丹喬二（前注11）文章中的評語。參見 Alfred Schütz（渡部光等譯），《社会的現実の問題(1)》（マルジュ社，一九八三），頁八六。❹

16 此場研討會的成果，集結於渡部忠世、桜井由躬雄編，《中国江南の稲作文化》（日本放送出版協會，一九八四）。

17 不過，在明清史關係上，已於一九八九年由上田信提到「波動」的概念（〈観念・社会・自然〉，《中国——社会と文化》四號），所以我的這種關注並不一定是新穎的。

---

❹【譯注】原文書參照 Alfred Schutz, *Collected Papers I. The Problem of Social Reality*, Hague: M. Nijhoff, 1962.

18 不過，在明清史關係上，在一九八九年上田信已經提到「動搖」的概念（〈観念・社会・自然〉，《中国——社会と文化》四號），所以我的這種關注並不一定是新穎的。

19 今田高俊，《自己組織性》（創文社，一九八六），頁七。

明末清初的地方社會與「輿論」

第一章

chapter —— 1

前言

在明末清初（十六－十七世紀）的中國，「國家與在地社會」的狀態發生巨大變動，這一點在日本的明清史學界幾乎沒有不同的意見。不過，關於其變動的內容，可見到存在著可稱為正相反的巨大的意見分歧。概略來說，小山正明、重田德等提出了明末清初封建制成立說，主張在這個時期自律的地緣共同體乃至地方社會內部是由鄉紳支配了這些封建式社會單位所形成。[1]與此相反，有些學者對於同一時期，提出了對封建制成立說的有力反論，如以鄉居地主為中心的舊有鄉村支配構造的解體（濱島敦俊），[2]或以衣冠（讀書人）作為頂點的舊有社會秩序的危機（森正夫）[3]等。

確實，在明末清初騷動的社會情勢中，可以承認存在著使前述這些對立的各項解釋成立的多樣要素。本章是以松江府（幾乎等同於現在的上海直轄市一帶）為例，關注社會團體、地方社會、國家支配等各層級社會關係來概觀這個時期的變化情況，對於如何理解明末清初社會變動這個問題，試著提出一個草案。松江府位於當時經濟領先地帶的長江三角洲的東側位置，能作為對外防備、海上交通的據點，同時占有江南沿海棉花地帶的一角，是明代以來棉業的全國中心。明末時期，松江府輩出許多大官僚，另一方面當地人情澆薄、民變頻仍的惡名也逐漸高漲，可以說是最鮮明地反映明末清初社會變動的各項特徵的地域之一。

一、明代後期松江府社會的改觀

往昔的農民定居於農村而鮮少踏入城市，但是近年來人們都流向城市，像這樣的記述，是明末地方志等屢屢常見的套用句，松江府華亭縣人何良俊《四友齋叢說》（隆慶三年，一五六九年自序）卷十三，在描述十六世紀初期松江府農民時，也表示同樣的理解，提到「嘗憶得小時見先府君為糧長日，百姓皆怕見官府，有終身不識城市者。有事即質成於糧長，糧長即為處分，即人人稱平謝去」。單純地說，截至明中期的松江府的人們，可以說大部分都是住在以擁戴糧長權威的「區」為範圍的比較封閉的生活世界。附帶一提，依據明初松江府屬上海縣的統計，上海縣有九十二個區，平均一區約有一千二百戶，管理約六千人口（萬曆《上海縣志》卷四，〈賦役下〉）。那麼，十六世紀中葉以降顯著變化，就是發生了原本農村封閉的生活範圍崩解，人口往城市流入的情況。范濂《雲間據目抄》卷五的記事中，一五四四年作者范濂十五歲時受到倭寇襲擊而入松江城的時候，城內還是雜草繁生、百業蕭條的狀態，但是這四十年來，滿是官僚、富民建造宅邸的松江城已是極為繁華的城市。這樣的城市發展同時伴隨的是農民的城市移動。經常被引用的《四友齋叢說》卷十三中有名的段落，提到「余謂正德以前，百姓十一在官，十九在田，蓋因四民各有定業，百姓安於農畝，無有他志，官府亦驅之就農，不加煩擾，故家家豐足，人樂於為農。自四、五十年來，賦稅日增，徭役日重，民命不堪，遂皆遷業，昔日鄉官家人亦不甚多，今去農而為鄉官家人者已十倍于前矣。昔日官府之人有限，今去農而蠶食於官府者五倍於前矣。昔日逐末之人尚少，今去農而改業為工商者三倍於前矣。昔日原無遊手之人今去農而遊手趁食者，又十之二、三矣。以十分百姓言之，已六、七分去農」。這正是反映農民流入城市的過程。

明代後期的城市發展，並不是具有農村的農業部門與城市的工業部門間的分工、交換關係而被賦予特色，而是以掠奪農村資源用做城市消費為主軸。也就是說，形成一種奪取農村資源的掠奪者（地主、官員）在城市消費，而廣泛的小農階層則是持續仰賴這樣的消費以補充家計的城鄉結合模式。這樣的發展所產生的，並不是農民經營上的專業化而是兼職化，不是農民生活的固定化而是流動化。當時所謂的城居地主，大部分在鄉村持有宅邸以作為收奪資源的據點，在城市與鄉村建置多個立足點而過生活。與此相表裡的是，農民也會以臨時性出外做活的方式，經常到城市尋求增加收入的機會。明末的社會變動，就是以這樣的往來流動於城市－鄉村的方式，而產生零散且浮動的群眾。伴隨著生活世界的擴大，人們有了機會直接接觸到比糧長更上級的權威人士如鄉紳與官員。人們前往城市，看到鄉紳的恢弘宅邸和豪華陣列，並且在官衙門前來來去去。關於這樣的狀況如何產生明末新的人際關係的過程，將留待下一節敘述。

那麼，為何是十六世紀這一時期發生這樣的變化呢？萬曆《上海縣志》卷一〈風俗〉提到，嘉靖癸丑（一五五三）發生島夷內鬨以來，❶當地習俗為之一變，而其他史料也把社會變動的關鍵期歸為十六世紀中葉倭寇入侵所致。一五五〇年代橫跨數年間的倭寇襲擊，對於松江府而言是大事件，倭寇直接入侵松江府農村，使其荒廢，從而促使人們的流動化。不過，從更大的視野來看，不僅是後期倭寇活動，還有東亞國際商業的發展與其刺激，才是導

---

❶【譯注】該年為嘉靖三十二年，汪直率領海盜集團入侵浙東、西與江南、北等地，劫掠財物並屠殺當地民眾。參見楊國楨、陳支平著，《明史新編》（臺北：昭明出版社，一九九九），頁二五〇。

致松江府商品經濟發展與人口流動化的基本原因。眾所周知，所謂後期倭寇，是指明代禁止私人海外貿易政策下，從事大規模違法海貿並裝備有武力的船隊。江蘇一帶的米價標示法，大約從十六世紀中葉以降，就從銅錢標示變成銀標示，[4]而那些白銀，主要就是透過這樣的國際交易而帶來的。這樣的白銀創造新的收入機會，使得人口從農村流出，從此看來，應該說這股十六世紀的全球商業發展浪潮，也直接沖刷了松江府沿岸。

二、明末各種社會團體

明末叢生的多樣社會團體，可說是前述提到的零散且流動的民眾，他們為了在不安定的社會狀況下的自衛組織，或為了提升社會地位而締結的人際關係。附帶一提，在本章探討的所謂社會團體，不是指歷來被認為是明清史研究的重要課題之一的作為「再生產的培養基」[5]的共同體。在明末社會要特定有著那樣的意義的「共同體」是困難的。不僅各個農家經營上的自立性相當高，同時近鄰、村落層級的協同關係，以市鎮為中心的交換關係，乃至於全國性、國際性經濟關係，在各個農家的再生產上扮演緊要的角色。明末多采多姿的各社會團體，毋寧說是與「再生產」沒有直接地重疊的情況下成立。那些團體大致可分為兩種，也就是：以鄉紳和官員等權威人士為中心形成的垂直式連結，以及作為夥伴同志的盟約關係而形成的水平式連結。

垂直式連結的代表，即是以鄉紳為核心的各種連結關係。關於十六世紀以降，官僚在其出身地的社會威信、經濟力增大，取得與一般百姓隔絕的社會、經濟地位的情況，也就是歷來諸多研究指出的，是形成「鄉紳支配」論的基礎。《四友齋叢說》也指出種種事例，例如，不只是官員甚至舉人、生員皆乘轎通行的近來世風（卷三十五），❷或十六世紀以降的松江府出身官員「競營產謀利」，積蓄莫大的家產（卷三十四）等。❸

作為這時期鄉紳勢力增大的契機，歷來研究提到優免特權的存在，或明代舉人、生員資格的終身化等，同時還有森正夫、[6]高橋芳郎[7]等學者有力的主張，指出像這樣的特權與身

❷【譯注】「今舉人無不乘轎者矣」、「今監生無不乘轎矣。大率秀才以十分言之，有三分乘轎者矣。」（明）何良俊，《四友齋叢說》（北京：中華書局，一九九七），卷三十五，〈正俗二〉，頁三二〇。

❸【譯注】「憲孝兩朝以前，士大夫尚未積聚」、「至正德間，諸公競營產謀利」參見（明）何良俊，《四友齋叢說》，卷三十四〈正俗一〉，頁三一二。

分屬性與宋代相比在實質上並沒有改變。這時期鄉紳勢力增大的基本原因，與其說是鄉紳本身的條件變化，不如應該說在於依附鄉紳的群眾方面的變化——地方社會上的財富與人員的流動性增大。相對於往昔人們的生活世界處於糧長層級的權威下就能料理一切的時候，鄉紳的威信所及範圍不得不被限縮得很狹隘，到了明末，人們的生活世界擴大且流動化，不特定多數的人們利用且追隨鄉紳的威信、特權，如此一來使得鄉紳作為一個具廣域勢力的情況便形成了。明末湖州府人李樂，在《見聞雜記》卷九記載一則逸事：北宋時期山東青州人王曾，高中狀元歸鄉之際，為了避免鄉里父老出迎等過度的事態，而喬裝祕密地入城。對此逸事，李樂附記如下：「沂公（王曾）特幸而當宋盛時，又幸而青產，故得遂其高雅爾。若產吾東南，則在千里外，戚屬鄰里，凡欲求媚納交者，必蒲伏蛇行，孔道為塞，公即欲變姓名從他城門入，焉可得耶。」這段諷刺性文字描述人們的姿態，也就是說為求與科舉合格者締結關係而奔走的廣泛人群的行動，才可說是所謂廣域的鄉紳支配得以成立的基礎。

以鄉紳為核心的垂直式連結的例子，可以舉出鄉紳－奴僕連結和宗族連結。在明末江南，這兩種連結都具備共同的性質，也就是說，以某一人物科舉合格且出仕為契機而急速地集結成地方社會的顯著團體，之後，當這一人物死亡或威勢衰退，伴隨而來的就是團體的離散零落，像這樣在當時的江南社會存在著激烈地盛衰轉變的情況。例如，從奴僕方面來看，一旦某人科舉合格，就有幾百人甘願作為奴僕來投靠他（顧炎武，《日知錄》卷十三，〈奴僕〉），相反地，「主勢一衰，拔扈而去」（乾隆《上海縣志》卷十二，〈祥異〉所載明清交替時期的奴變相關記事），成為通例；再者，縉紳的子弟也是，當有勢力的官員還活著的時候，他們便握有華貴的威勢，但是當這位官員「一死之後，子弟之淪落者、受辱者、飄流者、鬻身者、役累者，惡可勝道」，以這樣的形式，急速地淪落到一般庶民的行列中。就如葉夢珠《閱世編》卷四〈士風・宦蹟・方岳貢〉中提到「崇禎初，……時松江縉紳大僚最眾，子弟僮僕，假勢橫行，兼并小民，侵漁百姓，攖其鋒者，中人之產，無不立破」，作為鄉紳卑親屬或私人附屬者的「子弟僮僕」的勢力，在其盛時是任何人都無法抵抗。然而，當其趨於衰微時又是脆弱易壞的，像這樣激烈的盛衰轉變是當時人們注目之處。

就當時的地方社會而言，地方官府也是與鄉紳並存的一個吸引人們的「極」，❹就是成

❹【譯注】作者岸本美緒在這裡使用的「極」字，是指「吸引人群聚集的中心」之意，即等於「polar」，意指具磁性的、磁極的意思。

為人際連結的核心。就當時的中國社會來說，身為退休官員的鄉紳的威信與現任地方官的威信之間，兩者性質本來就沒有多少差異。也就是說，在近代官僚體制下，支配權力的來源不在官員其人之具體人格上，而是附著在其人的官職上，因而退休後的官員僅不過是個普通人而已，但與此不同的是，科舉官僚制度的特點在於，通過以儒學古典為中心的「科舉」這個教養測驗，認定合格者的人格的優越性。鄉紳的優免特權以及他們能與現職官員分庭抗禮，就是從如上述科舉功名的本質所衍生的特權，從人們眼中看來，鄉紳和地方官都是作為地方社會具有威信的「極」而並存著。明末普遍能見到隸屬於官衙的衙役皂隸之類仰仗著官府的威勢而橫行於地方社會，這樣的事態是與利用鄉紳威勢的子弟僮僕的行動模式是同一性質。

以上敘述的是以鄉紳和官府為核心的垂直式連結，而士人或下層民眾之間的水平式盟約關係的流行，也是明末地方社會饒富趣味的現象之一。依據《雲間據目抄》卷二，學習詩、書、畫的士人之結社在十六世紀後半期於松江府也盛行起來。❺顧炎武提到，天啟年間（大約一六二〇年代）以後，士人在相互交往時，把歷來慣用的「社」字「猶以為泛」，而改使用了「盟」、「社盟」等字眼（《日知錄》卷二十二，〈社〉）。這些例子顯示出伴隨明末的社會不安的推進下，追求以「盟」字作為象徵的緊密且全人格式的結合關係的風氣風靡整個社會。

近年受到注目的下層民眾集團——「打行」（暴力團體）或無賴結社——的形成，也可以從同樣的社會脈絡來思考。在松江府，從一五八〇年左右開始盛行打行（《雲間據目抄》卷二），❻如鄰接的嘉興府的史料所載：「如打行惡少飲血結盟……」（崇禎《嘉興縣志》卷十五，〈里俗〉），打行是一種帶有盟約式色彩的結合。而且，就我所見，這樣的民眾之間盟約式的結合，並不僅限於打行等城市民眾的集團，例如小山正明指出，清初江南農村進行抗租時的組織，也是伴隨「歃血」亦即口含牲血儀式的盟約形式，[8]此與如上明末清初社會的一般風潮恐怕不無關係。

---

❺【譯注】「學詩、學畫、學書，三者稱蘇州為盛，近來此風沿入松江，朋輩皆結為詩社。」參見（明）范廉，《雲間據目抄》，收入《筆記小說大觀　二十二編》（臺北：新興書局，一九七八），卷二，〈記風俗〉，頁七a。

❻【譯注】「惡少打行，盛於蘇州，昔年撫臺翁大立幾被害。此風沿入松，以至萬曆庚辰後尤甚。」參見（明）范廉，《雲間據目抄》，卷二，〈記風俗〉，頁四a。

以上論述的是有關明末地方社會的各個集團，接著就這些集團具有的共同特質，整理數點敘述如下。第一是這些集團，無論何者都是以零星鬆散的個人在有意識、有目的下聚集而成的結社式性質為其特性，而明末流動式社會狀況，就成為各個集團形成的背景。這些集團，並不是由固定的成員組成的閉鎖性基層社會集團，而是在不安定的社會狀況中，以各式各樣的因緣為媒介，旨在盡可能地廣泛集結的動態擴張過程的產物。

不過，第二要提到的是，這些集團不是獨立自主的個人為達成明確且具體的目的而設立的合理組織。相反地，「投」向有力人士而形成人身依附關係，或藉由「盟」形成全人格式的結合，像這樣沒有限定的一體感，正是這些集團共有的基本特質。縱向垂直式的「投」，橫向水平式的「盟」，這兩者是明末特色最明顯的兩種人際結合方式，在這個意義上，「投」和「盟」可說是清楚直接地表現當時群眾結合屬性的關鍵詞。這類結合，對於當時的人們而言，含有一種血緣聯繫的感覺。作為擬制性卑親屬關係的奴僕、結拜兄弟關係的習俗等令人想起自古以來就有的盟約，這些觀念使得本來沒有血緣關係的陌生人，能被融入主觀的血緣感覺之中。

感受到原本的社會秩序逐漸崩壞的明末時期，從狹窄安定的生活圈零零星星地脫離並移往不安的生存競爭世界的人們所追求的，並不是獨立自主的個人形成的公市民社會，而是如血緣關係般的更為直接的人際關係。他們想縱身跳入這種直接無媒介且沒有質疑餘地的人際關係中，在那裡將自己的存在與眾人聯繫在一起。明末盛行的陽明學的社會觀，不正是反映當時人無論社會階層如何而共同感受到欲直接結合的這種熱望嗎？在那裡，對於標榜外在的理亦即客觀的全體秩序的學說有種不信任感，取代之而被重視的是，對他者具有像血緣情感般超越邏輯的本能性共感——更確切地說，已經不把他者當作他者，而產生如同是自身的一部分般的感覺。陽明學者認為那樣的感覺是萬人的心中自初始就與生俱來之物。以主觀的血緣感覺為媒介，積極地想要與他者相結合的欲望到達的極限，就是感到連動物、植物都是血脈相通、自我的一部分的「萬物一體之仁」、「生生之旨」的教義。

明末各個集團的如此結合，本質上是具體的各個人際關係的聚積。那種結合的核心是具有個人之間堅強人格上關係的特色，乍看之下很強力。不過，因為那種結合並未形成具有持久性法人格（法律關係主體）的組織，而是停留在具體的人際關係的階段，所以有著受個人的動向所影響的不安定性、脆弱性。研究者經常把宗族、村落、行會等中國民間團體，稱為「中間團體」，這恐怕是取自於指稱法國的舊制度時期（Ancien régime，十五－十八世紀）

地方團體、身分團體、職業團體所用的中間團體（corps intermédiaire）一詞的直接翻譯。根據二宮宏之提到，法國絕對王權的構造基礎是「在『自然生成的』結合關係上成立，多多少少像是被賦予法律關係主體的集團」亦即「社團」，也就是孟德斯鳩或托克維爾重視的「中間團體」。絕對王權並非通過君主對臣民的一元化關係來各個地直接支配國民，而是以社團式社會編成為前提，靠著那些中間團體為媒介，始能維持其絕對王權的統治。[9]若法國絕對王權是以社團式社會為前提，將這些團體進行統合而成立的話，相對來看，明末的各個社會團體是以所謂君主對臣民的一元統治關係為前提，作為零星分散的個人之間的人際關係而成立。從上述的說明便可明白，雖然從處於國家與人民的中間位置的社會團體這一點來看具有類似的性質，但是不能草率地將西歐的「社團」與中國的民間團體相類比的理由。

附帶一提，像這樣無限定的一體感所形成的群眾結合，在中國歷史上的動亂時期中時常出現，是受到研究者矚目之處。可以舉出的有，例如古代中國的「任俠的結合」、魏晉南北朝時期的「門生故吏關係」、唐末五代的「假父子的結合」等。[10]明末各個集團也可以認為，像這樣具有特色的中國的群眾結合的方式，在社會流動化當中重新顯著化。

三、明末松江府的「輿論」

在明末松江府，流行藉由歌謠詞曲來批評人物（《雲間據目抄》卷二、《四友齋叢說》卷十八），與此同時，在隨筆類也盛行對地方層級的人物進行評論。若說這些評論形成輿論的日常性型態的話，民變等群眾行動則可說是其非日常性型態。眾所皆知，明末這個時代是民變頻發的時代，然而這並不一定意味著整個民眾輿論先是順從鄉紳、地方官後來變成反抗的。反而是說，在這個時期同時對於地方官與鄉紳的群眾聲望也逐漸顯在化，這才是必須注意的地方。十六世紀中葉長期擔任內閣首輔，松江府華亭縣出身的大官員徐階，他對於嘉靖初年（十六世紀前半）某位地方官離任之際，松江的士人們舉行各種餞別儀式，認為這是之前所沒有的情況，因而有如下的敘述：關於華亭的風俗，世之論者，有的人以「醇」（人情醇厚）予以讚賞，有的人以「訐」（反抗的、爭論的）加以非難。不過，要我來說的話，兩種說法都不恰當。原本所謂醇和訐，是基於喜愛之心與憎惡之心。喜愛與憎惡之情雖有不同，但是順遂欲望時就有喜愛之情而生，拂逆欲望時就有憎惡之情而生，這正如嬰兒會哭會笑，有情感的差異但不是刻意造成是一樣的。總之，地方官若未能實現養生送死安老慈幼等民眾生活欲求的話，不使人民覺得憎惡是不可能的，若實現的話，不使人民覺得喜愛也是不可能的。所謂喜愛與憎惡——以此為基礎而生的醇與訐——無論哪一種都不是刻意為之的態度，因此喜愛可說是出於公，憎惡也可說是出於公（《世經堂集》卷十一，〈送少尹王君董餉還華亭序〉）。❼

若依當時陳腐的道德觀來看，醇與訐是相反的，是不並立的性質。然而，徐階——附帶一提徐階是有名的陽明學者——他認為民眾自身的性格就有如嬰兒般像白紙一樣，雖看起來民眾的行動依時不同而並不一貫，但這是因為民眾對不同的狀況就像嬰兒般做出天真的反應。並且，他對於民眾那種「非有意為之」自然發生的性質，是用「公」這語詞來予以肯定的評價。支撐明末頻發的民眾政治行動的背景，可以說是除了有讓廣泛群眾能參加的明末流動的社會狀況之外，還有不拘泥表面上的道德而對民眾真實地自然產生的行動予以肯定的社會整體氛圍。

過去的明末民變研究，關注於造成民變的契機的政治、社會問題或發起民變的社會階層，來討論各個民變在歷史上的位置。在那樣的問題意識的背景中，存在著如下看法作為不言而明的前提，也就是把當時的社會看作是地主階級、佃戶階層等利害群體互相對立抗拮的狀態，而把當時的社會、政治問題當作那樣對立狀態的具體表現。在本章，將暫時擱置那樣的民變內容方面的問題，而暫且先思考多采多姿的民眾運動所共有的型態特徵為何。

第一個特徵在於，同時代的觀察者把當時的民眾運動經常認為是由「合郡士民」等不特定多數人群自然發起的行動。例如，關於萬曆二十一年（一五九三）發生的松江知府李多見留任運動，范濂有如下的描述：二月十五日，知府李多見以京計遭到離任（在京城進行業績考察的結果是被左遷），合郡的士民各自行動起來請求留任。首先有好事者寫保留文榜並印刷後到處張貼，接著三縣（華亭、青浦、上海）的士民各自書寫宣傳紙，張貼在衙門的牆

❼【譯注】「惟華亭之俗，世之論者蓋或喜其醇，又或病其訐矣，以余言之，二者之論皆非也。所謂醇與訐者，非以其有愛惡耶，愛惡之情雖殊，然而順其欲則愛，拂其欲則惡生，猶之赤子，然其啼與笑，情雖不同而非有意為之」、「民之欲莫大於養生送死，安老而慈幼，惟其不克自遂而使以望於上之人，上之人南面而蒞之，食其財而役其力，苟違其望，雖欲其無惡不可得也。不然，雖欲其無愛，亦不可得也。自其有惡也，可以為訐而實非仇之也；自其有愛也，可以為醇而實非私之也夫。夫其愛與惡，苟皆非有意為之，則愛公也，惡亦公也。」參見（明）徐階，《世經堂集》，收入《四庫全書存目叢書》（臺南：莊嚴文化出版公司，一九九七），卷十一，〈送少尹王君董餉還華亭序〉，頁一三。

壁、城牆和遊藝坊。連獄卒、丐戶、娼優等（被視為賤民的人）都無人不到。府的衙門前每天有一萬餘人聚集，民眾為了見到李知府出現而互相推擠，並且民眾發出如同地雷震動的哭泣聲（《雲間據目抄》，卷三）。[8]其後，民眾發起的留任運動以近乎騷亂狀態的方向發展，結果演成出動軍隊並逮捕主謀者來結束事件。地方民眾請求留任好的地方官這樣的一種儀式性質的習慣是自古以來即有的，但是在明末特別流行民眾留任官員的運動，而且呈現相當激烈的模樣。

好的地方官和好的鄉紳具有的群眾聲望及其表現出來的狂熱性，是與在反鄉紳民變中民眾的激動程度是相表裡的。例如萬曆四十四年（一六一六）年反董其昌的民變，據《民抄董宦事實》所載的情境，是對於其惡行而激發「合郡不平之心」的董其昌一族，滿街張貼寫著「獸宦董其昌，梟孽董祖常」的揭紙，兒童、婦女競相傳唱「若要柴米強，先殺董其昌」的歌謠，就連客商、娼妓、龜子（妓院內的男性幫傭）、遊船之類，都發散批評董其昌的報紙，結果是董其昌的宅邸遭到「不下百萬」的滿街民眾燒毀。

像這樣狂熱的群眾運動，對於明末清初研究者而言，可說已是習以為常的事。關於李多見留任運動，即如何三畏《雲間志略》所述：「此雖一時人心之公而亦一時事勢之變」，同時代的人把眾心不期而流往同一方向的現象，表現為「公」。這個「公」的涵義，與今日所指公眾提出不同意見來公開討論的「公論」的意思並不相同，這是自不待言的。[11]

第二個特徵是，當時的民眾運動，無論是擁戴或抨擊，與其說是直接與政治問題有關，不如說是以具體的個人為目標而發起的運動。當然，不可否認的是，明末的大規模民變多數是與「礦監稅使之禍」或對東林派的鎮壓等政治、社會問題相關而發起。不過，就圍繞這些大規模民變而廣泛發生的許多小型民眾運動來看，當中形成問題的是，公平且熱心的地方官（李多見的例子），樸質且清廉的鄉紳（一五九二年左右，上海的鄉紳潘允哲去世時的民眾追悼運動的例子），貪婪且殘酷的鄉紳（董其昌的例子）等，屬於個人德性層面的問題。實際上，以政治、社會問題作為契機的民變似乎也有與此類似的性質，也就是說，人們把政

❽【譯注】「二月十五日，知府李多見，以京計去任，合郡士民四行保留」、「先有好事者，刻一保留文榜，遍貼曉傳，於是三縣士民，各出己見，亂書語言，或貼府縣照壁，或揭闕門鬧市，即獄人、丐戶、娼優，靡不到矣。府前日有萬餘，人伺侯（指李多見）出，必擁入府堂，號呼動地……。」參見（明）范濂，《雲間據目抄》，卷三，〈記祥異〉，頁一一b。

治、社會問題解釋成宦官、地方官、鄉紳這類人士的德性問題，來發動以個人為目標的民眾運動。地方社會的顯要人物，以種種事件為契機，在人們的意識中被結晶化成為良善或邪惡的象徵，像這樣以個人為標的，導致不特定多數的群眾狂熱地參加運動——可說是當時民眾運動特有的一種模式。再者，前述的性質還對當時民眾運動賦予生滅變轉的一時性。正如前述何三畏的話「此雖一時人心之公而亦一時事勢之變」指出，當時的民眾運動一般欠缺持續性，因為從他們的觀點來說，只要除掉壞人，問題一定會很快就消滅了。

第三個特徵，是這些成為民眾運動的目標的顯要人物，並不是孤立地單獨存在，而在地方社會乃至在民眾的認知中是屬於競合關係。這樣的情況又更加擴大民眾運動的流動性。可以當作例子的有，關於隆慶三年（一五六九），伴隨海瑞擔任應天巡撫而來的松江府騷亂事件。海瑞作為敢對嘉靖帝勇於直諫的剛毅之士，為中國全境所知的英雄人物，而且他作為扶弱抑強的清官也是相當有名。海瑞趁著擔任應天巡撫之際，其統治江南的方針之一，就是抑制江南地方具有勢力的鄉紳的橫行霸道並且救濟民眾，以海瑞的就職為契機，被稱為「裂冠毀冕之禍（冠和冕是紳士的象徵）」的反抗鄉紳運動，在江南全境擴展開來。尤其成為目標的，即是前述提到長年擔任首輔在鄉里擁有廣大土地和數千名奴僕的徐階。

上海的鄉紳朱察卿的書信（〈與潘御史〉《朱邦憲集》卷十四），對於在當時的松江府發生的「二百年所無事」有鮮活的描述。信中寫到：地方民眾不分老幼皆熱衷於告發鄉紳，府城內的士大夫之宅第門前，每天將近有百人民眾群聚要錢，咆哮且亂打門板要強行擠入。在海瑞到達松江以前我們鄉里的百姓的勢力就如此興盛，而海瑞一進入城內，群眾更是充塞道路，聚集在轎輿旁，把訴狀投入海瑞的袖口或襟懷；或抱住他的腳，強行將訴狀投入他的靴襪中。[9]從此描述可以察覺到，這種針對徐階等鄉紳的民變的狀態，以及使當時的鄉紳陷入恐懼的這種異樣的社會氛圍，正是與海瑞擁有的高度群眾聲望相表裡而出現。然而，這樣的事態持續不到一年。據《雲間據目抄》卷二所載，當時一時人心就像要將徐氏父子一朝置於死地般。不過，不久之後隨著內閣首輔的交替，海瑞也被解任，徐階和他的兒子們猶然也

[9]【譯注】據朱察卿〈與潘御史〉的形容，文云：「士夫之家，日有百人哄索錢，聲震瓦屋，門閉則推扣如雷，開則擁屯如蟻，毀其几榻器皿，使一家人踰墻而匿，此亦二百年所無事也。」參見朱察卿，《朱邦憲集》，收入《四庫全書存目叢書》（臺南：莊嚴文化出版社據北京大學圖書館藏明萬曆六年朱家法刻增修本，一九九九），集部一四五，卷十四〈與潘御史〉，頁二一a。

是與海瑞到任之前沒有什麼變化的徐階家族。而過去趁勢行不法者們也都隱息閉口。[10]也就是說，如果沒有海瑞這樣人物的權威和人望，以及當地流動的人心蜂擁地向其聚集起來這種情況的話，這場民變根本沒法發生。因此，隨著海瑞離去的同時，民眾運動也跟著鎮靜下來。

上述提到的當時民眾運動的三點特徵，儘管籠統卻能暗示出來當時人們所抱持的社會觀。當時的社會觀並不是像本節開頭所提到那樣的，作為利害互異的各個集團、各階層彼此間拮抗狀態來理解社會的。盤踞在當時人們念頭中的，是實現萬人的養生送死安老慈幼的全體社會的普遍利益，在那之中原本應該不存在矛盾對立。地方社會的顯要人物，他們各自被看作前述普遍利益的擁護者或敵對者，進而被予以良善或邪惡的象徵性角色。因此，民眾與論的激發，便是按照體現「公」的全體民眾，支持崇拜體現良善的個人，或排拒攻擊邪惡的個人這種戲劇性樣式而進行。

究竟當時的人們眼中所見的社會是什麼模樣呢？讓我們來想像一下。他們生活在近鄰關係、宗族關係、友人關係等各種人際關係的網路中，而這無論是哪一種，都不是具有獨立的決策權限之封閉的社會單位。直接映入人們眼中的是，在地方社會中有時聯繫有時排斥著同時並存的複數的相互競爭的權威。再者，人們的視野也不限於一縣一府，而是地方民眾能夠感受到從外部來的更上層的權威的存在——正如駐在蘇州的海瑞其權威能激發松江府民眾的行動一般。那麼，對於他們來說，最終的權威是什麼呢？那當然應該就是皇帝了，但是實際上對他們而言皇帝實在太遙遠，他們無法實質感受到自己存在於以皇帝為中心的全國秩序中。也就是說，雖然他們的視野並未被限制在一縣一府的範圍，而是開放地擴展，但其邊界還是朦朧不清。於是，在那之中便出現有大小權威多極並存的狀況。像這樣開放的、多極的社會觀，可以說是反映出在當時的社會中，不論是村落的層級還是縣府的層級，不存在封閉的自治團體這一情況。

各種勢力間的如此對立抗爭，以及把這些勢力當作目標而因應情況如雪崩般蜂擁地展開的流動的輿論——這些現象便形成明末地方社會中群情騷動的情勢。若陽明學是體現這樣的社會氛圍下的思想的話，也會有企圖以克服這樣的混亂，回復社會全體秩序作為課題的經世

---

⑩【譯注】「一時人心，若謂徐氏父子，可一朝置之死地者，未幾而新鄭去位，海蔡繼黜，則文貞公猶然文貞公也，太常公兄弟猶然太常公兄弟，而向之乘風聚眾，肆為不道者，皆狼顧喙息，莫可誰何。」參見（明）范濂，《雲間據目抄》，卷二〈記風俗〉，頁五a。

論者。而且，這些經世論者多少對於陽明學，特別是陽明學中的「無善無惡」這一面帶有批判的色彩。回復秩序的方式可以從兩個方向來思考。第一，是朝向把社會權威的來源一元化歸於皇帝，並剝奪官員、鄉紳等之自立的「極」屬性的方向。第二，是朝向重視現存的鄉紳等「勢力」的力量，把這些勢力編成制度上確立的權威的方向。溝口雄三提到的「國家的領導權（hegemony）」與「鄉村的領導權」，[12]也就是以張居正等為代表的皇帝一元化統治構想，以及從東林派到黃宗羲等在地勢力的重視、批判專制的思想，正好體現這兩種方向。然而，不管是哪一個願景都尚未實現下，明朝就垮臺了，變成滿洲民族建立的清朝支配中國。那麼，清朝的地方支配又是什麼樣的內容呢？

四、清朝支配的確立

一六四四年春，明朝因為李自成軍隊而毀滅，清朝的軍隊在隔年入侵江南。農曆五月清軍渡過長江，從該年的六月開始，到八月清軍進入松江府為止，在無政府狀態下，松江府轄下的鄉村陷入地方各種小集團反覆械鬥的恐怖狀態。

靠著清軍恢復秩序後，松江府社會的權力構造起了很大的變化，鄉紳的地位變得低下了。張履祥以清軍入侵作為松江府鄉紳勢力衰退的劃界，有如下的敘述：崇禎年間的松江府鄉紳，擁有江南境內各府中首屈一指的勢力，過著像王侯般豪奢的生活，但是自乙酉（一六四五）以來，遭受盜賊與大獄事件以松江府為甚，而且二十年來的兵災和苛稅，導致往昔的貴室巨家不得不覆敗（《楊園先生集》卷三十八，〈近鑑〉）。與此相對，勢力增大的是官府、軍隊的力量。取代往昔投靠鄉紳的情況，後來流行的是向官府胥吏的「投充」、向軍隊的「投旗」。董含《三岡識略》卷六記載：「各衙門差役，俱有定數，多者不過數十人。晚近事廣弊繁，地方奸滑及富人避役者，皆投充其間，上下衙門串成一局，把持挾詐無所不至。薦紳中有一二寡廉鮮恥者，聯為宗族，揖為上賓，信乎衣冠掃地矣。」王家禎《研堂見聞雜錄》以清初太倉州作為事例，提到當祖永烈的軍隊屯駐在蘇州時，賣身成為他的部曲——也就是「投旗」，欲藉由軍隊的威勢挾怨報復的人陸續出現，終至「大家閨婦不得意於夫，亦欲投旗，令人絕倒」。

像這樣的「投充」和「投旗」，並不一定就是表示國家權力的強大、清朝支配的安定性的確立。具有許多私人關係隸屬者而跋扈橫行於地方社會的這種官方勢力和軍隊勢力，一方面也能成為與皇帝一元化統治相互矛盾的地方自主勢力。民眾「投充」、「投旗」於擁有占領軍式實際權力的地方官僚和軍隊這種行為，卻可說是清朝支配尚處於不安定的混亂期的現象。

那麼，官府和軍隊的這種獨立權力，要到什麼時候才會逐漸統合於皇帝一元化支配之下呢？別處暫且不提，就江南來看，可以認為是要到康熙二十年左右亦即清朝入關後經過三十多年的十七世紀八〇年代前後。持續約九年的三藩之亂在一六八一年告終，作為鄭氏的反清勢力據點的臺灣也在一六八三年被清朝占領，在八〇年代初期大規模的軍事行動幾乎止息。在這個時期，兩江總督于成龍、江蘇巡撫湯斌等作為廉吏受到康熙帝深厚信任的重要官員，陸續被派遣到江南。例如有「清朝第一清官」之稱的于成龍，雖是監生出身卻深受康熙帝的信任，傳說在康熙二十一年（一六八二）任命于成龍為兩江總督之前，康熙帝先屏退旁人進行密談，而且還賜予馬匹、衣服和千兩白銀等異於常例的恩惠。于成龍在治理江南的主要課題是肅正吏治和排除豪強，也就是斬斷殘存於清初江南社會各種獨立勢力的根。于成龍《于清端公政書》卷七收錄的〈興利除弊條約〉、〈弭盜安民條約〉，都是為了肅正吏治、排除豪強與維持治安，分別擬定十四條、三十八條具體的政策措施。

如上政策的效果以及其在地方上的評價又如何呢？松江人對於有關于成龍的記述數量相當多，而當中作為最能感受到庶民觀感的內容，就從上海人姚廷遴《歷年記》來窺其一斑：「江南江西總督于成龍到任，公正嚴明，清察利害，各府縣官畏極，從來見上司未嘗如是。府縣不敢行一事，時時聞私行在某處，又在某處。及至各府縣有事，未幾即有文到，如親見者，知之詳細，委曲備至，大都兩省遍地俱有細作。據余見其作為大，每府必有百人，所以緝訪確實，再無差誤。拿問兩省縣官二十餘員，青浦知縣亦與焉。至如衙蠹、土豪，拿去千人，到必三十板，枷號三月，死者居多。居恆布衣菜飯，作事精于決斷，比前海瑞更好十倍。」（《歷年記》，康熙二十一年條）

以微服巡視或設置密探來探察民情，是當時清官特有的模式，在那樣的傳言下，結果遠在南京的于成龍的存在感，對於在松江的人們而言也是非常巨大的。姚廷遴拿于成龍與海瑞相比較，大概因為這兩人皆作為清官的典型，給當時人們留下類似的印象。于成龍的各種傳記中散見與《明史》海瑞傳相似的描述，例如聽聞于成龍將到江南赴任的消息，江南的勢家慌忙地改變生活態度，或是于成龍死後，遺留在宅邸的遺物相當儉樸等。不過，海瑞與于成龍的角色各自有不同之處。第一，與被理解為大鄉紳與清官對決的模式的明末海瑞的狀況不同，在清初鄉紳勢力弱化的結果下，于成龍主要的對手範圍不出於衙門的惡劣胥吏和地方土豪勢力，使得于成龍的政策在地方並沒有引起激烈的緊張對立。第二，海瑞的聲望在於作為直諫嘉靖帝的剛毅人物，也就是海瑞自身的英雄式性格，相對於此，于成龍的聲望是直接與皇帝，甚至是與清朝統治的支持相連接。從此可以認為，于成龍等清官推行的肅正吏治、排除豪強等措施，能夠獲得地方社會人們的支持，以成功地實現在皇帝一元化統治下的地方社會和平化這一清朝初期國家重要課題。

象徵這個過程的總完成，就是康熙帝的南巡。康熙帝首次南巡是在康熙二十三年（一六八四），總共舉行六次南巡。其目的除了視察黃河治水和視察民情以外，還有讓廣泛的人們直接地「看見」他，也就是說，藉由將中國唯一最高權威的皇帝的存在，展現在人們的眼前，使地方社會的其他諸勢力失去光芒。這次人們不止於見到作為皇帝代理人的清官，而是見到皇帝本人。雖然沿著大運河的康熙帝南巡路徑不太常經過松江府，但毫無疑問，南巡對於松江民眾也是件大事。之前提到的上海人姚廷遴等也是，雖是傳聞，對於康熙二十三年、二十八年南巡時的康熙帝的行動，例如在蘇州郊外寒山寺境內擁擠的龐大觀眾群面前，讓從北京帶來的樂隊進行演奏，康熙帝也親自動手打鼓，還有免除江南歷年積欠的賦稅，以及賞賜銅錢給巡幸路途中的貧民與漁船等事，皆有詳細的紀錄，還附上「堯舜之君，亦不過如是」的感想（《歷年記》康熙二十三年、二十八年條）。

一六八〇年代清朝統治江南的方針，除了掃除作為地方社會內部獨立力量的土豪勢力，同時也淨化官府，使其服從於皇帝的一元化統治，藉由在一君萬民式德治主義的基礎上糾合民眾輿論來恢復秩序。這個方針一方面反映，清朝並不設置如同明初里甲制般的基層統治機構，而是要將開放的、流動的明末以來社會構造直接作為清朝統治的基礎。在明清史研究中多受矚目的明末清初的賦役改革同樣不外是使賦役徵收體系適應於開放的、流動的社會構造而做的努力。然而，另一方面，清朝的統治構想是，克服明末地方社會的多極構造並解體各個獨立勢力，使其統合於皇帝統治下，來達成一元的、單一極致的構造。如果以明末地方社會構造表現為開放、多極性質的話，則清代所展現的可說是開放、單極性質的構造。

十六世紀以來的國際商業發展，動搖世界各地域既有秩序，對於既有統治產生離心力。對於這股力量，一邊對抗一邊因應著企圖回復秩序和統合國家，這是當時各個國家群的共通課題。有位學者說「十五到十七世紀的亞細亞是專制國家的競合、抗爭時代」[13]的理由也源自於此。若把在這樣的脈絡中成立的西歐絕對主義國家與日本幕藩制國家稱作「近世」國家的話，則將明末清初視為中國「近世」國家的成立期也是可行的。不過，與同時期日本幕藩制的身分集團再編的方向，或是西歐絕對主義國家的「社團」統合的方向相對比，清朝國家政權的開放、極致的統治構想應是有其獨自的特色。而且，像這樣清朝的統治構想能順利地實現，可說是出自清朝所謂紅蘿蔔與棍棒的政策成功所致，再加上原本明末以來社會集團構造上的脆弱和地方輿論的流動性性質，都是使清朝統治構想付諸實現的條件。也就是說，明末流動性的社會狀況下形成的各個集團，乍看之下呈現出抗拒外部勢力控制般強力的獨立狀態，但因為實際上僅停留在具體的各個個人關係之上，所以經過明清鼎革之後，一旦鄉紳等核心人物遭受打擊便會急速地離散。再者，明末的各種民變，有時呈現出恰似民眾反體制與論的沸騰般的狀況，但其基礎構造——亦即採個人崇拜或攻擊個人的形式洶湧地展開的流動性輿論的構造——正好在十七世紀八〇年代，藉由民眾輿論的流向朝著擁護皇帝以及清官的方向，支撐著清朝的一元化統治，並且實現地方社會的和平化。

附帶一提，在清朝統治的基礎下，鄉紳的影響力仍存續，也能見到宗族結合的發展，而且民變也並非因此消滅，這是自不待言。那麼，像這樣的明末以來持續存在的事態，又應該如何說明呢？像這樣的現象，不會妨礙清朝的一元化統治嗎？就我所見，來到清代，這些集團和民變似乎通過某種機能變化，便有了支撐國家統治的作用。眾所皆知，清朝以順治十七年（一六六〇）基於楊雍建〈嚴禁社盟疏〉而發出的嚴禁令為代表，發布一連串的禁令，導致士人盟約式的結社解散⓫。在明末以來的各種集團當中，解散水平式、盟約式性質的結社的方針，是清朝一貫的政策。而且，就有關鄉紳等為中心的垂直式結合來說，清朝認可的並

⓫【譯注】學者楊國楨在《明清之際黨社運動考》中，提到晚明浙、閩、廣諸社與江南復社從原本的互通聲氣到後來的相互攻訐，削弱社盟團體的勢力，乃至入清之後，更是因為清廷的禁令下，包括順治九年「由禮部題奏，立條約八款，頒刻學宮」，其中第八款載有「生員不許糾黨多人，立盟結社，把持官府，武斷鄉曲」。還有順治十七年禮科給事中楊雍建所上〈嚴禁社盟疏〉，疏中對於晚明社盟有強烈的批評，如：「其時社事孔熾，士子若狂，如復社之類，凡一盟會動輒數千人，標榜為高，無不通名當事；而縉紳大夫各欲下交多人，廣樹聲援。朝野之間，人皆自為，於是排擠報復之端起，而國事遂不可問矣。」因此他建議：「臣竊以為拔本塞源之道，在于嚴禁社盟；苟社盟之陋習未除，則黨與未可得而化也」、「請敕該部再為申嚴行該學道，實心奉行，約束士子，不得妄立社名。其投刺往來，亦不許仍用社盟字樣，違者治罪。」同年二月，順治帝即下旨：「士習不端，結訂社盟，把持衙門，關說公事，相煽成風，深為可惡，著嚴行禁止。以後再有這等的，各該學臣即行革黜參奏，如學臣隱徇事發，一體治罪，該部知道。」參見《明清之際黨社運動》（上海：上海書店，二〇〇四），頁一七一－一七二。

不是當中自立性、團體性的一面，而是其中整頓上下關係、維持秩序的機能。實際上，以康熙二十九年（一六九〇）崑山徐乾學被告發其家族在鄉里的橫暴的事件等為最後，[14]類似於「鄉紳之橫」的事態幾乎不能見到了，甚至到了清朝中期，像「明季鄉紳之橫」等說法所表示，被認為是已經消滅的前代的惡習了。再者，民變方面也是，雖然闖入衙門或燒毀地方官家宅等型態從明末以來沒有明顯的變化，但是清朝統治確立之後，在民眾的集體抗議行動中，向上級官廳控訴惡質地方官的劣行這種依靠官方權威的方式似乎漸次占優勢，[15]不過實際的檢證仍是今後的討論課題。

結語

本章將明末地方社會最基本的動向，理解為社會的流動化，並且試圖說明明末各種集團的形成或民眾輿論的顯在化等狀況，將其視為社會流動化下的產物。在伴隨往返城－鄉的民眾增加而發生的流動化現象中，各種社會集團簇合起來並且鄉紳私人勢力擴大，與此同時，官員對民眾的影響力也變得直接，還有民變也頻頻發生。這些情況從一方面來看可理解為

「封建」式社會單位的形成，同時也包含可視為這些社會單位的逐漸瓦解的現象。歷來關於明末社會的學說相當分歧，或許就是源出於此。在社會的流動化中形成的各種集團和私人統治，僅止於具體的個人關係間的結合，乍看似乎強固但其實相當脆弱。在清朝統治確立期間，明末以來社會具有的開放性、流動性特質，這回變成中國史上最典型的一君萬民式統治體制的基礎。

注釋

1 代表性的文獻有：小山正明，〈明末清初の大土地所有〉(1)(2)（《史学雜誌》六六編一二號，六七編一號，一九五七－五八）（之後，收錄於同《明清社会経済史研究》〔東京大学出版会，一九九二〕），以及重田德，〈郷紳支配の成立と構造〉（岩波講座《世界歴史》12，一九七一）（之後，收錄於同《清代社会経済史研究》〔岩波書店，一九七五〕）。

2 濱島敦俊，《明代江南農村社会の研究》（東京大學出版會，一九八二）。

3 森正夫，〈明末の社会関係における秩序の変動について〉（《名古屋大学文学部三十周年記念論集》，一九七九）。

4　參照浜口福寿，〈明代の米価表示法と銀の流通——明代通貨史覚書二〉（《新潟県立新潟中央高等学校研究年報》，十五號，一九六九）。

5　西嶋定生於一九五六年在東京大學東洋文化研究所進行的報告〈中国古代帝国と共同体との関係についての試論的覚書〉，當中提到：「每個人的勞動力的再生產過程中，一定存在著不可或缺的基本條件——也就是說，任何時代的再生產憑藉其時代特有的基本條件才成為可能。為實現其基本條件，由各個人聚集而成的共同體必然地產生，同時其基本條件的內容決定各共同體的形態和機能。也就是說，共同體是作為勞動力再生產的培養基被設定出來的。」（收錄於仁井田陞，〈中国の同族又は村落の土地所有問題〉（《東洋文化研究所紀要》，十冊，一九五六）。之後又收錄於同氏，《中国法制史研究　奴隷農奴法．家族村落法》（東京大學出版會，一九六二），同書第六九五頁，旁點為仁井田氏所加）。小山正明對於鶴見尚弘〈旧中国における共同体の問題〉的評論（《史潮》，新四號，一九七九）中，把西嶋的主張歸納為「將共同體的問題，基本上從該社會中媒介個人經營的物質生產與再生產的機能這一角度來思考之觀點」，並且提到「對於這個見解，在之後，可以說至少在明代史研究者之間沒有太大的異論，因此幾乎到現在這個見解仍被承繼下來」（頁八六）。本文在此使用「再生產的培養基」一詞，即是以這樣的議論為根據。

6　森正夫，〈日本の明清時代史における郷紳論について〉(1)(2)(3)（《歴史評論》三〇八、三一二、三一四號，一九七五－七六）。

7　高橋芳郎，〈宋代の士人身分について〉（《史林》，六十九卷三號，一九八六）。

8　小山正明，前揭注1書，頁二八七。

9 二宮宏之，〈フランス絶対王政の統治構造〉（吉岡昭彥、成瀬治編，《近代国家形成の諸問題》，木鐸社，一九七九）（之後收錄於《全体を見る眼と歴史家たち》〔木鐸社，一九八六〕）。

10 主要的相關文獻，可舉出：關於「任俠的結合」，參考增淵龍夫《中国古代の社会と国家》（弘文堂，一九六〇）；關於「門生故吏關係」，參考川勝義雄《六朝貴族制社会の研究》（岩波書店，一九八二）；關於「假父子的結合」，參考栗原益男〈唐五代の仮父子的結合の性格〉（《史学雑誌》六十二編六號，一九五三）。

11 一九八七年在寫這篇文章時，我模糊地以哈伯瑪斯（Jürgen Habermas, 1929-）的「市民公共性（bürgerliche Öffentlichkeit）」概念等為參考，來指出明末社會輿論的屬性與「市民公共性」之間的不同。那之後，意外地，受到一九八九年民主化運動及其鎮壓等政治事件的影響，中國史上關於「公民社會的成立」和「公論」的問題，以歐美學界為中心，突然成為關注的焦點。我在一九八七年寫的「（兩者不同）自不待言」這類一刀兩斷式評言，從今天的觀點來加以反省，可說是太草率粗心。歐美的輿論概念也是多樣，比如法國革命時支撐雅各賓主義的「人民公共性」的問題也好，或者當代大眾社會輿論的問題也好，這些都包含與明末中國的情況互相關聯、互相啟發的意義，儘管其社會經濟基礎各有不同。或許可以說，正因為傳統中國社會缺欠以身分團體為單位的社團式結構，所以中國社會早期釀成了異於「市民公共性」的一種大眾性政治行動的氣氛。

12 參照溝口雄三，〈いわゆる東林派人士の思想〉（《東洋文化研究所紀要》七十五冊，一九七八）。

13 佐々木潤之介，〈東アジア世界と幕藩制〉（歴史学研究会・日本史研究会編，《講座日本歴史》5〈近世1〉，東京大學出版會，一九八五）。

14 有關對於徐乾學的告發事件，參照川勝守，〈徐乾學三兄弟とその時代〉（《東洋史研究》四十卷三號，一九八一）。

15 關於這個問題的實證檢討仍然處於尚未完成的狀態，但是可以舉出一項證據，即巫仁恕指出的，從明末到清代中期，蘇州的手工業的爭議型態逐漸地採取「正常的申訴手段」，並且帶有期待官方介入的「合法鬥爭」的傾向。（〈明末清初城市手工業工人的集體抗議行動〉〔《中央研究院近代史研究所集刊》，二十八期，一九九七〕）。

後記

本章是《歴史学研究》五七三號（一九八七）所載同樣題目的論文的再收錄（副標題省略）。由於該文是一九八七年歷史學研究會大會的報告內容改寫成文章，所以在原載時並沒有加上注釋，也省略了原文的引用。這次收錄於本書的文章，雖然沒有變更論文主旨，但是除了將引用文獻等以注釋的形式進行整理之外，還補上了幾項注釋。注釋的內容中，包含從原載時經過十餘年至今的補充內容，但採用與一般的注釋相同的形式，沒有加以特別的標記。於在大會的報告內容，承蒙丹喬二氏等惠予指教，此外，同年明清史夏季合宿也曾進行同樣內容的報告，承蒙參加者惠賜意見。在此致上深厚謝意。關於這些指教、意見的其中幾項，已在本書的序文中闡述若干私見。

明清時代的鄉紳

第二章
chapter 2

前言

在描寫明清時代的中國社會時，要撇開被稱為「鄉紳」或「紳士」的人士來描繪社會現象是不可能的。眾所皆知，在當時的中國，存在著以皇帝為首且發達的官僚制度，我們姑且可以說，國家通過這個官僚制度來統治人民。然而，讓我們從全國範圍的官僚體系將視點往下來看，將視點鎖定在社會基層的部分，也就是稱為縣或州的最基層行政單位來觀察地方政治實態的話，就會發現與其說是中央派遣的地方官在其強大無比的威令下井然有序地推行地方行政，不如說是作為地方名士的「紳士」、「鄉紳」擁有與地方官等齊的權威，他們作為多數而與地方官共存於地方社會中。可以說地方政治是包含地方官在內的這些具有威信的人物，彼此之間相互聯繫或對立的勢力平衡變動之下進行。

「紳」原本的語義是指禮服所用的寬鬆大帶，在中國自古以來有象徵文官的意味，到了明代後期的十六世紀，「紳士」、「鄉紳」、「紳衿」等帶有「紳」字的階層作為地方社會勢力於同時代的文獻中頻頻出現。「鄉紳」在之後的整個清代（一六四四－一九一一），於地方社會形成具有威信的統治階層，特別是在清末，伴隨著中央政府的弱體化，他們作為地域社會的中核，組織起地方防衛與公共事業，成為實際擔負地方行政的存在。接著在二十世紀前半，在中國革命的進展過程中，所謂「土豪劣紳」亦即繼承清代以來紳士譜系的權勢家族作為地方社會舊體制的根幹而被看做是要打倒的對象。

關於「紳士」、「鄉紳」的語義，歷來已多有研究提及，僅是就討論其語義的問題已經有數篇專論存在了，[1]但對明清時期的「鄉紳」、「紳士」等詞，要下辭典般的簡單定義，並不是那麼地困難。❶也就是說，所謂的「紳」，一般是指無論現任、退休或休假等，只要

❶【譯注】日本學者多引用善書、小說等文獻，作為分別「鄉紳」與「士」之語義的例證，例如酒井忠夫以文昌帝君陰騭文、廣善篇功過格等善書，提到兩者的分別是：鄉紳是成為士大夫、官僚的人，而士子、士人則是舉人以下尚在科舉路途中的讀書人。奥崎裕司分析《福惠全書》的內容，認為鄉紳是對於無論退休、休假或退職的具有官職身分之人在鄉里的稱呼，而衿或士則是舉人以下至生員的總稱。森正夫在檢討關於日本學者在明清史研究上的鄉紳論之前，也對這兩個用語提出解釋，認為鄉紳是指包含請假、候補的現職官僚以及辭職的官僚，在其出身州縣，人們對他們的稱呼。至於舉人與生員則被統稱為士。雖然多數學者認為「具有任官經驗」是分別鄉紳與士的關鍵要素，但是部分的學者對於鄉紳之意涵有更寬廣的設定，如重田德認為具有特權身分的鄉紳，不僅限於現任官僚或曾具有官僚經驗者，還應該

具有官僚經驗者；所謂的「士」或「衿」，則大多是指還沒有官僚經驗，但積累科舉應試所必需的知識而具有生員、舉人等資格這類人物。所謂的「紳士」、「紳衿」，是指那些官僚乃至志願做官的知識分子的總稱，其對義詞是指著一般庶民的「民」、「百姓」。根據「迴避制度」，明清中國官僚被禁止在出生地任官，所以他們有兩個面貌，也就是他們在任官地作為現職官僚的面貌，以及離開官界回到鄉里之後作為有勢力者的面貌。要著眼於後者，即他們在鄉里的一種存在型態與勢力，就會特別使用「鄉紳」一詞。如上所述，「紳士」與「鄉紳」是相互重疊使用卻有微妙差別的語彙，目前考慮到歷來在日本的研究史上多是使用「鄉紳」，因此本章以下論述，除非有特別的問題，則我將使用「鄉紳」一詞。

一、鄉紳研究的問題點

儘管存在著前述的概略定義，「紳士」、「鄉紳」仍是明清史學界持續討論的爭議概念。首先是傳統中國國家構造中，鄉紳作為什麼樣的存在並予以定位這個問題。就如同重田德在他對日本學界的鄉紳研究史進行的出色整理中提到，[2]從來存在著兩個視角，即：從

「國家」方面來看的視角，也就是強調官僚性質這一面，把鄉紳當作國家統治代理人的視角；以及從「社會」方面來看的視角，也就是強調自律性地方社會的代表人或者控制基層社會的大地主等一面的視角。圍繞這兩個視角的討論從戰前至今的中國研究進程中不停交錯，卻不容易歸結出清楚的鄉紳面貌。中國史研究中的鄉紳雙重面像，是與「國家與社會」問題有直接關聯，也就是說，一方面是，乍看之下像排除地方勢力的自治、自律觀念似的一君萬民的強大專制國家歷經二千多年的存在；另一方面，與國家統治鬆動的情況互為表裡，在

包括官僚候補人員，也就是具有科舉功名者像是舉人和生員，這特別是明末以後社會具有的趨勢變化。和田正廣也有類似的觀點，認為紳有廣義、狹義的解釋。在狹義的用法上，是指現任官僚或休假、退休曾具任官經驗者，而在廣義的用法上，不僅是進士和舉人，甚至有任官可能性的貢生、監生或地方官學的生員都應該包含在內。以上討論內容參見酒井忠夫，《中国善書の研究》（東京：弘文堂，一九六〇），頁八五。奥崎裕司，《中國鄉紳地主の研究》（東京：汲古書院，一九七八），頁四、八。森正夫，《森正夫明清史論集（第一卷）》（東京：汲古書院，二〇〇六），頁五六三。重田德，《清代社会経済史研究》（東京：岩波書店，一九七五），頁一七三。和田正廣，〈明末清初の鄉紳用語に関する一考察〉，《九州大学東洋史論集》第九號，一九八一，頁一〇二。

地方社會中發揮自治機能的宗族、村落等社會團體之根深蒂固地存在，這兩者的關係如何這一大問題。重田德試圖整合這兩個關於鄉紳的視角且明確定義鄉紳歷史特性，提出「鄉紳支配」理論，對於明末以後的鄉紳勢力作為來自下層的封建化和來自上層的封建化這兩個趨勢之結合來加以說明。也就是說，將以帶有封建式統治性質的地主－佃戶（小農）關係作為基礎，貫徹私人支配的大地主其「來自下層的封建化」的能量（energy），以及身為中央集權國家的官僚階層，要將其權力為私有物而半獨立化的「來自上層的封建化」的向量（vector）兩相結合後的產物，換句話說，就是「無法實現領主化的封建支配者，在集權制的保護傘下，最大限度地展開的實際上的支配」，那就是鄉紳支配。[3] ❷從這樣的觀念出發，將明末清初認為是鄉紳支配這種具有「特殊中國式型態」的封建制的成立期，對於重田這樣的構想，引起贊同與反對的意見，成為二十世紀七〇年代明清史研究的焦點之一。如以下內容所見，雖然本章中對於鄉紳的觀點與重田不同，但本章想處理的問題，卻也可說是與重田提出的問題並無二致，並且在本章也不能說沒有發現特別的新事實，而在史料方面，則不出包含重田的論文在內的歷來鄉紳研究已經使用的範圍，這一點在此先提出說明。

相較於直接連結國家論而討論鄉紳的本質之日本鄉紳研究，歐美鄉紳研究首先注意到在地方社會具有威信和影響力的「紳士」（在英語圈一般譯為「gentry」）這一具體現象，然後以「紳士」範圍與「紳士」勢力的具體基礎等論點為中心而展開研究。以華人研究者為中心，自二戰後以來形成的論爭，其框架大致如下，一方面是張仲禮、何炳棣等的見解，[4]他

❷【譯注】關於重田德的「鄉紳支配」論，簡要來說，可分為兩個主題。首先是鄉紳支配的形成，這要從鄉紳與地主的關係連結說起，重田氏提到，鄉紳支配最先是「私人的」、「分權的」、「封建式的」支配形式，這是由於在里甲制度下，一般在鄉中小地主不具有免除徭役的特權，為了規避徭役，他們將土地寄託於鄉紳，也就是所謂投獻、詭寄，藉此與鄉紳維持私人關係以求得保護，因而形成鄉紳與地主、佃戶的個人支配。除了地主和佃戶，甚至對於自耕農，透過水利設施、慈善救濟的社會事業或土地集中的商業活動等，將他們也納入鄉紳支配當中。其次是鄉紳支配的體制化，重田氏指出，清朝地丁銀制的實施，是促使鄉紳支配從「個別式」朝向「體制化」的重要關鍵，如同清廷公開承認這些具有特權的地主對於其下的佃戶具有直接管理權。此外，這些鄉紳化的地主還得到官方勢力來撐腰，例如出現頑強佃戶發起激烈抗租活動時，有別於過去是由地主家中僮僕直接訴諸暴力手段，而變成由國家立法明確記載對於抗租的佃戶施以罰則。最後，重田氏認為，這種鄉紳支配體制化的過程，反映的是王朝與鄉紳之間關係的調整，可說是兩者逐漸形成共生關係。參見重田德，《清代社会経済史研究》（東京：岩波書店，一九七五），第三章〈鄉紳支配の成立と構造〉，頁一七二－二〇六。

們的主張可歸納數點：(1)藉由持有官職、科舉功名所得到的直接收入，比經由擁有土地所得收入重要，而沒有官職、科舉功名的地主無法對抗抗租和苛稅，則無法享受持有土地的利益，所以具有官職、科舉功名，正是他們富有的條件。(2)因而中國的菁英階層（＝紳士）被定義為具有官職、科舉功名者組成的限定且明確的團體。(3)經由科舉競爭而獲得的菁英地位是不穩定的，因此中國社會的流動性（social mobility）相當高。另一方面，是以費孝通等為代表的見解，[5]他們將「紳士」當作以土地所有與科舉所需的文化素養作為特徵的富裕階層，其範圍不如上述學說那麼限定且明確。依據這個學說，鄉紳階層透過血緣上相互扶助的關係，不僅在科舉的時代，即使在科舉廢止之後仍保有安穩的地位，在這點，兩個學說形成鮮明的對照。❸如果我們認為，強調紳士的官僚屬性的前者是反映從「國家」出發的視角，而強調紳士的土地貴族式性質的後者則是反映從「社會」出發的視角的話，圍繞著地方菁英屬性的歐美學界議論，與前述著眼國家論的日本學界的鄉紳論也可說有共通之處。然而，相較於日本學界的紳士研究，歐美學界研究特色在於，並不是將紳士的歷史屬性直接連結國家構造來進行討論，而是通過紳士的收入或家族盛衰的統計研究以及詳細的事例研究，採用社會流動性的大小與各種收入來源的相對重要性這些量化研究方法，來探討紳士勢力的來源這一點。[6]

再者，作為重田理論的問題點，在過去就曾被提出來的是鄉紳為何在明末十六世紀這個時期急速地擁有勢力的這一問題。[7]❹說起來，從鄉紳作為「官僚資歷者」的語意而言，其

❸【譯注】費孝通指出，對紳士而言，親族（具有血緣關係以及姻親關係）、土地與特權是維持其優渥生活與優越地位的重要關鍵。特別是土地，這是一個宗族達到團結族內勢力的要因，主要在於土地產生的利益是培養族內成員進入仕途的憑藉，一旦有族內成員當上官僚，他們就可以回頭關照自己的家族，使得該宗族能維持在當地的權力結構中的位置，並且穩固以收取田租為主的經濟基礎。參見費孝通著，惠海鳴譯，《中國紳士》（北京：中國社會科學出版社，二〇〇六），頁一〇一－一二四。費孝通之所以著書論述傳統中國社會的要角——紳士，主要與他當時所處一九四〇年代中國農村社會受到戰爭破壞的時代背景有關。據學者指出，《中國紳士》作成於一九四五年，而在那之前的一九四三年，費孝通曾經訪美一年，回到中國後，藉著訪美期間習得的知識，思考傳統中國農村社會崩解的原因，他認為這與「『雙軌政治』平衡破壞」有關。所謂「雙軌政治」，是指中國傳統政治運作，存在著「由上而下」與「由下而上」的兩條路徑，前者是中央朝廷向下傳達對民眾的政令，後者更為重要，也就是政令的要求超出民力，民眾不願接受時，士紳作為地方領袖，便會動用一切的「社會地位、私人關係」與當地政府官僚交涉，將雙方（官民）協調後的做法上達到中央朝廷，因此士紳是為國家與社會之間重要的緩衝角

起源應與官僚制的出現一樣古老才對。起碼在科舉官僚制已整備的宋代以後，具官僚資歷者在刑法上、徭役分配上的優惠規定已是與明代幾乎不變的形式存在。許多研究者皆指出，明末鄉紳利用徭役的部分免除特權作為槓桿進行快速地土地累積，是鄉紳勢力擴展的主因之一，然而若是如此，為何在明代中期以前沒有發現這樣的現象呢？在中國自古以來已存在的地主制和官僚制，為何不是別的時期，而是在這個時期兩者相結合，使得重田德所謂的「封建化」傾向顯著化了呢？十六世紀被視為世界史分期問題上的關鍵時期之一，而在中國，鄉紳勢力的擴大或許與這樣的世界史狀況有所關聯吧。

雖然關於鄉紳的問題非上述可論盡，但本章先暫且將問題集中在這三點來思考看看「何謂鄉紳」，也就是說：(1)產生如同鄉紳般的中間統治階層的傳統中國國家體制特質；(2)在地方社會上鄉紳的威信、勢力的根源；(3)在明末鄉紳勢力擴展的世界史背景。雖說如此，在處理這些問題之前，有必要先將鄉紳的具體面相再更清楚地釐清，故在此下一節，首先將對於鄉紳是怎樣的一群人，以最低限度且必要的範圍內勾勒其輪廓。

色。參見費孝通著，惠海鳴譯，《中國紳士》，第四章〈中國鄉村的基本權力結構〉，頁六二－七三。邢幼田，〈紳士與中國社會階層——一個綜合性的回顧〉，《人類與文化》，第十八期，一九八三年三月，頁七二。林易澄，〈重探傳統政制以應世變——一九四〇年代中國對政府－社會關係的另一種回答〉，《臺大歷史學報》，第六十七期，二〇二一年六月，頁三一一－三一四。

❹【譯注】例如森正夫對於重田德的「鄉紳支配」論提出的三個問題點：第一，就重田德在理論中強調清朝地丁銀制度的實施，促使「鄉紳支配」從個別式走向體制化，並且鄉紳支配的範圍不僅是佃戶還包括以自耕農為中心的其他階層，對此，森氏提出的疑點是重田氏的理論卻沒有提到地丁銀制度中自耕農的位置，如此使得重田氏提出的作為「政治社會範疇」的「鄉紳支配」體制成立這一理論顯得尚未完備。第二，根據重田氏指出，鄉紳支配具有的「私人的」、「分權的」、「封建式的」傾向，主要是鄉紳獲得來自國家授予「固有的特權地位」，特別是優免傜役特權，對此，森氏的疑問在於，優免傜役特權並非出現於個別式的「鄉紳支配」形成期的十六、十七世紀（明末清初），若起碼從科舉制確立的宋朝來算，也持續存在七百年以上。因此，森氏認為重田氏應該再明確地檢討這類由國家授予的「固有的特權地位」的歷史屬性。第三，重田氏提到個別式的鄉紳支配邁向體制化的過程中，「抑制」、「揚棄」其本身具有的「私人的」、「分權的」、「封建式的」傾向，而森氏對於「抑制」、「揚棄」的涵義感到疑惑，認為這樣的過程並不能說是這些傾向被「抑制」、「揚棄」了，而僅能知道這是實踐鄉紳支配的方式的變化。參見森正夫，〈日本の明清時代史研究における鄉紳論について〉，收入同作者，《森正夫明清史論集　第一卷》（東京：汲古書院，二〇〇六），頁五九六－六〇二。

二、鄉紳像的輪廓

從二十世紀初期到一九四五年的戰敗為止，在中國積極地從事著作活動的在野研究者橘樸，在其中國官僚論裡，推崇清末小說《官場現形記》作為能「如實地捕捉到官僚此一大社會階級的階級性」的文獻，廣泛地引用這部小說來論述中國官僚的性格。[8]再者，要比《官場現形記》早一世紀半出現的清代前期小說《儒林外史》也是，以諷刺的眼光與細膩的筆法，生動地描寫被科舉制度重壓粉碎的明清時代知識分子的生態而廣為人知。對當時的人們來說，作為鄉紳形像的核心「鄉紳風格」——也就是藉由舉止、態度、說話方式與風采等醞釀出一種氛圍——關於此類的描寫，歷史研究是再怎麼努力也比不上這些同時代的小說吧。因此，推薦對此感到興趣的讀者可以一讀這類小說，而在此僅從極枯燥無味的外形特徵來略窺鄉紳形像的輪廓。

首先，一個人要如何成為「鄉紳」？眾所皆知，在明清時代，要成為官員的條件，一般來說，就必須要通過幾個階段的科舉試驗，而科舉制度最大的特色之一，就是考試資格的開放。除了奴僕和倡優等被視為賤民者，以及具前科者等一小部分的人以外，考試資格幾乎是向所有男性開放。有些見解強調，因為能長期埋首於舉業者實際上只有富家子弟，因此能夠應試者僅限於富裕地主階層。但是必須留意的是，像這樣實質上的不平等，並非顯示出部分階層的特權性質，毋寧說是當時教育制度的徹底自由放任屬性的產物。當時並不存在如同近代的義務教育般將所有孩子強制放在同一起跑點的官方規定，而教育是全部取決於家長與當事人的自發性意志。以科舉這個終點為目標的這場競爭，是沒有保證機會平等的起跑線，沒有起跑鳴槍，也沒有劃定了同等距離競走路線的「自由式」競爭。在那樣的競爭下，有沒有足夠獲得高等教育的寬裕經濟，以及身邊有沒有能提供必要資訊的知識分子等條件，形成了難以跨越的障礙。於是理所當然地，對大多數貧戶子弟們而言，很少有機會被激發朝這個終點奔跑，儘管他們並未被禁止參加科舉考試。

若從考試內容來看的話，科舉的特色，並非直接測試職務上必要的實務能力，而是解釋四書五經的本文和作詩等，重點是以儒學為中心的文化測驗。這樣的教養考試下培養出的人，並不是富有行政能力的專門官僚，而是整個腦袋充滿迂腐知識的外行人行政官——對於科舉制度弊端的這類批評，從今天的看法來說是很容易出現的。實際上，對明清時代的人們本身而言，科舉試驗並不一定能有效錄取優秀人才，反而造成只會巧寫時文的卑鄙人物四處蔓延的結果，像這樣的責難在當時也是常常聽到的議論。但是必須要注意的是，在當時的中國被視為擔任官僚所必要的資質，並不是要知悉法律條文，或是熟悉徵稅方面的複雜計算的實務技術——這樣的技能毋寧說是作為衙門事務員的胥吏，或作為官員私人顧問的幕友的要件——而是要具備位居於百姓之上，能適應各種狀況以進行最適切統治的真正的道德能力、全人格的優越性。企圖使用向萬人開放的公平做法來測驗「真正的道德能力」時，即使意識到其中有種種缺陷，但是仍然不得不採用以陶冶人格為課題的儒學位居中心的文化測驗。從而，考取科舉功名一事，即意味著公開認定合格者其人格的優越性。當然，受到民眾指責的劣德紳士也很多，因此大家都能深刻地了解科舉資格與真正的道德能力之間是有差距。雖然如此，他們很難想像除了科舉功名以外，還有其他客觀標準能系統地顯示眾人的人格高低差別。

以科舉考試為目標的孩子，約五、六歲起跟著老師，以閱讀、背誦經典、寫作簡易的對句作為起始，進而學習經典的解釋和八股文的寫作方式。對他們來說最初的考試是由州、縣和府的學校舉辦「童試」，合格以後便取得「生員」資格，才能參加作為晉用官員考試的科舉。科舉大概分為三階段，省會舉行的「鄉試」合格的話便成為「舉人」；接著在首都參加由禮部舉行的「會試」和皇帝直接擔任考官的「殿試」，合格後則成為「進士」。科舉的特徵在於這樣的階梯式結構，而且愈往上走，關卡愈極端地狹窄。明末清初大儒顧炎武概略算出全國生員數約五十萬人，作為終極目標的「進士」人數，在每三年一次的考試裡錄取兩百至三百人左右，是極為狹窄的，假設進士在考取合格後平均還能活三十年，則全國的進士數量就是僅僅二千至三千人的程度。附帶來說，十七世紀的中國人口被估計為一億數千萬人，往後到十九世紀的兩世紀間，增加到四億人左右，但是科舉合格者的定額卻沒什麼變化。這樣的制度帶來的結果，是導致大量持有科舉應試資格卻未能作官的生員、舉人滯留在地方社會。他們即構成所謂「士」的階層。對他們來說，準備科舉考試並不是為獲得職業需要經歷的一時性的經驗，就像是被稱作「舉業」一般，是一種甚至要耗費大半輩子的職業。

一旦通過科舉即成為紳士，會為當事人及其家族的社會地位帶來急劇的變化。這樣的傾向特別是在明末東南沿岸地方更是顯著，也是當時的人們常常加以諷刺性描述的事情。一旦通過鄉試、會試，財富與人潮就像是與合格通知爭先一樣，都會聚集在合格者家裡。根據明末的太倉州地方志的記述，「往者鄉會榜發，群不逞各書呈身牒，候捷騎所向，進多金，求入為奴，名曰投靠。所進金豈奴辦，多以其族無干田屋贅，否則係人奴背主且挾舊主田屋贅，曰投獻」（崇禎《太倉州志》卷五，〈風俗志．流習〉）。根據顧炎武所記述，在當時的江南，「一登仕籍，此輩競來門下，謂之投靠，多者亦至千人」（《日知錄》卷十三，〈奴僕〉）。前述小說《儒林外史》中最為人熟知的部分，是五十三歲的貧窮書生范進考了二十幾次童試才初次及格，接著參加鄉試成為舉人時引起一連串的大騷動。鄉試的合格通知來了以後，「果然有許多人來奉承他（范進）：有送田產的，有送店房的，還有那些破落戶，兩口子來投身為僕，圖蔭庇的，到兩三個月，范進家奴僕丫鬟都有了，錢米是不消說了。張鄉紳（同縣的富裕舉人。范進鄉試合格的當下，便趕緊前來結交關係）家又來催著搬家。搬到新房子裡，唱戲，擺酒，請客一連三日」。[9] ❺ 然後，無法適應環境突變的范進的母親，一被告知所看到的豪華家產和家具都是自家的東西，竟然高興得昏倒，就這樣沒了氣息。像這樣，科舉合格者即使是貧窮出身，短時間內即化為富裕有勢人家，外出時則乘轎，使奴僕們跟隨，成為受到往來人群矚目的顯要人物。

關於通過科舉且任官之後的官僚生活，在此姑且置而不論，接著來看關於他們退休後，或是閒暇時等在鄉里的地方社會裡顯示出作為「鄉紳」身分的行動。清代的官箴書屢屢強調，地方官在統治該地方時必須與熟悉地方事務且具民望的鄉紳階層合作。實際上，在明清時期，一旦地方上有重要問題發生，就會召集州、縣內鄉紳到城隍廟等處商議問題。在明末清初的中國，出現批評過度中央集權化，並且強力主張透過導入「封建」式要素，以去除「郡縣」制度之弊害的議論，那些論者（例如黃宗羲）認為天下政治之基礎不外是這類紳士階層的地方公議。鄉紳這個階層，當時被認為應是能在他們彼此之間共同合作或與地方官相互協助下推進地方政治，而實際上他們也發揮了那樣的角色作用。

但是，像這樣的提供協助，不過是當時鄉紳的其中一面而已。在其他方面，鄉紳彼此之間或與地方官之間是有可能存在著激烈的競爭和對立的，特別是在明末，鄉紳依賴其勢力凌虐周圍庶民，並與官府發生衝突，也就是說所謂「鄉紳之橫」是受到注目的。舉經常被引用的明末福建鄉紳林希元的例子來說，在糾彈其行為的官吏所寫的彈劾文裡提到，「門揭林府二字，或擅受民詞私行拷訊，或擅出告示侵奪有司，專造違式大船，假以渡船為名，專運賊

---

❺【譯注】（清）吳敬梓，《儒林外史》（臺北：三民書局，一九八五），第三回〈周學道校士拔真才胡屠戶行兇鬧捷報〉，頁二五—二六。

贓并違禁貨物，……此等鄉官乃一方之蠹也。……蓋罷官閑住，不惜名檢，招亡納叛，廣布爪牙，武斷鄉曲，把持官府」等，❻文中關於走私貿易的記事，是與十六世紀中葉明朝禁止私人海外貿易政策之下盛行的走私貿易以及海上掠奪即所謂後期倭寇活動有關。林希元就是被視為掌握走私貿易門路的重要人物。前述的重田德，也引用關於林希元的這段記事，提到「將自宅比擬為官府，自稱為『林府』，行使裁判權＝刑罰權，或出示告示，甚至作為自己實力背景收養亡命叛徒成為私人武力，武斷鄉里事務並凌駕於官府之上，宛如獨立王國一般幾乎是貫徹他的控制」。重田還注意到，像這樣「稱某府者」在該地方除了林希元家以外還有數十計，因此認為這些事例顯示當時有一股「由下而上的封建化」的傾向。[10]

如上所示，所謂的鄉紳，在當時的社會裡，不論是好的或壞的意思仍都被認為是具有威望且比平民高出一階的人物。當時地方社會的情況，或許可以用如下印象表達出來：由眾多奴僕和趨炎附勢者簇擁跟隨的這些鄉紳，並立於像大海似的廣泛大眾之中；他們鄉紳之間或與地方官之間，保持聯繫的同時卻也彼此競爭，導致地方社會動盪的局勢。

藉著科舉的合格，一個人可以從一介平民上升到擁有如此的威信。這樣一來，在他死時，其勢力會變得如何呢？關於這個問題，是與第一節裡曾提過社會流動性的問題有關，也是在歐美學界圍繞著何謂紳士的爭論點之一，實際上這個問題應是依據不同地方而呈現各種不同的樣貌。從極端的一方面來看，例如明末的江南，在那裡可以看見非常激烈的家族盛衰。這個地方是明清中國的經濟、文化上最進步的地帶，雖然保有強大勢力的鄉紳輩出，但就像是「主勢一衰，（奴僕）拔扈而去」（乾隆《上海縣志》卷十二）；❼「郡中甲科名宦……一死之後，子弟之淪落者，受辱者，飄流者，鬻身者，役累者，惡可勝道」（范濂，《雲間據目抄》卷二）。還有，「吳中田土沃饒，然賦稅重而俗淫侈，故罕有百年富室，雖

❻【譯注】（明）朱紈，《甓餘雜集》，收入《四庫全書存目叢書》（臺南：莊嚴文化，一九九七），集部，別集類，第七十八冊，卷二，〈閱視海防事〉，頁一九b－二〇a。

❼【譯注】此段原是敘述清朝順治元年的幾起家奴搶劫家主的案件，編者在按語中提到明末以來縉紳之家多收容奴僕，不僅役使奴僕本人，甚至這種隸屬關係也延續到後世子孫，文云：「明季縉紳多收投靠而世隸之，邑幾無王民矣。然主勢一衰，拔扈而去，甚有反占主田產，坑主貲財，轉獻新貴有勢，因而投牒興訟者。有司亦惟力是視而已。」（清）李文耀修；（清）葉承等纂；趙文友點校，《（乾隆）上海縣志》，收入《上海府縣舊志叢書》（上海：上海古籍出版社，二〇一五），第一冊，卷十二，〈祥異〉，總頁七八五。

為大官家不一二世輒敗」（歸有光，《震川先生全集》卷二十五）等，顯示當地家族沒落速度之快。另一方面，中國的其他地方有不同的情況，例如希拉里・貝蒂（Hilary J. Beattie）在有關安徽省桐城縣的詳細事例研究中，[11]論證當地從明末一直到清代，數百年間有幾個望族都保持著安穩的勢力，而且支持其家族勢力的，並不一定只限於具官職、科舉功名者，而是透過擁有土地和接受教育的傳統，在這些家族中源源不絕地產生出來的具有教養且富裕的人們。像這樣的地域差別要如何說明，是鄉紳研究的課題之一。

在接下來的章節，對於第一節所列舉的鄉紳研究的問題點，試著各別予以簡單地回答。

三、明清時代的國家與社會

所謂的中國傳統國家體制究竟具有什麼樣的特徵——這是一個單純卻困難的問題。一方面來看，從西元前三世紀秦朝統一至清末為止，中國的國家體制可說是一直以來採取「郡縣」制度，也就是由皇帝透過官僚機構進行全國一元化統治的集權國家體制。與此不同，日本或西歐中世紀社會就是以分權、多元化權力構造為特徵，並不存在所謂統一的公權力，而是呈現領主或自治城市等的自律式權力彼此爭執、並存的狀態。與如此狀態比較，中國傳統國家的一元化統治體制，可說是站在完全相反的極端。《史記》〈秦始皇本紀〉提到創造「皇帝」稱號，以及貨幣、度量衡、車軌的統一等事業，具有象徵性地顯示以唯一的統治者為中心而普遍地推展的單一統治空間這一理念，是克服「封建」時代的多元化權力構造以後，才逐漸創造出來的過程。當然在這之後，中國時常處於分裂時期，然而從分裂時期的王朝中究竟誰才是正統的議論亦即「正統論」的盛行所示，這種本來天下就應該由唯一的中心進行統治的理念，幾乎沒有任何動搖地一直延續到清末。❽

然而，另一方面，到了近代，在外國人觀察者或中國改革派人士眼中的中國，並不是強力貫徹一元化統治的場域。如同孫文在以「三民主義」為題的著名演講中感嘆，「中國只有

---

❽【譯注】政治上的正統論也影響到史學，尤其史書編纂的紀年反映的史學正統問題，往往也顯示纂修者的政治正統傾向，而宋代士人在這方面的討論尤為盛行，參見陳芳明，〈宋代正統論的形成背景及其內容——從史學史的觀點試探宋代史學之一〉，《食貨月刊》，第一期第八卷，一九七一年十一月，頁四一八—四三〇。杜維運，《中國史學史 第二冊》（臺北：三民書局，二〇〇二），第十章〈正統的史學思想出現與正史觀念的形成〉，頁八五—一六六。

家族主義和宗族主義，而沒有國族主義」，[12]他感到具有內發向心力的國家的形成，是中國在民族國家彼此競爭的國際環境中求生存的緊急課題。在中國，人們實際上服從的是宗族、村落或行會等自治性質社會團體的統治，而國家只是覆蓋於這些團體表面上的一種精神權威而已，像這樣的見解在戰前的中國國家論中是相當強而有力。而且，以這樣的視角來追溯中國歷史的話，幾乎不管是哪個時代，在皇帝一元化統治的理念下，豪族和鄉紳等中間管理階層或宗族等中間團體，對於地方社會秩序的維持（或是擾亂）以及地方政治的動向等方面，能發揮巨大的作用。從這樣的觀點所見傳統中國國家體制的印象，便與前述一君萬民式的印象正好相反，而是強調自治性質中間團體聚合的這一側面。

對於上述這些見解，無論是哪一邊，當然都會招致批評，認為這些學者描寫的二千餘年帝政時期的國家像是過於一成不變，而無視於其間的變化與發展。把西方歷史時代劃分方式套用於中國歷史這一嘗試，早在二十世紀一〇年代的日本已經開始進行。[13]特別是戰敗後的中國史研究，站在欲克服戰前有力的中國社會停滯論的立場，致力於證明中國史也經歷了與西方歷史基本上同樣的發展過程。前面提到重田德的「鄉紳支配」論也可以認為是這種時代劃分論的嘗試之一，因為他的研究力圖探討中國歷史上封建制度的特質及其成立時期。然而，像這樣的嘗試，不一定可說是成功的。對於西洋史或日本史的研究者而言，「古代」、「中世」、「近世」等語詞是指哪個時代，雖然多少存在不同見解，但是大致上可說是形成共識，然而在中國史方面，例如能類比為西方的「中世」、「封建制」的時代，究竟是門閥貴族勢力強大的六朝隋唐時代，還是宋代以降地主式土地所有制的發展期，甚或是成立「鄉紳支配」型態的明末以後時期等，其看法因人而不同，有時甚至出現千年以上的時代差距。導致這樣情況的原因，在於不同的論者對於「中世」、「封建制」等語詞所賦予的定義各有差異；另一個原因是，中國的傳統國家體制具有獨自特色，不允許輕易套用擷取自西洋史的發展模式。❾

❾【譯注】岸本教授在〈時代区分論の現在〉一文中，闡釋她對「時代劃分論」的看法。文中首先簡介杉山正明等日本與西方學者對歐亞大陸的內陸區域與東南海域的時代劃分的論點。接著，岸本教授綜整三項特色：(1)時代劃分下的各個「半開放系統」（半開きのシステム）的區域，面對共同衝擊時有其互異且多樣的回應。(2)時代的推進並非朝著單一方向，而是交替著鬆動、崩潰乃至再生的波狀型態，如此來看，同一時期的不同地域不一定存在相似現象，而有相似性質的社會也不一定屬於同樣的歷史階段。(3)有別於往昔「時代劃分論」強調「進步」的過程，後來的研究著重的是探究各個地域在其原有系統受到

討論鄉紳的歷史特徵的困難點，歸根結柢可歸於前述關於中國國家論的各方學者百家爭鳴的狀態。關於諸多議論堆疊累積而成的問題，在有限的篇幅內，當然不可能導出簡單的結論，但是在此將把焦點放在產生鄉紳勢力之場域亦即當時地方社會的樣貌，試著探討鄉紳的特質。

十六世紀鄉紳勢力的成長，可說是跟地方社會的流動化一同進行。就像當時老生常談的論調，「往昔的農民安居於農村而很少踏入都市，近年則人們都流入城市」所示，從農村往都市的人口流動，是這個時期的特有現象。說到人口流入城市，或許會令人想到脫離土地的農民們作為無產勞動者流入城市，成為城市工業發展之基礎。然而，當時的城市之所以吸引人們的原因與其說是工廠，毋寧說是大地主、商人與官府等住在城市的掠奪階級的華奢消費，從而依賴這些消費所生的不穩定就業機會使得許多人聚集過來。他們並不一定放棄土生土長的農村而定居城市，反而是把生活基礎置於農村，然後到城市打工的形式居多，不管如何，跟隨著這樣的城鄉移動，擴展了農民的生活世界，使得往昔似是遙遠存在的鄉紳和官府等權威與農民們接近的機會增加了。

帶來這股流動化現象的主因為何的問題容後再述，在此先探討地方社會的變化與鄉紳勢力的成長如何連結。松江府人何良俊的隨筆中著名的段落提到：「正德以前百姓十一在官，十九在田，蓋因四民各有定業，百姓安於農畝，無他志，官府亦驅之就農，不加煩擾，故家家豐足，人樂為農。自四、五十年來，賦稅日增，繇役日重，民命不堪，遂皆遷業，昔日鄉官家人亦不甚多，今去農而為鄉官家人者，已十倍於前矣。昔日官府之人有限，今去農而蠶食於官府者五倍於前矣。昔日逐末之人尚少，今去農而改業為工商者三倍於前矣。昔日原無遊手之人，今去農而遊手趁食者又十之二三矣。大抵已十分百姓言之，已六七分去農。」（《四友齋叢說》卷十四）據他觀察，成為鄉紳的奴僕的是從農村流出的人們。他們並不僅

外來衝擊後，各自發展成新系統的過程。雖然在這篇文章中，岸本教授僅說明「開放」是指「意識到內部系統存在的同時又不完全封閉的『開放系統』感」，而未特別解釋「半開放系統」的意涵，但是她認為所謂「近世」（十六到十八世紀）時期的東亞各地域即是以「半開放」狀態面對外來衝擊下產生地域內外的緊張。文末她也強調「時代劃分論」作為一種方法，不應該是用來製造全世界劃一的普遍基準，而是應該提供研究者一種關注不同地域間互相影響且持續變動的觀點。參見岸本美緒，〈時代区分論の現在〉，收錄於《風俗と時代観：明清史論集1》，頁三六－六三。岸本美緒著，梁敏玲等譯，《風俗與歷史觀》，第一章〈「時代劃分論」的近況（一九八〇－二〇〇〇）〉，頁三－二四。

限於貧農，即使擁有財產的人也會投靠鄉紳。在清初當紅作家李漁以明末四川為舞臺的小說〈三與樓〉中，描述有人投獻鄉紳的情景，其概略如下。某官僚退休回到鄉里時，一位二十多歲的婦人手拿文契跪在路旁，叫喊：「只求老爺收用。」這位退休官僚讓婦人上船並看了文契，上面寫著婦人的丈夫的名字，要連人帶產投靠進來為奴僕。退休官僚問：「你是好人家出身，為何會淪落到這般地步？」婦人回答：「小婦人原是舊家，祖父為了廣置田產而招致人們的忿恨。因為父親是生員，即使有些紛爭和訴訟也能平息下去，但祖父與父親相繼去世後，對於只是平民的丈夫，那些欺孤虐寡的人們，竟然一齊發作都向官府告狀，一年之內，打了幾十場官司，家產耗費一大半，丈夫被關在牢獄中。如果沒有像老爺這樣的顯宦當己事去處理，是救不出丈夫的。凡是家中產業，連人帶上，都送與老爺；只求老爺不棄輕微，早賜收納。」[10]這些頻頻投靠鄉紳的人們背後，有激烈的競爭社會存在。於是可知投靠、投獻於鄉紳，成為在這樣的社會下面臨沒落危機的人們藉由隸屬的形式，與具有權勢的鄉紳攀結關係，作為保障己身安全的一種手段。

不只是奴僕，還有攀附親戚關係的人們、自稱祖輩的友人的人們，以及推薦生財之道的人們等，為尋求與鄉紳的連結關係而聚集起來。他們這群人，或參與鄉紳的經營事業，幫助鄉紳致富，或在地方社會「兼併小民，收奪百姓」，成為恐嚇抵抗者的暴力分子。「宛如獨立王國」般的明末福建鄉紳的控制，可說就是這樣成長起來的鄉紳勢力的顯著型態。當然，不是所有人都與鄉紳締結如主僕般密切關係。然而，未擁有這種關係的弱者，往往成為強者掠奪的目標，這形成一種驅使人們尋求與鄉紳連結關係的動力，在明末地方社會經常可見這樣的力量在作用著。

在此想先確認的是，支持當時鄉紳勢力的來源，並不是那些「氏族」或「傳統村落」等語詞會令人聯想的封閉且土生土長的人群聚落。鄉紳勢力成長的背景，毋寧說是狹窄安定的

---

❿【譯注】「小婦人原是舊家，只因祖公在日，好置田產；凡有地畝相連，屋宇相接的，定要謀來湊錦。那些失業之人不是出於情願，個個都懷恨在心。起先祖公未死，一來有些小小時運，不該破財；二來公公是個生員，就有些官司口舌，只要費些銀子也還抵擋得住。不想時運該倒，未及半載，祖公相繼而亡；丈夫年小，又是個平民，那些欺孤虐寡的人就一齊發作，都往府縣告起狀來。一年之內，打了幾十場官司，家產費去一大半。……丈夫現在獄中，不是銀錢救得出，情分講得來的；須是一位顯宦替他出頭分理，當做己事去做，才救得出來。……凡是家中的產業，連人帶上，都送與老爺；只求老爺不棄輕微，早賜收納！」（清）李漁，《十二樓》（臺北：臺灣古籍出版社，二〇〇五），〈三與樓〉，頁五一。

生活圈的解體，人們以分散的個體狀態被投入競爭社會的明末狀況。在這樣的狀況下，每個人根據自己的選擇而能動地形成起來的人際關係，才成為鄉紳勢力的基礎。不限於鄉紳勢力，在關注傳統中國社會發揮自治機能的宗族、村落、行會等社會團體時必須注意的是，把有關西歐社會發展的一般模式套用於中國社會團體的這類嘗試往往屢屢挫敗。一般認為，在西歐，伴隨商品經濟的發展「共同體」趨於解體，個人自立，而公民社會由此成立。與此對比的是，在中國，上述社會團體都是在具有社會流動性高、競爭激烈且生活不安定等特色的地域中，展現其強大的集結力與活躍的活動力。例如，從他鄉聚集到大城市的工商業者、海外華僑、住在邊境新墾地的開墾民等人們之間，積極地形成同鄉團體和血緣團體，正是因為他們深切地感受到，在那樣的地域環境下，採用各式各樣的連結來形成堅強的相互扶助關係是有其必要。然而，像這樣的地域的流動性之高，同時也成為這些團體內部不穩定的重要因素。宗族等社會團體的實際狀況之所以隨著地域不同而展現多樣化特徵，原因在於形成宗族等這種社會現象，是立基於多重主因下微妙的選擇而產生所致。總之，鄉紳勢力與宗族等社會團體的力量看似相當強力，但是其背後所呈現的，並不是像貝殼般封閉的自治團體聚合下構成的社會，反而是各自分散的個人活躍地相互交涉競爭而形塑的流動社會，這一點是筆者在此想先加以強調之處。

那麼，至少在理念上應該標榜一君萬民的王朝權力，對於這樣的民間勢力，是採怎樣的態度？或被認為應該採取怎樣的態度？二十世紀三〇年代初，在太平洋問題調查會的委託下進行中國社會之分析的英國史家托尼（Richard Henry Tawney, 1880-1962）指出，中國人在悠長的歷史中未曾有過主權國家的經驗，因而傳統中國的一體性不過就像歐洲中世紀「基督教會」一般是屬於精神上的存在。[14]「基督教會」這個比喻，敏銳地抓住中國傳統國家的統治理念具有的普世主義特徵，以及與此分不開的文化主義特徵——也就是說，「統治」並不只意味著依靠實力的有效統治，而且以德化亦即文化上的同化為目標。然而，中國傳統國家並非將人世的統治全交由俗世勢力而安於精神上的權威，這也是事實。即使是強勢的鄉紳，也被國家強制徵收賦稅，而若有逃稅或犯下罪行的情況，就會用實力來處罰——只是處罰方法相對於平民還是有差別。在民間形成的勢力，儘管十分強力，但沒能對國家主張領域統治權，以使國家權力在其境界線外止步。在廣大的中國境內，雖然有許多如同桃花源和梁山泊一般，是國家權力的觸手無法觸及、實質享受從國家權力解放的自由的地域，但是這些地域並非如中世紀歐洲的庇護所（Asyl）般被當作是具有特權的空間。

另一方面，傳統國家以在地方統治上尋求鄉紳的協助，或獎勵民間自行處理瑣碎糾紛等形式，表現出國家依靠民間勢力的姿態。在當時的知識分子之間耳熟能詳的議論是，天下終究並非皇帝一人就能統治，國家權力若介入人民生活的方方面面，反而是擾亂社會安寧甚至造成國力衰弱，這樣的反專制論在明末清初時期高度讚揚「封建」體制的情況下更是特別盛行。當然，也有人站在對抗這種反專制論而主張強化中央統制的立場，不過必須注意的是，不應該把中央權力強化論和民間勢力重視論之間的對抗，理解成圍繞在民間團體的特權與國家主權相互的統治權爭奪戰。這場論戰討論的不是哪一方擁有正當統治權利這個問題，而是究竟哪一方才能相對有效地維持社會安寧這種有關統治手段孰優孰劣的問題。也就是說，民間勢力重視論者高度讚揚民間自有維持秩序的機能，相對於此，中央主權強化論者則予以劣評，這樣高低不一的評價產生意見分歧，而並不是出於地方勢力主張自己的特權而國家對此否定的這種圍繞統治權的衝突。社會安寧與萬民調和共存——用當時的話來說就是「人人適得其所」——正是民間與國家共同的目標，而且能否實現這個目標才是保證議論之正確程度的基準。從而，在現實的國家決策之際，官僚們所摸索的是，為了實現這個共同目標，最合適的手段為何這一課題——換言之，他們要尋求的是，國家介入與依靠民間秩序這兩個方向之間的合適點。如同「易姓革命」的觀念所示，國家權力本來就被認為有保障萬民和諧生存這一上天賦予的任務，國家權力的正當性，畢竟也是取決於是否能達成此任務而定。

在國家體制方面，看來像集權的也像分權，而且就國家權力和民間勢力之間的關係來說，像是彼此對抗的也像是相互合作的——像這樣的中國社會秩序的形貌究竟該如何描繪呢？首先，作為秩序觀的原點，先假設所有人的意志都朝向全體社會安寧自然而然地達到和諧這一理想狀態。於是擘劃全體社會福祉的皇帝的意圖，自然無須等待皇帝的命令而地方官與地方豪族就會自動自發去做，人民則一片和樂順從皇帝的旨意，自然而然地實現社會安寧——那是一個沒有必要去探詢代表全體社會的「公」權力應該歸結到何處，或是該怎麼分割權力而分配於社會各部分等問題的世界。那也可以解釋為皇帝個人意志能直接傳達到社會底層的狀態，也可以視為所謂官僚和紳士等良才的意志下主導的秩序，同時也可以認為正是廣泛民眾意志聚合下成立的社會。而且是上述幾種解釋都沒有爭執能和平共存的世界。維持社會秩序的機能原本就遍布在全體社會中，在理想狀態下所有一切都被當作是沒有爭執能共同合作的狀態。

當然，現實社會是充滿紛爭的，中央政府、地方官、紳士、民眾等社會各階層之間，存在著激烈的政治對立。然而，那種對立並不是出於圍繞「國家體制」的問題而發生，而被認為是有了壞人擾亂上述和諧狀態才出現。在皇帝的「私」受到彈劾時，彈劾者會針對專制君主加以激烈批評，並且擁護「地方公議」、「封建」。在批評地方紳士圖謀私利的語境中，體現「公」的皇帝其絕對性是受到強調的。在糾彈權勢者惡行的輿論中，將不學不慮的民眾自主發起的直接行動，極度肯定為展現天意的「公」。這些輿論分別與擁護地方的自治特權、皇帝的絕對權力、大眾式民主主義的議論相似，其實，邏輯上來說這些議論也不互相排斥。也就是說，他們最關心的，不是哪種「國家體制」是最好的，而是皇帝、地方紳士與民眾為了增進社會全體的利益，能相互合作以實現實質的和諧狀態。破壞這個和諧狀態的人物被除去的話，問題自然也會解決。

鄉紳是國家統治的代理人？還是地方社會的代表人士？探討這些問題時卻一直受到忽視的是，上面所述那樣的國家官僚和地方有力人士各自角色功能界線的模糊——更明顯地說，他們角色功能之本質上的同一性。如我們認為，無論國家機關或民間勢力，這些同一性質的維持秩序機能原本就遍布於整個社會的話，那麼像是鄉紳的性質究竟歸屬國家或社會的問題，就顯得沒有意義了。不過，與像一般近代國家那樣「國家」與「社會」在機能上的分離而彼此依存的狀態比較來看，中國的秩序觀上的這兩者機能上的同質性，反而常常帶給觀察者的是「國家與社會（互不干涉之意的）分離」的印象，這也不是沒有原因的。正是在於兩者屬同類型之故，民間勢力率領的地方社會，經常呈現出即使沒有國家也能成立，乍看之下像是自主自立的面貌。恐怕這就是引發在中國史研究上圍繞「國家和社會」的問題未曾止歇的原因所在。然而，那種「國家和社會」間分離、對抗的情況，與「國家和社會」間相融、協同的情況，都是屬於中國全體秩序因應各種狀況而呈現的種種面貌的其中一面，因此與其探究哪種樣貌是正確、哪種樣貌是錯誤，不如去理解為何有時是以這種面貌出現，為何其他時候又以別的面貌出現，這才是必要的。

若要與西方比較之下指出中國傳統國家的特色的話，既無法以國家權力的強盛來表現，也無法表達以民間勢力的強盛來表現。而是依局勢的不同，中國國家的這兩種樣貌，不管哪一種都會展示出來。以往的中國國家論傾向於使用力學式隱喻來試圖了解中國國家的「結構」，也就是說，首先把國家權力和民間團體作為人群的聚合與其發揮的力量來掌握，並以那些力量的相互對立與推擠、分離與黏合這類力學式形象來解釋中國國家的「結構」與其發展。但是這樣試圖在中國的國家和社會團體所展示無限多樣的強弱關係的面前，終究不得不遭受到挫折。毋寧說，應該著眼的是，生活在中國社會的人們，他們與地方官、鄉紳、血緣關係、同鄉關係等各種要素之間存在若干問題，像是如何估計其效用？因時因事進行怎樣的抉擇？會採取何種策略來行動？必須依據對於這些靈活的行動模式的分析，才足以統整地說明中國的國家和社會時而呈現的多種樣貌的內涵。

四、鄉紳的威信來源

正由於鄉紳在地方社會是具有威信的存在，人們才會謀求與鄉紳的連結並聚集在其周圍，而且也不得不服從「鄉紳支配」。那麼，為何鄉紳是具有威信的存在呢？對我們來說，感到疑問的是，姑且不論現職官僚，為何連退休官僚都擁有那麼大的勢力呢？以現今日本的觀感來說，不管是多高層的官僚，退休後還能在鄉里揮舞權勢且左右地方政治等，是幾乎無法想像。橘樸所指出的「中國官僚的特殊性」，也是有關與近代常識有別的中國官僚的獨特性質。關於其特殊性，橘樸所言約略如下：

我們所使用的「官僚」一詞是近似於英文的 officialdom 和 bureaucracy 的意思，也就是說，這只不過是指所謂的官僚群和官僚組織而已。近代日本和德意志的官僚在全體社會裡的確是構成社會的一部分，但是那些不管任何意義下都不是一種「社會階級」。然而中國官僚是社會的一部分，同時也構成一種社會階級，而且作為統治階級居於國家乃至民族中最上層的位置。作為社會階級的官僚群，指文武官僚和候選官僚一類是自不待言，甚至他們的家族也一併包含在內。而這一點就是使中國的政治和社會組織，與其他國家乃至民族之間產生差異的根本要因之一。15

在這裡橘樸所謂「階級」一詞，按我們的用法，不如說是比較接近「身分等級」之意，是指藉由制度上的特權而與一般民眾有所區別的人們。若把橘樸所言「近代官僚」與「中國官僚」的差別之處從另一個角度稍加推展開來，即如下所示。所謂近代的官僚制，就像bureaucracy（事務局的統治）一詞清楚指出的，統治的權力不在於官僚本人，而是附屬在非人格性（impersonal）職位，以及把這些職位組織起來的行政機關。各個官僚可以說是進入官僚制這一具有自主動力的大型機構裡，各就各的駕駛座並按規則操縱機構的操作員

（operator）。從而，一旦離開駕駛座，回到家裡的官僚，作為其私人的資格來說就是一位平民，沒有任何權力能夠指使鄰人。但是，中國的官僚就跟上述情況不一樣了。前面已提到科舉試驗並不是測試事務能力而是測試人格上的優越性，科舉合格的重點在於，證明他是比一般庶民在人格上更來得優秀的人，官僚之所以有統治民眾的正當性，並不在於他的官職，而是歸因於他自身的人格上的能力。包括休假中或退休後，有官僚資歷者，一直到死都能保持著因他的人格所認定的統治資格。即使脫離官職卻仍發揮著他的社會勢力，在今日看來是公私不分吧，但是對當時的人們來說，退休官僚當然也和現任官僚一樣，是具有足以統治人民之人格的人。鄉紳的社會地位以各種表徵顯示出來，如：鄉紳與現任官僚之間以對等的禮儀交往的紳士社交圈在地方社會被創造出來；鄉紳與現任官僚同樣接受刑法上、徭役負擔上的優待；在服裝和交通工具等方面也使用著有別於平民的「繁瑣的階級性象徵（symbol）」（橋）等等。這些表徵都顯示出這些紳士是被視為比平民有更高階的社會等級。若把重點放在世襲制固定化下的「身分等級」這一側面的話，就無法用前近代歐洲或日本社會的「身分等級」範疇，來解釋歷經科舉考試取得功名的紳士。另一方面，紳士與民眾之間沒有公民平等的關係，而是紳士被認為在人格上處於優越的地位而與民眾有所區別，從這一點來看的話，那也可以看做是一種具開放性的「身分等級」。

那樣的話，有別於一般平民的紳士「身分」，究竟是國家給予的嗎？紳士的威信來源是歸屬國家的嗎？對於這個問題的回答有些微妙，不妨用以下的比喻來說明。姑且把每個人所持的道德能力比喻為具有不同重量的各個物品。每個不同的物品具有特定的重量，其輕重的比較原本應該有客觀的標準來衡定。但是這些物品的重量光是看外表還是不知道，有人說是這個比較重，而其他人則說那個比較重。為了有所決斷，就必須根據萬人認可的正確的磅秤測量重量。而科舉，就是所謂「正確的磅秤」，用來評價人們的道德能力並公諸於世。就像前面所述，以科舉合格為契機立刻就能成為地方社會有力人士的狀況，乍看之下，像是支持「紳士的權力是國家所給予」的見解。然而，並不是由磅秤來給予物品重量，而是物品的重量不管有沒有磅秤都不會改變，同樣地，人的道德能力的存在本來就與科舉沒有關係，這是當時稍通情理的人們的共識。不用說刑法上的優待或免除部分徭役等制度上的特權，如果沒有科舉功名是享受不到的，但足以享受這類特權的道德能力本身，不待科舉制度而已經內化於各個人物。而所謂的科舉，就是發現那種能力的制度。

不過，科舉制度這一磅秤不算十分準確，只能表示近似結果而已。很明顯，若有科舉合格的劣德紳士，也會有埋沒於市井的遺賢。那樣的話，為何能說總體上這個磅秤是正確的呢？誰能用什麼方式來判斷他人的道德能力呢？而且其判斷的正確性又如何保證呢？決定鄉試或會試合格者的考官之所以具有像那樣資格的理由，就是由皇帝作為具公正判斷力的人物從中央官僚當中所選任。如此一來，選定這些考官，而且在殿試中親自擔任考官的皇帝其判斷力的優越性，又如何能被證明呢？其實，能為此提出證明的人物，理論上是不存在於人類當中的。其理由在於，要說有比皇帝更具備準確評量能力的人物的話，則那位道德能力優於皇帝的人就應該接受天命去當皇帝才對。因此，雖然皇帝的道德能力在理論上不能立證——不如說正因如此——皇帝在判斷上的正確性不得不被先驗地認定，而被當作所有判斷的來源。紳士的威信，本來根植於其人自身的人格，因此無法還原給國家，但與此同時，能公開評價其人格的制度，除了以皇帝為頂端的國家科舉制之外並不存在——就這一點上，紳士對於皇帝和中央政府有著摻雜自尊心和服從性的微妙立場。

以上，從理念的觀點來闡述，鄉紳的社會地位，是來自於藉由科舉制度而被公認的當事人其人格優越性。那麼，在現實的地方社會裡，圍繞鄉紳周圍群聚的人們，能說是仰慕鄉紳的人格而聚集起來的嗎？大多數的情況當然都不是如此。窺探分送捷報的報喜人前往之處而投靠見都沒見過的人物，當時有關奴僕行為模式的如此描述，顯示著當時人們在以鄉紳為核心的人際關係之背後，明確地看出一種算計得失、利用別人的關注。那麼，能把追逐利益的人吸引到鄉紳周圍的東西到底是什麼呢？關於這一點歷來往往受到注目，那就是鄉紳的優免特權。明末徭役過重成為社會問題，人們請求把自己的土地納入鄉紳的名義，企圖用來逃避賦役負擔。還有，前面提到的小說〈三與樓〉的例子可以看到，面臨訴訟要依賴鄉紳，也是拚命救助的當事人屢屢採取的策略。訴訟和徵稅可謂當時地方官的兩大職務，而反過來說，構成中國庶民的國家生活的主要內容也是訴訟和徵稅。在這兩大事務之上，一般平民要避免直接碰觸國家權力那粗獷又凶狠的觸手，作為脫險保身的手段，可說就是與鄉紳建立人際關係。

若人們向鄉紳尋求的是保護的話，在當時的地方社會，身陷沒落險境的人們尋求保護而集結，其作為「核」的存在，也未必只有鄉紳。例如，像是行政衙門和軍隊等公家機關，也發揮私人保護效果。也就是說，貧弱者可以投身衙門當差役、皂隸等隸屬性質的僕人，或藉由投身軍隊充作隸屬性質的隨從，藉此不僅保障日常生活，還能以行政衙門和軍隊的威勢作為靠山，使他們面對其他庶民時能站在有利地位。甚至作為行政衙門和軍隊鎮壓對象的祕密結社、宗教結社也是，經由庶民之間廣域且強固的團結力，同樣能發揮保護的效能。更甚者，清末地方社會的基督教會也是，雖然他們是新加入者，但是以連地方政府都能撼動的外國勢力作為後盾，也能成為尋求保護的貧民所集結起來的「核」之一。

這樣來思考的話，所謂鄉紳，與其說是地方社會中具排他性的統治者，不如說是與其他各式各樣勢力並排下的「核」中之一種。但和其他各種的核比較之下，鄉紳是國家體制上被承認的權威，也是深深扎根於中國傳統文化價值，而且——單純來看——數量也很多。由於這些理由，他們作為地方勢力的代表人物而受到注目。然而，在這些或多或少都能發揮同樣效能的各種「核」中，若說鄉紳具有壓制其他勢力的能力，那是為什麼呢？這樣的問題依然殘留著。那是因為以他們擁有的土地為中心的鄉紳經濟實力嗎？或是，藉由曾經任官的經驗而與國家權力有聯繫呢？——這些提問設想鄉紳勢力的基盤可歸納為單一或若干特定的要素，但像這樣的研究方法，或許到最後又把我們拉進無法解決問題的死胡同。各式各樣的例外要怎麼處理呢？其實，這些多樣的要素沒有哪一個可視為基本的要素，而是它們呈現相互交織纏繞的狀態。

如此一來，倒不如暫時放下鄉紳勢力，採取先從鄉紳屬性方面來解讀的方式，並且從人們為何要跟隨鄉紳的方向來考慮。人們選擇鄉紳作為保護者，其基準並不在於鄉紳作為土地所有者以及他們與國家權力的連結等要素本身，而是在於那些要素能在地方社會展現多少程度的實際保護力這一點。人們把鄉紳認為是可靠的後盾，是因為他們預測到鄉紳一開口就會有許多人跟從，並且推想即使鄉紳多少有些蠻橫但是人們害怕其勢力也不敢反抗。換句話說，鄉紳底下集結大量的人群，而且大家都知道鄉紳是具有勢力的人物，像這樣的情況，能產生鄉紳的保護能力，並且以其保護能力為由，人們更會聚集在鄉紳底下。人們之所以聚集在鄉紳底下，正由於人們集結在鄉紳底下。雖然這是明顯的循環論法，但是以此為一個切入點或許能夠整合解釋鄉紳的多樣存在型態。

人們聚集在鄉紳四周的情形，可以比喻成類似股票市場的投機行為。人們投資熱門股時，因股價上漲使投資者得到利益，而其利益的根源是來自多數人投資該股票一事之本身。一旦出現「這是熱門股」的共識，就會引起多數人投資該股票的預測，以及根據其預測而採取的實際行動，這些交互作用使股票漸漸上漲起來。科舉合格一事，在當時的人們的共識裡，就是被蓋上「熱門股」印記的契機之一。多數人為尋求與「熱門股」的連結而集聚起來，這件事本身就逐漸形成鄉紳勢力。然後當股票的價值開始下滑的話，人們就會放棄該股票而轉買新的熱門股。然而那個轉買的方式也會依據股票市場的狀況而呈現各種各樣的相貌吧。以投機股的激烈市價變動為特色的市場裡，若不能敏銳迅速地買賣的話就會蒙受重大損失，而如此敏銳的買賣更加增強其流動性。與此對比，在另一種更為穩定的市場，大多數的持股人會對多少變動都不介意，一直堅持保有績優股。關於傳統中國的社會流動是大是小的爭論，換言之，就是鄉紳勢力的根源在於科舉資格，還是在於廣大田產所支撐的傳統門第等相關問題的爭論，這並不能把中國全體作一般泛論，而是應該依各地方經濟上、社會上的條件所規定的行動模式的差異來考察的問題才對。

五、中國史上的十六世紀

現今的明清史研究，是把十六世紀作為商品經濟長期發展的起始期，大致而言以光鮮的形象來描寫這個時代——儘管在繁榮的背後趨向落沒的農民當然也受到關注。然而，從當時人們的觀點來看，明末十六世紀是衰退和混亂的時代。當然像商品經濟活躍的事實是受到注目的，但是大多以農民的棄耕、官僚和大商人的奢侈等這樣負面表現方式來敘述商品經濟的發展。本章引用的明末時期議論，例如何良俊的論調，印證他對時勢衰退的感慨情懷，恰如其分地顯示當時言論的特徵。

十六世紀初以降時勢開始衰退的主因之一，就如何良俊所指出的（本章第一一八－一一九頁），被認為在於賦役負擔的增加，而其背景可從蒙古勢力與明朝對峙下的北方邊境的緊張局勢來探尋。從中央政府的戶部銀庫送往北方的軍事費，光是經常性軍費，就從十六世紀前半的一百萬兩左右，來到十六世紀末到十七世紀初急增至三百至四百萬兩。從全國收取並散布在北方邊境的大規模稅銀移動，以及隨之而來的物資移動，都形成當時全國性商業發展的原因之一。這樣的財政動向藉由增加賦役負擔導致農村疲弊的同時，給城市經濟帶來繁榮，因為通過大規模稅銀流動而受益的官僚與大商人能累積手中的財富，由此購買力也往他們所住的都市集中。接著，由於該城市與農村間的貧富差距——就像是氣壓的差異就產生風一般——而引起前述地方社會的流動化。若將當時的狀況簡單地圖式化，就會像上述一般。[16]

另一方面，在背後支撐這樣的急速商業化，並且作為直到十八世紀的清朝盛世持續著商業發展的重要因素，不能忽視的是以東南沿海為中心，從十六世紀以來便活躍著的海外貿易。如在第二節所述，揮舞「宛如獨立王國」般威勢的福建鄉紳林希元，被看作是十六世紀中葉後期倭寇活動興盛期的走私貿易中的重要人物。像所謂「北虜南倭」這個詞彙所示，南方的倭寇與北方遊牧民族並列成為困擾明朝主要的外患，但若以經濟面來看倭寇現象的話，可說是象徵性地顯示，十六世紀以降圍繞中國所形成的國際經濟環境的新階段的開始。十六世紀這個時代，是以世界的銀產量大幅度的增加作為特色的時代。隨著新大陸的白銀往舊大陸開始大量流入，十六世紀後半日本也作為世界有數的銀產國而登場。由於收取的稅銀輸往北方，使得中國國內白銀短缺，又遇上海外白銀的盛產，因此不得不出現從海外輸往中國的白銀流向的情況。儘管明朝採取禁止海外貿易政策，但倭寇敢與明廷對抗且猖獗，其背景有拉力要因與推力要因相互結合下白銀流通的強大壓力。為倭寇活動的激烈化煩惱的明朝，在十六世紀六〇年代緩和了海外貿易的禁令之後，從海外流入的白銀產量急速增加，經由太平洋、菲律賓的新大陸白銀；經由歐洲、印度洋的新大陸、歐洲白銀以及日本白銀總計起來，十六世紀末流入中國的銀，達到一年數百萬兩的規模——可與運往北方的稅銀相匹敵。藉由輸出生絲或陶瓷器等特產，單方面吸納白銀的中國，對於當時歐洲商人來說感覺就像是世界白銀的終點站。[11] 這樣單向貿易的構造一直持續到十九世紀初，構成中國海外貿易的基本屬性，並且海外流入的白銀也有長時期支撐商業發展的趨勢。歐洲和新大陸之間榨取－被榨取的關係被強化的同時，受到從新大陸流出的白銀支持下，明清中國和亞洲其他地區則一同享受商業繁榮。

由滿洲民族建立的清朝，於十七世紀中葉入侵中國之後，鎮壓了海外的反清勢力與國內的三藩之亂，在十七世紀八〇年代確立中國全境的統治，而其統治方針，總的來說，承認明末以來社會流動化，並且依循著這樣的趨向來策畫中央集權統治的再編整。清朝繼承明末賦役改革的方針，因應土地流動而整備賦役制度，並且，不再刻意以國家之手編成像明初里甲制那樣難以適應流動的人與土地的基層組織，取而代之的是，在有助於維持清朝統治的範圍

---

⑪【譯注】影響中國商品經濟興起乃至賦役制度改革的白銀，其產地主要來自南美洲的波托西（Potosí），運輸路線有由歐洲商人運回英國或荷蘭，轉運到東南亞，透過貿易而流入中國；另一條路線則是由西班牙人將白銀運到呂宋，再與來自廣東、福建的華商交易，由華商將白銀帶到中國。日本的白銀也由荷蘭人帶到澳門，與中國商人交易產品，而這些白銀最後也是流入中國。關於十七世紀橫跨歐、亞、南美洲的白銀流通路線與全球貿易網絡的說明，參見卜正民（Timothy Brook）著，黃中憲譯，《維梅爾的帽子：揭開十七世紀全球貿易的序幕》（臺北：遠流出版社，二〇一七），頁一八六－二〇二。

內，承認、利用流動化的社會中所形成的鄉紳勢力和宗族等民間秩序。

十六世紀以降國際商業的發展，在世界各地區招致舊有秩序的動搖，並且這些地區在一面對抗又一面適應著這樣的動向之下，進行國家形成與再編。若把這一點當作此時期世界史的主流趨勢，則清朝國家的確立、日本幕藩制國家和西歐絕對主義國家的形成一樣，都可以放在世界史脈絡中去理解。在這當中，若與日本、法國比較的話，清朝的國家特色在於，欠缺幕藩制和絕對王政具有的以身分團體為基礎的結構，而立足於流動、開放的社會這一點。加上值得注目的是，在同一時期世界各處的流動型社會裡，與封閉式身分團體不同的，由私人人際關係支持的名望家族統治也形成起來。從此看來，中國鄉紳勢力的成長也不是只發生在中國的孤立現象，而或許可認為是與英國的紳士以及伊斯蘭社會的地方名流階層的成長同時出現的，這個時期的共同社會變化之一例。

注釋

1 關於鄉紳的研究論著數量豐碩，其中討論到鄉紳（紳士）的語義、用法的論著列舉如下。酒井忠夫，《中国善書の研究》（弘文堂，一九六〇）；和田正広，〈明末清初の郷紳用語に関する一考察〉（《九州大学東洋史論集》九號，一九八一）；同前，〈明末清初以降の紳士身分に関する一考察〉（《明代史研究》九號，一九八一）；斉藤史範，〈明清時代の「郷紳」に関する学説史的検討〉（《史叢》四十號，一九八七）；磯部祐子，〈中国小説・戲曲にあらわれた郷紳像〉（《日本文化研究所研究報告》二十三號，一九八七）；呉金成（渡昌弘譯）《明代社会経済史研究》（汲古書院，一九九〇）。

2 重田德，〈郷紳の歴史的性格をめぐって——郷紳観の系譜〉（《人文研究》二十二卷四號，一九七一〔收入同作者，《清代社会経済史研究》岩波書店，一九七五〕）。

3 重田，前揭書，頁一七〇。

4 張仲禮著，李榮昌譯，《中國紳士：關於其在十九世紀中國社會中作用的研究》（上海：上海社會科學院，一九九一）；張仲禮著，費成康、王寅通譯，《中國紳士的收入：中國紳士續編》（上海：上海社會科學院，二〇〇一）；Ho Pingti, *The ladder of success in Imperial China: aspects of social mobility, 1368-1911*, Columbia University Press, 1962.

5 費孝通著，趙旭東、秦志杰譯，《中國士紳》（北京：生活・讀書・新知三聯書店，二〇〇九）。

6 以上所述歐美學界紳士研究的概略，是以撰寫原載論文時的有限知識為基礎，以今日來看則是過時的評述了。今日英語學界的紳士（地方菁英）研究，似乎已經排除菁英的本質論方面的定義（持有科舉功名者或大地主等），而注意到菁英在多樣化資源當中如何適時地選擇的這一問題，並且描繪出按地域與時期存在明顯差異的地方菁英之姿態。例如 Joseph W. Esherick and Mary B. Rankin, eds., *Chinese local elites and patterns of dominance*, University of California Press, 1990. 關於本書的內容，可參考《東洋史研究》五十卷四號（一九九二）所載拙評中的私見。

7 從這一點來對重田氏的理論提出的質疑，參見森正夫，〈日本の明清時代史研究における郷紳論について〉(1)(2)(3)《歷史評論》三〇八、三一二、三一四號（一九七五－七六）等。

8 橘樸，〈支那官僚の特殊性〉（《支那社会研究》，日本評論社，一九三六）。

9 吳敬梓，《儒林外史》（臺北：三民書局，一九八五），頁二五－二六。

10 重田德，前揭書，頁一九〇－一九五。

11 Hilary J. Beattie, *Land and Lineage in China: a study of T'ung-ch'eng County, Anhwei, in the Ming and Ch'ing dynasties*, Cambridge University Press, 1979.

12 孫文，《三民主義》（臺北：中央文物供應社，一九七八），頁二。

13 在中國史研究中，最初進行這樣地嘗試的代表，通常會以內藤湖南的《支那論》（一九一四）為例。有關我對於中國史的時代區分的看法，雖然簡略，但是在〈時代区分論〉（岩波講座《世界歷史》1〈世界史へのアプローチ〉〔岩波書店，一九九八〕）中已有提到。

14 理查德·H·托尼（R. H. Tawney）著，安佳譯，《中國的土地和勞動》（北京：商務印書館，二〇一四），頁一七七。

15 橘樸，前揭書，頁四三〇－四三一。

16 有關十六世紀至十七世紀的國際環境與中國社會經濟變動之間的關聯，拙著《清代中国の物価と経済変動》（研文出版，一九九七），在第五章、第六章有更詳盡的論述。

後記

本章是由收錄於柴田三千雄等編，《シリーズ・世界史への問い7　権威と権力》（岩波書店，一九九〇）的〈明清時代の郷紳〉修改而成。為了作為適於一般大眾的讀物，原稿刊載時使用較少的注腳，引用原文的篇幅也較省略。因應這次將此文收入本書中，不僅將引用文獻整理成注腳形式，同時也增添數個注腳。有關本章正文的部分，原稿刊載時覺得說明不足之處也予以增補。本次補充內容的一部分是根據〈比較国制史研究と中国社会像〉（《人民の歴史学》一一六號，一九九三）。

明末社會與陽明學

第三章
chapter 3

前言

取自明代中期成化八年（一四七二）誕生、嘉靖七年（一五二八）逝世的王守仁的字號，今日一般稱作陽明學的一股儒學思潮，藉由王畿（龍溪）和王艮（心齋）等弟子們狂熱地講學，曾經一時風靡，上自宰相下至貧窮庶民無不受影響，直到明末仍占有思想界的主流地位。[1]❶若要先簡單地歸納陽明學基本特色的話，可以說他們不僅繼承宋學以來思辨性地追求「理」，亦即人世萬物之正道的方向性，同時認為以理的先驗性為前提的朱子學的學習方針，有陷於以外在的理作為基準來矯正心的自然行為的傾向，批評這是「外心以求理」、「支離」，而主張只有依憑各人內在的心之原本姿態，其自然的動向才是理。「知行合一」、「心即理」、「致良知」等陽明學有名的標語，都是與批評朱子學有關。

戰後日本的陽明學研究，不僅於分析陽明學其哲學方面的內容，同時也採用解釋陽明學與當時社會背景之關聯的社會思想史式研究途徑，但是當中卻有兩種極為相反的見解形成著持續對立的研究史基本路線。概略地說，有島田虔次《中国における近代思惟の挫折》（筑摩書房，一九四九）的說法，認為具有商業繁盛化等「一言以蔽之，被稱為平民意識抬頭的現象」為特色的中國近世社會情況，帶來「在新的活力中沸騰的真正『近代』式激情」，以及「將所有現象嚴格區別為本質與非本質，而且只對於『內』在之物——也就是具合理性之物——才承認其為本質這種意識之根本態度」、「『我』的覺醒」等宋明學（明代達到高潮期）的特質；與之相對的是，岩間一雄《中国政治思想史研究》（未來社，一九六八）的說法，認為宋代以降的社會是具有亞洲要素的封建式世界，而陽明學欲藉由強調亞洲要素（也就是「孝」），克服以明代農村共同體的弛緩、階級矛盾的激化為代表的「亞洲式封建制的危機」。關於宋明理學的本質，相對於前者認為是具有朝著「近代」的方向性，後者則認為是封建式的思維。而且，關於與朱子學有別的陽明學特徵，前者認為雖然最後是遭到挫折

❶【譯注】關於陽明學的興起與流行，學者提出幾種說法，如呂妙芬認為嘉靖朝以後書院的興起帶動私學的蓬勃，以及王陽明本人及其弟子積極舉辦講會，都是擴展陽明學發展的重要助力。張藝曦則認為在講會活動盛行之前，陽明學的傳播透過古本《大學》與《傳習錄》的刊刻出版，得到有力的推展。參見呂妙芬，《陽明學士人社群——歷史、思想與實踐》（臺北：中研院近史所，二〇〇四），頁六〇—七〇。張藝曦，《歧路徬徨：明代小讀書人的選擇與困境》（新竹：國立陽明交通大學出版社，二〇二二），頁三五—七〇。

——但是達到近代中國精神「最高潮」、「極限」；與此相對，後者反而認為這是近代西洋思潮看作與近代公民社會正相反的「亞洲式」要素的強調。

這樣的見解上的差異，或許可歸因於如島田在寄給岩間的書信中提到「身為社會科學者的學兄與身為人文科學者的鄙人之間原本就有的研究姿勢上的差異」，[2]但同時，陽明學所主張的內容，乍看之下是混合「近代」要素與「亞洲」要素，這也是事實。例如，從關於時常被提問的「孝」來看。岩間引用王守仁的話「見父自然知孝，見兄自然知敬，見孺子入井，自然知惻隱」，由此論道陽明學所謂的良知，是知曉父子兄弟的血緣的上下關係——也就是孝——的能力。對此，島田對岩間的批評指出：「這條引文（中略）所言，以及《傳習錄》全書通盤來看，只是提到良知也就是道德認知能力是先天具有之物，而非外來之物。見孺子入井而生惻隱之心，這與血緣的上下關係又有何關聯？」[3]島田的這個批評有其道理。陽明學所提倡的「孝」，其實是與今日我們所謂的「孝」往往令人感到有種老舊且強制的道德觀正好相反，它表現的正是理的內在性。在這個意義來說，陽明學的「孝」並非主張力圖護持埋沒個人的血緣組織，而是全面肯定不被外部束縛的個人自然心性的一種表現。不過，另一方面，在陽明學中以「孝」為象徵而高唱與他者的自然且自發的協同性之內容來看，我們不能否認那又是與容認自立個人權利的近代公民社會的協同性彼此極端對立的，一種直接、無媒介也無矛盾——就像幼兒本能地思慕母親——的協同性亦即一體感。這種形式的協同性，是在十九世紀以來西方社會科學中，作為與公民社會形成鮮明對照的性質，使用「亞洲式」一詞——這樣的命名方式是否妥當又是另一個問題——來表現的特質互相重合。而且，陽明學對於「孝」的協同性的提倡，並不能以自古以來禮教的殘餘或未脫俗套的糟粕等形式來說明，這反而是陽明學顯著的特徵，也是其學說的核心之一，這點也可以說是大家承認的。

所謂「求之於心而非也，雖其言之出於孔子，不敢以為是也」，[4]否定外在的權威、確立主體性的主張，與熱烈稱揚孝子、節婦、義僕等無限獻身的論調——這兩者之間究竟是否為矛盾？這些主張是從什麼樣的社會風氣中產生？當時的一般社會風氣本身是否涵蓋這樣的悖論？還是應理解成這些主張是朝向近代的新勢力與欲加以抑止的舊勢力之間的激烈衝突呢？

在處理這樣的問題之前，要先問明末到底是怎樣的時代呢？在此藉由社會經濟史歷來的研究成果簡單地進行回顧。十六至十七世紀，不僅在政治史上是明清交替的動盪期，同時在社會經濟史上也是中國史屈指可數的變動期。伴隨著中國研究者稱為「資本主義萌芽」的商品生產的發展與手工製造業的形成，明初以來的鄉村里甲制度解體，多數的農民拋棄農業進入都市，同時民變、奴變等以下層民眾為主體的暴動也頻繁發生，令人感到舊有的上下階層社會秩序的崩壞等，這個時期可說是傳統社會經濟構造直接面臨危機的時代。可是，這場混亂中重新形成起來的社會關係並不能說是「近代」式的。明末以降，被稱為「鄉紳」、「紳士」的士大夫階層，在地方社會掌握比過去更強的勢力，並且父系血緣組織的宗族等「前近代」式的社會關係，也以比往昔更大規模的形式再進行編組。像這樣的明末情況，到底是封建秩序的弛緩期？還是形成期？從過去以來，日本學界有兩相對立的各種見解產生，並且引起有關分期問題的爭論。[5]由思想史研究者進行的陽明學研究中，無論認為當時的社會是屬於「封建制」社會，還是認為正朝向「近代」的社會，大部分是以這類社會性質當作已被論證且不言自明的前提來處理，然而不知是幸還是不幸，現今的明清社會經濟史研究關於這樣的重大問題，仍未出現確定且統一的見解，並且就我所見，在現在的研究狀況來看，似乎有必要對於從「封建制」到「近代」這類分期問題上的大架構，重新加以商榷。

職是之故，在此將暫且避而不談以明末社會在抽象理論上的發展階段地位作為前提的陽明學之性質，而是從陽明學中幾項基本命題與當時社會風氣之間的具體關聯進行討論，以試著了解作為社會思想的陽明學的性質。以下內容分為，第一節將圍繞著「良知」論和與其完全重疊的「赤子之心」進行討論；第二節將圍繞著與良知論並列的陽明學另一核心「萬物一體之仁」之說來思考。事先聲明，我並不是要主張哲學上的命題滲入民眾生活而影響到社會風氣，也不是主張民眾社會產生的風氣影響到士大夫精神而結晶成陽明學在哲學上的命題。也就是說，我將試著關注的是包含士大夫與民眾在內，當時的人們所共有對於「個人」與「社會」的原初印象。若可以說從這共通的土壤中誕生出當時特有的社會風氣與哲學思潮的話，那原初的印象又是什麼呢？

一、「赤子」與個人

「赤子之心」一詞，是由被歸類為陽明學左派、泰州學派的羅汝芳（近溪）提出的宗旨而為人所知。例如，羅汝芳云：[6]

原日天初生我，只是個赤子。而赤子之心，却說渾然天理。細看其知不必慮，能不必學。果然與莫之為而為，莫之致而致的體段，渾然打得對同過也。然則聖人之為聖人，只是把自己不慮不學的現在，對同莫為莫致的源頭，我常敬順乎天，天常生乎我，久久便自然成個不思不勉而從容中道的聖人也。

又言：

看見赤子出胎，最初啼叫一聲，想其叫時，只是愛戀母親懷抱。却指著這個愛根而名為仁。推充這個愛根以來做人。

原本所謂「赤子之心」，是來自《孟子》「大人者不失其赤子之心者也」一句，尚未知曉外在的知識和道德，為純淨真情的具體表現之嬰孩形象，成為嚴厲排拒從外在知識中追求理，而主張理的內部自然發生性質的陽明學「至良知」論之始終一貫的象徵。在陽明學派中對於良知的解釋存在見解上的差異，與其相表裡的是，對於嬰孩的形象也有若干微妙的差異。例如王守仁的得意門生聶豹（雙江），他在寄給同學鄒守益（東廓）的信中提到：

> 夫良知二字，始於孟子。「孩提之童，不學不慮，知愛知敬，真純湛一」，「由仁義行」，「大人者不失其赤子之心」，亦以其心之真純湛一，即赤子也。然則致良知者，將於其愛與敬而致之乎。抑求所謂真純湛一之體而致之也，以為得手。[7]

聶豹認為藉由修養，能達到發動愛與敬之前，作為根基的安靜且未發的狀態——也就是產生知覺以前的渾一狀態，相對於此，鄒守益則重視已經發動的愛與敬這類自然的道德性本身。再者，羅汝芳把赤子之心認為是不學不慮的現成狀態下的不容已之真情，而要忠實於這股真情，就這一點上，又與聶豹和鄒守益相互對立。延伸來看，還有李贄（卓吾）著名的「童心說」——亦即包含《西廂記》、《水滸傳》等俗文學在內，稱揚發自「絕假純真，最初一念之本心」的「童心」而作的文章，另一方面斷言「《六經》、《語》、《孟》，乃道學之口實，假人之淵藪也」這一激烈的文學理論。[8]在這樣的情況下，真情發揮的結果是否符合於所謂愛和敬的道德？這又是次要的問題了，何況良知也不是藉由刻意地修養就能達成。毋寧說，羅、李等人是要把他們思想的一切押在徹底排除刻意與虛偽，忠實於現成的真情這一賭注。用「赤子」的各種形象來比喻的話，我們或許可以說，聶豹所謂的赤子近似於喜怒哀樂未發的胎兒的形象；鄒守益所言是笑嘻嘻地愛慕父母的孩提之童；而李贄「童心說」的核心有忠實於自己所欲的淘氣孩童形象。

儘管他們擁有的具體形象有所不同，「赤子」的比喻，作為顯示良知的自然內發性的正面象徵，為明末的思想界添上色彩。羅汝芳被問到孟子所言的善為何？他說：

> 且觀此時堂上堂下人數，將近千百。誰不曾做過孩提赤子來。誰人出世之時，不曾戀著母親吃乳，爭著父親懷抱。又誰的父親母親，不喜歡抱養孩兒。誰的哥哥姐姐，不喜歡看護小弟小妹，人這個生性，性這樣善良。官人與輿人一般，漢人與夷人一般，雲南人與天下人一般，大明朝人與唐虞朝人也是一般。[9]

又言：

汝試想像。人家母親抱著孩兒，孩兒靠著母親，一段嬉嬉融融的意思。天下古今更有何樂可以加此也哉。此便叫做民之秉彝。孔子說《詩》，謂「民有秉彝，故好懿德」，[10]則好實由樂而有也。又曰「百姓日用而不知」，[11]則知又由好樂而有也。故舜稱大知便是能知，而其知原於好問好察，然所好者，却是邇言，所用者却是庶民之中。淺近庶民却正是率性自然而不慮不學者也。又看《中庸》他章，論聖人却有不知，而愚夫愚婦到可與知可與能，分明說聖賢有不如愚夫愚婦處。其次又嘆，鳶飛魚躍，為上下昭察，分明又說人不如鳶魚處。[12]蓋人到愚夫愚婦之居室，物到鳶魚之飛躍，果然渾是一團樂體，渾是一味天機，一切知識也來不著，一切作為也用不去。[13]

文中所言將「不學不慮」的愚夫愚婦也就是庶民形象，與「赤子」、「鳶魚」形象重疊起來，形成良知的自然內發性象徵。

明末這個時代，像頻繁發生的民變所示那樣，就地方社會的民眾輿論趨向明顯化的這一點，也是中國史上值得大書特書的時代之一。對於那樣的民眾動向，陽明學者又是如何評價？作為例子，可以從聶豹的學生，也是十六世紀中葉於嘉靖、隆慶二帝在位期間擔任內閣大學士而掌握實權、松江府華亭縣出身的重要官員徐階❷的文章來看。他在贈予故鄉松江府華亭縣某位地方官的送別文章中，提到華亭縣的人們為了那位地方官所舉行的各種送別儀式，有如下的描述：

華亭之俗，世之論者，蓋或喜其醇，又或病其詐矣。以余言之，二者之論皆非也。夫所謂醇與詐者，非以其有愛惡耶。愛惡之情雖殊，然而順其欲則愛生，拂其欲則惡生，猶之赤子然，其啼與笑，情雖不同，而皆非有意為之也。……民之欲莫大於養生送死，安老而慈幼，惟其不克自遂而始以望於上之人，上之人南面而蒞之，食其財而役其力，苟違其望，雖欲其無惡不可得也。不然，雖欲其無愛，亦不可得也。故自其有惡也，可以為詐而實非仇之也。自其有愛也，可以為醇而實非私之也。夫其愛與惡，苟皆非有意為之，則愛公也，惡亦公也。其愛也，吾將同其樂而不獨以為喜，其惡也，吾將反其政而不敢以為病。蓋長人者若是而止耳。[14]

雖是應酬性質的輕鬆文章，但是能從中窺知明末知識分子的民眾觀，是相當饒富深意的文章。這篇文章中的「民」，被視為是一群無法靠自己的雙手創造自身生活的各項要件，而只能期待上層代之完成的受眾。雖然這是事實，但是在當時的思潮中，如同在生活層面上完全無力的「赤子」成為良知的自然內發性的象徵一般，這種「如赤子之啼笑」的民眾之「非有意為之」的態度，正由於其非有意，故而能代表「公」受到全面性肯定。並非對於外顯行為施以道學的尺規進行批評，而是以人們的自然真情作為行為基準的態度，是為這篇文章的基調，也是明末陽明學的主題。以這樣的觀點看待的「民」，正因為其無知無學且非有意，故而成為士大夫深刻自省的契機所在。

那麼，當時民眾自身，他們認為民變等民眾自發行動，具有什麼樣的意義呢？雖然由於沒有留存當時民眾親筆寫下的紀錄，因此要回答那樣的問題是不可能的，但是在這裡將關注

❷【譯注】關於徐階對於陽明學的提倡，呂妙芬指出徐階在江西擔任地方官時，即以自身的政治權力使用地方財務與土地興建書院以推廣陽明學講會。參見呂妙芬，《陽明學士人社群——歷史、思想與實踐》，頁一〇二—一〇三。

士大夫對於民變的描寫，盡可能地回答那樣的問題。有關當時民變的紀錄相當多，而且在民變研究方面也累積相當的成果。[15]在此擷取天啟六年（一六二六）於蘇州發起的「開讀之變」[16]相關史料進行討論。這個事件始自位於當時皇帝的側近，掌握實權並且掌管被稱為「東廠」的祕密警察機關以鎮壓反對人士的宦官魏忠賢，他派遣緹騎（逮治罪犯的錦衣衛吏役）到蘇州，欲逮捕正義派士大夫周順昌。被認為是在魏忠賢倒臺後不久所寫成且作者不詳的〈緹騎紀略〉[17]中，對於逮捕周順昌時蘇州民眾的行動，有如下的描述：

> 百姓……填巷塞途，負擔者息肩，列肆者罷市，十百為伍，奔走詢訪，或議或泣，或怒罵或搏顙籲天，或買卜推吉凶，垂白村老，雪涕相語，朝廷何事殺好人，或又言何關朝廷，自是魏太監欲殺耳，或言吾儕小人，何惜一死不為吏部請命，或具呈哀祈上官，或欲趣裝走京師訟冤，有不識吏部面，得一見叩頭，如睹禎瑞，其擠塞不前者，從門外呼名再拜，皆欷歔垂淚不忍去，帶星而出，復帶星而歸，自十五日至十八日，通國皇皇，猶赴父母之難也。

看到這樣的狀況，擔憂發生群眾暴動的知識分子，便向群眾請求有秩序的行動（〈緹騎紀略〉）：

> 諸生有識者相與計曰：「人心怒矣，開讀之際，事未可知，吾輩當代為請，無貽桑梓憂。」乃與二三父老，遍慰百姓曰：「朝廷聖明，君等皆忠義，欲活吏部，當為吏部計萬全，頃當乞命兩臺，慎毋過激生事端。」百姓皆曰：「諾」。

接著是暴動當日的情況，如以下描述（作者不詳〈開讀傳信〉）：[18]

> 是日復大雨。眾聞宣詔後順昌且就檻車，傾城而赴，皆執香以送。煙漲蔽天，號冤之聲，震聞數十里。……既至使署，眾益集，署門未啟，署逼邇城闉，眾登城環立，雉堞皆滿，香焚雨中如列炬。城上人呼則城下人應之，城下人呼則城上人亦應之，聲愈震。順昌亦出不意，再拜請解散，而眾不為動。

其後，隨著地方官抵達，生員和群眾進入署內，在連立足之地都沒有的紛亂雜沓當中，阻止將周順昌押送北京的生員們與屬魏忠賢黨羽的巡撫之間各自堅持主張卻無濟於事。在號泣的生員與群眾的威勢下，巡撫流著汗而無法動彈，但由於緹騎的傲慢態度，群眾襲擊緹騎，甚至擊殺了其中一人。許多史料都曾描述當時的狀況，在此引用〈緹騎紀略〉的內容：

旗尉勢若虎狼，自內持械揮眾且厲聲曰：「東廠拿人，鼠輩何敢置喙！」于是顏佩韋等挺前問曰：「旨出朝廷，乃出東廠邪？」諸尉叱曰：「速剜舌，旨不出東廠，將誰出！」百姓聞之，皆袒臂大呼曰：「我輩謂天子詔耳，東廠何能逮我吏部！」即拳毆之柄（文之柄，旗尉）堂下，從者以千計，奪其械奮擊。諸尉久驕橫，愕出不意，避堂後，百姓隨之入，勢不可遏。尉二十餘人，匿壁踰墻脫走，其一人死焉。

雖然在同情周順昌的地方官們溫言說服下，人群逐漸解散，但是結果周順昌被送到北京後死於獄中，另一方面，在蘇州被視為首謀者的五位庶民遭到逮捕並被處以斬刑，此外，有五位

士人被剝奪其生員資格。關於前引文出現的顏佩韋等五位庶民，有如下的記述（作者不詳，〈五人傳〉）：[19]

五人伊何？皆吳門閭巷人，死殉周吏部者也。……有顏佩韋者，家千金，聽父兄賈，己獨從諸少年游。遇不平事及豪惡有所魚肉，輒代直之，或率眾共擊，里中咄咄然。未嘗習吏部也。……佩韋傳香盟眾，涕于市曰：「欲衛周吏部者從我。」其素所與有力人馬傑，已每晨擊柝號召，一時執香從者萬餘。……楊念如故業鬻衣，及牙儈沈揚，雖素好義，皆不習吏部，並不習佩韋。時亦偕眾求疏免逮。……而吏部輿夫周文元，聞難泣詈，三日不食，至是直前奪械，緹騎復傷其額，于是眾如山奔海立……。

即使內容有誇張也有潤飾，但是同時代的觀察者記錄這則事件的概要都是一致的，似乎能將這視為客觀的「事實」。[20]然而，留下這樣的紀錄的民眾行動所具有的鮮明形象之所以能引起我們的注意，在於那不單是事實的紀錄，也是具有貫徹明確且強力的主題。那個主題是什麼呢？或許可以把我們自身的現代式主題比如抵抗封建統治且朝向近代的民眾力量等投射於此，來「理解」這個事件的意義。然而，當時的人們自身則是按照與此不同的框架來「理解」這個事件，我們可以猜測那就是在無社會階層的分別下捉住當時人心的「民眾的良知」這一主題。

再深入來看。第一，能注意到的是，「窮村僻落，蠅附而至，日不下萬人」，[21]或「傾城而赴」等措詞。通過這些修辭，當時史料強調這次暴動為全體人民所擁護。不只是這個事件，對於其他民變也是用這樣的說法，連「垂白村老」、「獄人、丐戶、娼優」、「兒童、婦女」等，距離經世濟民的責任最遠的社會階層，他們都流淚怒吼參加民變，用這些言詞表達暴動背後全體人民的意志這類修辭法，在稱讚民變的記述中時常能見。「全城士民」之類的語詞，可謂離不開當時的民變記述。之所以強調為周順昌從容就義的五人幾乎都未見過周順昌一事，在於這是證明全體人民參與暴動的直率表現。而且正是有此全民性，他們的行為才會被認為是出於「公」的證據。否定客觀的、外在的規範，而從人們原本自然的真性情中尋找理的時候，行為的正確與否，並不能依憑道學的尺規從外在去衡量，而是應該從所有人皆採取自然發生的同樣行動中來予以證明。王守仁所云，「與愚夫、愚婦同的，是謂同德；

與愚夫、愚婦異的，是謂異端」，[22]即是良知說的邏輯歸結。

第二，無知無學的庶民與士大夫之間的對比構圖。若與明末其他的大型民變比較的話，開讀之變是由生員等下級士大夫階層發揮主導角色的這一點是為特徵。不過，多數的史料會明確清楚地把以「百姓」、「眾」等語詞形容的一般庶民行動，與士大夫行動有所區別地描述出來。雖然有些文章對於庶民的行動以「失控」來進行負面描述，但是總的來說是把出自民眾的純粹性情而展開的徹底行動，看作具有壓倒士大夫的魄力，以充滿感情的筆法來進行描寫。周順昌驚訝於民眾的狂熱而勸民眾解散。與官府的對決中，果敢地採取直接行動的是民眾。而最有象徵性意義的是，為了周順昌自願犧牲生命的不是生員們而是五位市井小民。我們或許可以把這樣的對比，與恩格斯（Friedrich Engels, 1820-1895）《德意志農民戰爭》中「市民的反對派」與「平民的反對派」的對比相重疊，理解為前者達到的地步不如後者那樣先進。[23]❸然而，必須考慮到的是，採取滿溢真情的行動的民眾與跟不上這樣的行動的知

❸【譯注】岸本教授在此所謂的「前者的界限」，應是來自田中正俊提到「『市民反對派』的界限」的說法。據田中正俊在〈民変・抗租奴変〉一文提到，今日（譯者注：指田中氏所處時代）中國的歷史學家

識分子，像這樣的對比，對於生活在明末的人們自身而言，是耳熟能詳的敘述方法。提倡「赤子之心」、「童心」的羅汝芳或李贄，就是敏銳地展示那樣的構圖之人。而且，翻閱明末清初的熱門作家例如馮夢龍或李漁的小說集的讀者一定會容易讀懂小說的基本框架，亦即立基於妓女或乞丐等被蔑視的下層庶民之真性情的道德性，與上流階級的偽善之間的對比等這類明確的主題。[24]

第三，庶民行動欠缺組織性或計畫性，換言之，是屬於自然發生的性質。起初，要求施行抑制群眾的暴動，使事態平穩地進行的統制行動的是生員等知識分子。在這些記述中，雖然這樣的知識分子的行動並非受到批評，但是其後突破統制而爆發的民眾行動，很明確地形成文章中充滿激情的最高潮。在這五位犧牲者之間，除了顏佩韋與馬傑是舊識外，其他人彼此並非曾打過照面，這也顯示這場暴動的無組織性格。如果說「政治性的」一詞，是以操作某些人來達到政治目的的技術之意來使用的話，當時的民眾行動毋寧說是具有「非政治性的」特色。林立在城牆上的民眾的怒吼，類似於渴求母乳的嬰兒的嚶嚶哭聲，未識何等政治性的技術與謀略而自然流露的真性情，在這點便是被賦予了當時的思潮中固有的意義。前引文（〈緹騎紀略〉）的最初一段所描寫的是，人們儘管具有救援周順昌的相同意志，但其行動與集體規律相差甚遠的狀況——各類紛雜眾多的人們各自奔走，盲目地被熱情驅使而行動的無秩序狀態。然而正因為如此，他們基於自然發生的真性情採取的行動，深刻地感動了讀者。如同歷來所指出的，明末民變中的民眾行動的確有一定的規律存在，例如縱火破壞貪官宅邸，但是會防止延燒到無關聯的鄰戶家宅。[25]不過，那是當作道德性的自然流露來記述，是與作為提高政治力量所採取的必要手段，而和重視組織與規律這種想法有所差異。

對於「市民」的概念，是依據恩格斯《德意志農民戰爭》的階級區分而來。恩格斯把十六世紀初期德意志的都市階級分為三種，一是反對貴族利用特權獨占財政利益的「都市反對派」；二是溫和的、合法的、富裕且有教養的「市民反對派」；三是手工業者、勞動者等的「平民反對派」。在這樣的分類下，田中氏指出中國學界即把代表東林黨的一部分讀書人、商人階層視為「市民的反對派」；而把所謂的「民變」，認為就是平民反對派發起的市民暴動。對此，田中氏指出「市民反對派」扮演的角色有其界限，這樣的分類會出現問題，例如在明末中國，所謂「市民反對派」之人物，有像是黃宗羲等抗清人士，也有像屬於東林的錢謙益等降清為官之人，還有死守揚州的史可法也曾徹底鎮壓農民動亂，因此田中氏認為在明末清初讀書人身上反映的即是動亂時期複雜的時局演變。參見田中正俊，〈民変・抗租奴変〉，收入山根幸夫等著，《世界の歴史11　ゆらぐ中華帝国》（東京：筑摩書房，一九七九），頁六一－六二。

以上闡述所欲討論的是明末民變中民眾力量的發揮，這不僅是「事實」，同時也必須將之作為當時人們共有的「主題」加以分析。當時的人們是把眼前發生的暴動的事實按照這樣的主題來理解。作為無名庶民的「五人」，就是為這個主題所支撐而突然變成英雄。魏忠賢失勢後，有許多部以遭到魏忠賢彈壓的正義派官員為題材的傳奇被製作，從其中一部〈冰山記〉可見到，「觀者數萬人」蜂擁而至，「至顏佩韋擊殺緹騎，嘄呼跳蹴，洶洶崩屋」。[26] 反過來看的話，引導當時民眾而暗默地促使他們參加那種自然發生且具有明末特有形式的社會運動的，可說正是這個主題引發的力量。而這個主題與風靡明末思想界的陽明學的基本命題是完全重合的。

像明末這樣的時代，是「民眾」在學問上和政治上都展現巨大存在感的時代。然而，其展現的方式，卻稍微帶有悖論的性質。民眾並非經由實踐讀書寫字習得「學問」，才在「學問」上受到重視。也不是透過建立政治性組織、習得能夠對抗士大夫的政治手段，才登上政治舞臺。毋寧說民眾的「不學不慮」性質和非政治的特性，才是他們在當時的思潮中受到特別矚目的理由。

在明初以來里甲制解體的背景下，無論知識分子和民眾都零散孤立地被投入競爭社會中而生的危機感。人類社會中究竟是否可能存在秩序與協同性呢？對於這個原理層面的問題，標榜既有的規範與倫理的解答是軟弱無力的。為什麼呢？那是因為在此要問的問題是，瀕臨解體危機的規範與倫理，其本身到底有什麼存在根據。發想的起點，並不是外在的規範與秩序，而是必須放在產生那樣的規範與秩序之前，沒有什麼外在羈絆且原始天生的人類本身來看。這樣的思考轉向，與其說僅是哲學思想上的開展，不如說是根植於生活於當時社會的人們其生活感覺的變化。規範與秩序的存在，是必須以萬人所持有的初始情感為起點來進行說明。世界是以活著的個人作為起點來眺望的。探究那活著的人們就是明末思想界的課題。極盡地消除「外部」的痕跡而展現出來的人類形象，就是「赤子」，也是作為「不學不慮」的存在被理念化的「愚夫婦」。而且，在當時現實社會生活的群眾，在民變高昂的氛圍中，或多或少也把自己等同於那樣理念化下的民眾形象。

二、「身體」與社會

與「致良知」並列為陽明學主要學說的「萬物一體」論，如同文字所示，是以「身體」

的比喻作為論述的核心。依據儒家提倡「萬物一體」說的先驅者北宋程顥（明道）的文章，島田虔次對於「萬物一體之仁」，有如下的生動解說：

「若夫至仁，則天地為一身，而天地之間品物萬形為四肢百體。夫人豈有視四肢百體而不愛者哉？」醫書將四肢痿痹的症狀名為「不仁」，可說表現得很妙。為什麼呢？原因在於，在那樣的情況下，雖然自己的四肢出現痛癢，但是自身卻無法感覺到四肢的痛癢，就像是變得與自己的心毫無關係的狀態。雖然是與自己是同為一體，但是對於那些痛癢卻是風馬牛不相及，這不是不仁的話那又會是什麼呢？所謂不仁，就是「氣已不貫」，意味著生命的連帶斷絕，甚至連那樣的狀態都毫無自覺。自己自身本來就是萬物，對於加諸萬物上的痛癢能真心誠摯地感覺到如同自己的痛癢，才能再度回復生意，這正是仁之所在。[27]

「萬物一體」又伴隨「生生不容已」、「生生不息」等詞語成為明末思潮的關鍵詞之一。「身體」的比喻，在明末思想可說是以「社會」、「協同性」的原初形象運作著，例舉其特徵如下。第一，對於與他者（他人、動植物，甚至包括無生物）的協同性被理解為直接的一體性，亦即，並不是以外在規範如「道德」為媒介，而就像是自己的身體受傷感到疼痛時自然拚命要求救助一般，是直接無媒介且絲毫無疑義的一體性的自覺。所謂的社會，根本就不被認為是個人的聚合，如羅汝芳云：

> 聖賢語仁多矣，最切要者，莫踰體之一言。蓋吾身軀殼，原止血肉，能視聽而言動者，仁之生機為之體也。推之而天下萬物，極廣且繁，亦皆軀殼類也。潛通默運，安知我體之非物，而物體之非我耶。譬則巨釜盛水，眾泡競出，人見其泡之殊，而忘其水之同耳。孺子入井境界，却是一泡方擊而眾泡咸動，非泡之動也，其釜同水一機，固不能以自己也。[28]

擁有肉體的個人，只不過是大釜裡的水偶然浮現水泡的狀態而已。所謂「萬物一體」不止於語言上的比喻，而是不斷擴充的自我意識本身。能感覺到當中存在的不是一個個零星散落的人們，而是充滿古今天下生生不已的天命，「故父母兄弟子孫，是替天命生生不已顯現個膚皮；天命生生不已，是替孝父母弟兄長慈子孫通透個骨髓，直豎起來，便成上下今古，橫亘將去，便作家國天下」。[29]

第二，關於「身體」的構造。談到「身體與社會」，可能讓人首先聯想到的是，譬如統治者為頭部而被統治者為手足一般，客觀地將身體構造比擬為社會構造的方式。的確，在王守仁等人的文章中不能說是沒有這樣的說法，[30]但如下列王守仁的言語，便清楚地顯示「萬物一體」說與所謂「有機體」說的差異。有人向王守仁問：「大人與物同體，如何《大學》又說箇厚薄？」對此他回答：

> 惟是道理自有厚薄。比如身是一體，把手足捍頭目，豈是偏要薄手足，其道理合如此。禽獸與草木同是愛的，把草木去養禽獸，又忍得。人與禽獸同是愛的，宰禽獸以養親與供祭祀、燕賓客，心又忍得。至親與路人同是愛的，如簞食豆羹，得則生，不得則死，不能兩全，寧救至親，不救路人，心又忍得。這是道理合該如此。[31]

在這裡的頭和眼亦即身體的重要部位，並不是被比喻為皇帝或官吏等統治者，而是比做自己與自己的至親。自己與自己的至親為中心，再來是與其他人、動物、植物……逐漸淡薄卻擴展出去的同心圓式構造，那是與以頭和眼為中心，從軀幹、四肢到毛髮、指甲……順序連接成一個身體的構造相互契合重疊。在此形塑「身體」形象的核心，並不是四肢或臟器等精密組合下客觀的身體構造，而是活著的我們經由痛覺等知覺一直到四肢末端感受到的「氣血流暢」的感覺。[32]那樣的看待身體的視線，並不是像醫學生看待解剖用屍體時一般來自外在的視線，而是從活著的自己內在所發出，朝向自己身體的視線。王守仁批評墨子的兼愛說，認為：「譬之木，其始抽芽，便是木之生意發端處，抽芽然後發幹，發幹然後生枝生葉，然後是生生不息。若無芽，何以有幹、有枝葉？能抽芽，必是下面有個根在。有根方生。無根便死，無根何從抽芽？父子兄弟之愛，便是人心生意發端處，如木之抽芽，自此而仁民，而愛物，便是發幹、生枝生葉。墨氏兼愛無差等，將自家父子兄弟與途人一般看，便自沒了發端處。不抽芽，便知得他無根，便不是生生不息。」[33]這也明確地展示出以自己和至親為中心的「萬物一體」的構造。所有人他們各自為此「身體」的中心，他們之間存在的差別化邏輯與其說是「上下」的規範，毋寧說是以自己為中心而形成差等的「遠近」關係——也就是同質性的濃淡——有關聯。

若從我們自身的關心出發的話，規制這樣的共同關係的到底是上下支配關係呢？還是平等的友愛關係呢？這可能被認為是標記陽明學在歷史上的特質的重要問題。然而，若從當時的論者來看，支配乎？平等乎？這種問題恐怕不是太重要的問題了，因為如果把社會比喻成身體的話，在身體健康且順暢地活動時，是由頭來支配手足呢？還是頭與手足相互平等協力進行呢？這種疑問沒有太大的意義。只要身體健康，兩者便不需要加以區別，哪個回答都無所謂。他們的關注焦點，是集中在原本即是同質且一體的天下萬物，回復其直接協同性的這一點上面。所謂回復到直接協同性的世界，就是指完全不需要過問是支配還是平等的世界。

總結起來，明末「萬物一體之仁」可表現為，以生活在社會的自己為中心，像同心圓般無限擴張出去的直接且無媒介的協同性感覺。這樣的協同感覺以現實的社會團體的形式展現時，首先引人注目的就是以男性世系血緣關係為媒介的集結來表現。[34]作為父系血緣關係的宗族，是中國自古以來便已存在，但對比於周代的宗法，宋代以降的宗族有獨自特色，社會學者牧野巽把其特色歸納如下。第一，相對於古宗法制度以宗子亦即嫡長子系統的本家家長作為族長，宋代以後的族長，是在人品、才能、地位、年齡與財富等考量條件下被選出。第二，按古禮規定，一般不允許祭祀比高祖更遠的（即，五代以上的）祖先，但是宋代以降，祭祀更早之前的祖先的習慣逐漸普及，藉由共同祖先的祭祀活動，將結合本族族人的範圍推展得相當廣遠。加上宋代以後的宗族擁有共同財產，能製作族譜，具有自治、自衛的機能，為了維持族人的良好生活而發揮積極的作用。[35]從以上的特徵可察覺到的是，相對於古代宗法制度的重點是擺在客觀地明確化一族內部的階級差別秩序，後世的宗族連結的形成，其重視的毋寧是以有能力者為中心，盡可能地廣泛集結族人並且彼此互相扶助。在那當中運作的不是對自己族人與其他族人加以區別的動機，而是利用血緣感覺為媒介以集結更廣泛的人群這種動機。並且陽明學者的宗族觀，也正是強調這一點。聶豹因應朋友、學生之請託，為他們的族譜撰寫幾篇序文，那當中例如提到：

> 譜也者普也。普吾之愛敬於天下國家也。……是故（《易經》所謂的）「宗之吝不若出門之無咎」，言愛敬之有所及有所不及者之可吝，而況於宗人一無愛敬而讐視如路人者乎。[36]

強調為了達到普遍的協同性，首先應該在宗族內部實踐愛敬的行為。對陽明學者而言，若說到為何宗族如此重要，那是由於宗族提供擴張到萬物一體的協同性的原像、原點。羅汝芳被問到關於宗法，他回答：「四海九州之千人、萬人而其心性渾然，只是一個天命。雖欲離之而不可離，雖欲分之而不能分，如木之許多枝葉，而貫以一本；如水之許多流派，而出自一源，其與人家宗法，正是一樣規矩，亦是一樣意思。」對此，與會群眾躍然而上，說道：「今日乃知合天下萬世以為宗，而宗始大也。」[37]

明末的社會性連結的顯著特色之一，不僅是血緣組織的盛行，還有在原本沒有血緣關係的人們之間，形成的擬似血緣關係的增加和多樣化。首先是宗族集團本身，也帶有超越實際血緣關係而發展的面向。就如明末清初大儒顧炎武感慨「五十年來，通譜之俗，徧於天下」、「今人之於同姓，幾無不通譜」，[38]只要是同姓，不管是否能證實血緣關係都編入譜系的通譜風潮在明末相當流行。這樣的風潮，對陽明學者而言絕不認為是需要指責的。羅汝芳稱讚過去祭祀不同祖先的同姓十族能合譜，如下所述：

邑（江西臨川縣）之南蓋多傅氏云。其始自開禧間，某公來居。迄茲歲餘五百，演十族，噫何其繁且盛耶。……先是十族各崇其先，各聯其屬，雖著有譜牒，其私而

> 隘也甚矣。公而同之，則自我石井先生始焉。……各族遂合祠以祀始祖，合譜以親遠派，……於是傅氏之宗禮樂文章，卓然出臨汝諸鄉右矣。[39]

暫且不論「開禧間的某公」是否為實際存在人物，前引文所述「合祠合譜」的事例，是展示明末宗族形成、擴大的動向的直接例證。也就是說，先設定過去個別的族之間有共同的祖先，再以凝聚成一族為目標進行互相認可的運動。雖然也要考慮到這可能是受到族人請託所寫的彰顯用文章，但是對於這樣的動向，羅汝芳並未嚴格地查證他們之間是否存在實際的血緣關係，認為這是「從狹隘的私到廣大的公」的行動而積極地表示贊同之意。

明末時期奴僕的激增❹，也可以從農村釋出的人們與有勢者之間締結擬制血緣關係的行動模式來解釋。如小山正明指出，當時奴僕往往改從主人家的姓氏，並且自稱義男，被視為

---

❹【譯注】學者謝國楨則指出明代蓄奴之風盛行，早在明初即已出現，認為這是受到元代貴族蓄奴遺風的影響。隨著時間推移，吳中蓄奴風氣又比北方盛行，原因在於南方的富商、士紳人數多，使得投靠富商、士紳以求規避賦役的貧人也增多，於是南方的奴僕人數明顯高於北方。參見謝國楨，《明清之際黨社運動考》，頁一七六－一八一。

擬制的家族成員。[40]當時的奴僕存在型態與主僕關係是極為多樣化的，從最親密的情愛關係到最冷酷的支配關係等各式各樣，而不能一概而論。那大概是因為主僕關係如同親子關係般，與定量、契約關係相反的直接無媒介的親近關係。

再者，增添明末社會色彩且具有特徵的社會結合方式，有被稱為「社」、「會」、「盟」的同輩關係者的水平結合。❺眾所皆知，屬於陽明學左派的泰州學派非常重視朋友間同志關係的結合，一般知識分子之間也是，在這個時期頻繁地成立詩、書、畫和練習科舉答文的結社，吸引青年才俊們加入。關於這些結社所聚集的青年們的才能，依據松江府人范濂的評語，雖然頂多是「命題就草，其間高才美質，追蹤先輩者，豈曰盡無。而間有拾得宗子相、屠長卿涕吐，湊泊俚語，便號詩人者，抑何多也。其他字畫，災紙災扇者，不可勝道」，[41]像這樣的程度而已，但是他們的目的不僅在學藝，反而是在「擇選很知己的朋友」。[42]這些結社雖然稱作「社」與「會」等，但是即如顧炎武所云「天啟後，士子書刺往來，社字猶以為汎，而曰盟、曰社盟，此《遼史》之所謂刺血友也」，[43]在接近明朝結束的時期，還出現對友人自稱「盟弟」的用語等，利用古代以來刺血締盟的印象下的「盟」字，用來表示相互緊密關係的做法，成為當時士人的偏好。不單是在交往關係上以「盟」作為名目來使用，而且肝膽相照的數名友人聚集在酒樓中或是皓月下，以實際行動組成「盟」是為明末士人社會的流行。44

知識分子社會中「盟」的流行，其背景是以當時一般民眾之間廣泛的結盟習慣作為基礎。從明末小說、戲曲中，試舉幾個庶民締結盟約方式的例子。例如李漁的某部短篇小說中，不認識的兩人在旅途偶然相遇，在意氣投合的情況下結盟。主角秦世良是廣東省南海縣的庶民，帶著二百兩到湖廣批買白米的時候，遇到同樣廣東省出身的秦世芳這位人物。兩人相互自我介紹後，秦世良說：

> 這也奇了，面貌又相同，姓又相同，名字也像兄弟一般，前世定有些緣分。兄若不棄，我兩箇結為手足何如。……兩人辦下三牲，寫出年紀生日，世芳為兄，世良為

❺【譯注】學者巫仁恕認為社、會、盟等結合團體在城市尤為明顯，原因在於城市經濟的繁榮，各類人物進入城市，這些依附城市經濟的人們，上至鄉紳，下至無賴紛紛結社組團，此風氣直到清初受政府鎮壓，於是轉入地下化為祕密會黨。參見巫仁恕，《激變良民：傳統中國城市群眾集體行動之分析》（北京：北京大學出版社，二〇一一），頁三四－四二。

弟，就在神前結了金石之盟。[45]

長安道人撰《警世陰陽夢》當中，描寫年輕時期的魏忠賢（進忠）與落魄生員的朋友在酒店飲酒的時候，認識了正在旅行的武官，接著三人締結盟約的場景，如下所述：

酒至半酣，劉嵎道：「今日我們真是異鄉骨肉了，可學那桃園結義何如？……須要擇一箇神在日，備一副三牲祭禮，神前設盟，不比尋常泛交，務要學古人金蘭厚契，雷陳固交，立定終身，不忘大義。」……明早潔誠各執信香來，李貞託進忠早已備下三牲祭禮、酒、果、紙錠、香、燭等物。齊到關帝廟中，一排跪在神前，拈香叩頭過，三人各通姓名，立誓道：「三人願為生死之交，榮枯得失，事同一人，永無二心。如有違背者，明神殛之。」就在供桌上寫了盟約，各執一紙，裂鷄歃血。八拜已罷，攜著福物，原到寓所。[46]

如前引文，要成為「兄弟」，一般而言，就要在廟宇設置供品、寫下誓紙，喝下牲品的血並且舉行敬拜神明的儀式。不過，也並不一定非要舉行這樣的儀式，在以開讀之變為主題的戲曲《清忠譜》裡「五人」締結兄弟的場面中，就只有彼此互問年齡，排列長幼順序，然而以顏佩韋的母親為主盟者朝天一拜而已。[47]或許可說這正是作者李玉突顯不拘泥表面儀式的「五人」展現其誠意的寫法。附帶一提，雖然長幼順序在原則上是依年齡決定，但是在《金瓶梅》的開頭，以西門慶為首的十人同夥在舉行結拜兄弟儀式時，提到「如今年時，只好敘個財勢，那裏好敘齒」，❻雖是小說，卻也著實有趣。[48]

❻【譯注】西門慶為首的十人同夥結拜兄弟的情節，並非萬曆本《金瓶梅詞話》原有的章回，而是經過刪改增添後，出現在崇禎本《新刻繡像金瓶梅》的新章回。據學者魏子雲的分析，提到：今日所見最早《金瓶梅》的版本，是萬曆四十五年的《金瓶梅詞話》。後來，《金瓶梅詞話》在天啟初年重刻再版，然而原本的第一回中提到項羽、劉邦沉迷於女色的內容含有政治諷諭，恐怕招來禍端，於是將項羽、劉邦等史事全部刪除，新添「西門慶義結十兄弟」作為第一回，於是《金瓶梅》的版本出現兩個系統，其一是「萬曆丁巳冬敘的《金瓶梅詞話》」；其二是「改寫了第一回的所謂《崇禎本金瓶梅》」。參閱魏子雲〈導論〉，收入允鍵主編，《金瓶梅詞話（一）》（臺北：增你智文化事業有限公司，一九八一），頁一七－一八。在西門慶等十人的結拜儀式中，說這句話的是應伯爵，場景為西門慶、應伯爵、花子虛等十人將舉行結拜儀式，當為他們主持儀式的吳道士詢問長幼順序時，眾人推西門慶居長，而西

從明末大量發行的日用類書所載民間契約與規約的書寫格式，也能窺知「盟」這樣的人際結合模式，對於當時的人們來說是稀鬆平常的情況。村裡的人們聚集起來，為了防範偷盜農作物或他人家畜踩踏破壞農田而立的誓約亦即鄉約的書寫格式，可見到如「是用會集一方，宰豬置酒，歃血預盟」、「為此會同族黨鄉鄰，歃血嚴禁」、「特會鄉眾，歃血立盟」的文句，再者，眾人出資進行共同經營時稱作「合本」、「合夥」的契約書寫格式中，也含有「特歃血定盟，務宜一團和氣，苦樂均受」的表現方式，[49]還有橫行於明末城市，被稱為「打行」的暴力團即是「飲血結盟」的不良少年們，[50]而令人感到有趣的是，清初江南農村佃農們發生田租爭議時，也有「無不醵金演戲，詛盟歃結，以抗田主」的情況。[51]

如前所述，以血緣為媒介或擬制血緣式的社會關係，決不是只有在明末才會出現。這樣的結合方式，不僅在春秋戰國時代的文獻也能見到，同時在今日中國人社會中仍然發揮強力的作用。[52]不過，在明末的這個時代，相較於其前後時期，就當時大量出現民眾集團的這一點來看，確實是應該多加著墨的時代。從安定的鄉村秩序的解體中釋出的零散個人，他們為了在競爭社會中生存，在新的客觀化全體秩序的架構建立之前，他們不得不製作出藉由血緣式人我一體感締結的人際關係。未持有這樣的關係而陷入孤獨，意味著等於是遭遇逆浪卻連一片浮木也沒有的狀態。明末人們所追求的協同性，並不是以自立的個人為前提下形成的公民社會規範，而是將以自身為起點如同血緣聯繫般無庸置疑的人際關係盡可能地擴展出去。所謂陽明學的「萬物一體之仁」，即是深植於當時人們所抱持的那樣的心情之中。

結語

以深植於明末社會現實面上的社會思想來看陽明學的時候，該如何評價其歷史性質？應

門慶認為應伯爵年紀較大，理應居長，應伯爵則以這句玩笑話來推辭。參見（明）笑笑生著，國立政治大學古典小說研究中心主編，《（新刻繡像批評原本）金瓶梅》（臺北：天一，一九八五），第一回〈西門慶熱結十兄弟　武二郎冷遇親哥嫂〉，頁五。另外，關於與西門慶結拜的兄弟們其姓名亦各有寓意，據學者商偉指出，像是卜志道的諧音如同「不知道」，應伯爵即是「白嚼人」，也就是「耍嘴皮和白吃白喝」之意等例子，反映作者運用雙關諧音為這些人物取名，不無帶有向讀者透露這些人物的行為與人品的用意。參見商偉，〈復式小說的構成：從《水許傳》到《金瓶梅詞話》〉，《復旦學報（社會科學版）》，二〇一六年，第五期，頁二三。

該認為雖然含有舊道德的殘渣，卻是促進明末社會發展的進步思想？抑或應該認為雖然一定程度上呼應社會發展，但是把重點放在將社會發展限制在舊道德框架內的反動思想？在本章結論中試著商榷的是，像這樣的問題的成立，是以如下「社會發展」的理解作為其不言自明的前提。也就是，從現在的立場用高高在上的目光俯瞰過去，認為歷史就是如同河流般不可逆的社會發展——從舊威權主義式的秩序朝向抵抗權威、解放人身的方向。上述有關陽明學的歷史地位的提問，是以這類社會發展觀念作為前提，去探求河面上飄浮著陽明學這條船的方向性（是逆流？還是順流？）。然而，像那樣如同河流般不可逆的社會發展的理解——那確實是在歷來社會經濟史研究中形成暗默的模式——其本身的確也是西洋近代世界觀的產物。

就生活於明末的人們的感覺來說，他們所關心的，與其說這條河會流向何方，不如說是從安全的深淵被推到激流中載浮載沉的自身如何不溺斃的這件事。在他們來看，安住於既有道德的道學先生，會被視為對現實社會中人們的苦戰惡鬥毫無感覺的既無力又偽善的存在。他們反而會迫切地希望去確認人類原本就是有志於協同性的存在，再加上他們也會想在處於載浮載沉狀態的人們彼此之間，拚命地尋找能依賴的對象、能互助的夥伴。或許可以大膽地說，這樣的感覺在當時廣泛的人群間雖是不明確的形式卻是共有的感覺，而那種狀態就是在大眾生活感覺的層面上，形成能支持作為哲學思想的陽明學「良知」論與「萬物一體」論的共鳴基礎。

作為哲學思想來看的話，島田虔次指出「他（王守仁）的『格物』即是『致知』之說，而致良知之說，終究而言，與其說是具有體系的學說，毋寧是以了解＝實踐的方法作為本義的學說」，[53]在社會思想的層面上，陽明學也並不是在人們面前提示理應有的社會之完整願景——無論是「近代的」社會，或是「封建的」社會——的那類學說，反而是直接為生活於明末混亂期的人們其生活感覺、社會感覺所代言的學說。那樣的性質，是促使明末陽明學流行的優點，同時也是在清朝的秩序恢復期導致陽明學衰退的缺點。

即如同時代對陽明學的批評者所指出，陽明學的弱點在於，判斷的基準在於自己的內心，其結果是陷入一種循環論，也就是說保證其判斷的正確性終究也只有自己本身。[54]陽明學主張萬物一體，「與愚夫、愚婦同的，是謂同德」。儘管那樣的世界觀在主觀觀點來說沒有包含任何矛盾，但當每個人各自根據「良知」的主張在現實社會中發生衝突時，很明顯地陽明學並不具有判斷其正邪、解決矛盾的機能。張居正或東林黨等有志於重建秩序的政治家之所以對陽明學，特別是陽明學左派被加以批評，不僅是因為陽明學的如此特質被認為在解決明末社會的混亂上顯得無力，而且甚至是導致混亂的元凶。雖然高唱直接且無媒介的協同性，其結果卻是淪為追求利益的手段的擬制血緣關係的氾濫，這就嚴謹的經世學家來看是相當令人不愉快的。

不過，既然陽明學是深入扎根於明末混亂期社會需要的思想，就在相似的秩序解體時期中，會再次出現那樣的基本命題可說是理所當然。島田虔次分析清末譚嗣同身上反映陽明學的「再現」，[55]便展示了這樣的實例。

注釋

1 雖然我在思想史方面原是外行，對於陽明學的理解仍有淺薄之處。在此羅列撰寫本章內容時主要參考的陽明學相關研究文獻，以下所舉僅以著書為限。黃宗羲，《明儒學案》。侯外廬等主編，《宋明理學史（下）》（人民出版社，一九八七）。荒木見悟，《明代思想研究》（創文社，一九七二）。同作者，《陽明學の展開と仏教》（研文出版，一九八五）。荒木見悟等編，《陽明學大系》，全十二卷（明德出版，一九七一－七四）。岩間一雄，《中国政治思想史研究》（未來社，一九六八）。同作者，《中国の封建的世界像》（未來社，一九八二）。奥崎裕司，《中国郷紳地主の研究》（汲古書院，一九七

八）。島田虔次，《中国における近代思惟の挫折》（筑摩書房，一九四九）。同作者，《朱子学と陽明学》（岩波新書，一九六七）。溝口雄三，《中国前近代思想の屈折と展開》（東京大學出版會，一九八〇）。

2 島田虔次，《中国における近代思惟の挫折》（新版，筑摩書房，一九七〇），頁三二一。

3 島田虔次，〈ある陽明学理解について〉（《東方學報》，四十四號，一九七三），頁二二二。

4 《傳習錄》（中），〈答羅整菴少宰書〉。

5 關於如何看待這樣的明末清初社會現象，雖然是簡單的內容，但是我在〈明末清初的地方社會與『輿論』〉（一九八七，本書第一章）這篇小論中闡述私見。而本章則是有從思想史方面在前者的論述上進行補強之意。

6 《近溪子集》，射卷。

7 《雙江聶先生文集》，卷八，〈答東廓鄒司成〉。文中引用內容取自《孟子》，〈盡心（上）〉、〈離婁（下）〉。

8 《焚書》，卷三所收。有關明末人們對於「童心」一詞抱持的印象，在溝口雄三，前揭注1書，頁二一七以下有饒富深意的分析。

9 《近溪子集》，書卷。

10 《詩經》，〈大雅．烝民〉。

11 《易》，〈繫辭傳上〉。

12 以上出自《中庸》，第六章、第十二章。

13 《近溪子集》，書卷。

14 《世經堂集》，卷十一，〈送少尹王君董餉還華亭序〉。

15 關於民變關係的研究文獻，參照谷川道雄、森正夫編，《中国民衆叛乱史4》（平凡社東洋文庫，一九八三），I〈明末清初の都市暴動〉（夫馬進譯注）附載的參考文獻表。

16 關於「開讀之變」的經過，參見田中正俊，〈民変・抗租奴変〉（《世界の歴史》11，〈ゆらぐ中華帝国〉新訂版，筑摩書房，一九七九）。在該篇論文中，由於作為提供普遍讀者閱讀的書籍，因此沒有標示文獻出處來源，但是文中善加利用同時期的史料的修辭，生動地敘述民變的樣貌，在日本的明清史學界中，無疑是形塑民變形象的一大力作。

17 收入《頌天臚筆》，卷二十二。以下有關開讀之變的相關文獻特質，其詳細內容可參照下一章。

18 收入《頌天臚筆》，卷二十二。

19 收入同前書同卷。

20 關於確認「開讀之變」的「事實」的難度，以及「事實」與「主題」的區別，實有深入考察的必要。考慮到這一點，於是嘗試從「開讀之變」形象的形成過程的觀點來討論當時地方社會的樣貌，其內容為次章收錄的〈「五人」像的成立〉。

21 姚希孟，〈開讀本末〉，收入《周忠介公燼餘集》，卷四。

22 《傳習錄》（下），七十一。

23 田中正俊，前揭注16論文，參見頁六一－六二。

24 關於馮夢龍的社會觀與開讀之變的具體關聯，參見山口建治，〈馮夢龍《智嚢》と開読の変〉（《東方学》，七十五輯，一九八八）的討論。

25 一六〇一年織傭之變的相關研究中，有多數的研究都注意到這一點。例如田中正俊，前揭（注16論文，頁四七－四八）。

26 張岱，《陶庵夢憶》卷七。

27 島田虔次，〈中国近世の主観唯心論について〉（《東方学報》，第二十八號，一九五八），頁一五。

28 《近溪子集》御卷。

29 《明儒学案》卷三十四，〈泰州學案三·近溪語錄〉。

30 在王守仁的「拔本塞源論」（《傳習錄》中，〈達顧東橋書〉）裡的理想社會論與有機身體說之間的相似與相異之處，於島田氏的論文（前揭，注27）中已有討論。關於這一點，也與文末「補論」中加以補足。

31 《傳習錄》下，七十六。

32 道教與中國醫學的身體觀，認為身體的本質，並不是固定的場域而是「流動」的形態，關於這一點，是受到石田秀實《気·流れる身体》（平河出版社，一九八七）的啟發。

33 《傳習錄》上，九十六。

34 關於將具有男性世系血緣關係視作「同氣」、「一體」的觀念，參照滋賀秀三，《中国家族法の原理》（創文社，一九六七），第一章。

35 牧野巽，《近世宗族研究》（日光書院，一九四九），第六頁以下。

36 《雙江聶先生文集》卷三，〈社州蕭氏族譜序〉。

37 《近溪子文集》卷三，〈宗說〉。
38 《日知錄》卷二十三，通譜。
39 《近溪子文集》卷三，〈臨川傅氏十族祠田記〉。
40 參照小山正明，《明清社会経済史研究》（東京大學出版會，一九九二），第二部收錄〈明末清初の大土地所有〉、〈明代の大土地所有と奴隷〉等論文。
41 《雲間據目抄》卷二。
42 謝國楨，《明清之際黨社運動考》（臺灣商務印書館人人文庫，一九六七），頁一四五。另外，以萬曆年間為時間設定的清代小說《金蘭筏》中，出現僅是「世上的人，沒有一個獨立的。獨我田月生，空讀了滿腹詩書，竟不曾交得一個朋友」的理由而發起詩文之社的鄉紳家子弟的情節。
43 《日知錄》卷二十二，〈社〉。關於「刺血之友」，參照《遼史》卷九十，〈耶律信先〉傳。指的是耶律信先之父瑰引與興宗是「刺血之友」，而耶律信先曾對興宗說：「先臣瑰引，與陛下分如同氣」。
44 關於像這樣的明末的盟，歷來並沒有很多的研究出現，若提到士人的盟的實例，可參照孟森，〈橫波夫人考〉（《心史叢刊》二集，一九一六）等。
45 《李笠翁小說十五種》（浙江人民出版社，一九八三），〈遭風遇盜致奇贏 讓本還財成巨富〉。另外，這部小說將時間設定在明中期弘治年間，其內容能夠反映明末風俗情況。
46 《警世陰陽夢》（春風文藝出版社，一九八五），第一回〈涿州聚黨〉。
47 《清忠譜》（人民文學出版社，一九九〇），第二折〈書鬧〉。
48 《金瓶梅》，第一回〈西門慶熱結十弟兄 武二郎冷遇親哥嫂〉

49 關於這些收錄在日用類書的契約格式的實例，參照仁井田陞，《中国法制史研究　奴隷農奴法・家族村落法》（東京大學出版會，一九六二）第十三章、第十四章。關於這類的「約」，從中國社會秩序論的觀點進行分析的研究，有寺田浩明，〈明清法秩序における「約」の性格〉（收入溝口雄三等編，《アジアから考える》4，〈社会と国家〉〔東京大學出版社，一九九四〕）。

50 崇禎《嘉興縣志》卷十五，〈里俗〉。

51 黃中堅，《蓄齋集》，卷四，〈徵租議〉。

52 增淵龍夫在《中国古代の社会と国家》（弘文堂，一九六〇）中談到的中國古代「任俠的習俗」，放在考慮明末社會集團的層面上也是具有啟發性的。

53 島田虔次，前揭注2書，頁四〇。

54 島田虔次，同前書頁五九－六〇所引顧憲成的見解，另外，可參照荒木見悟，《明代思想研究》，第三論文〈湛甘泉と王陽明〉。

55 島田虔次，前揭注27論文。

後記

作為本章之原型的論文〈中国中世における民衆と学問〉，收錄於木村尚三郎等編《中世史講座》8〈中世の宗教と学問〉（学生社）。一九八八年接受請託，同年提出原稿，並於一九九三年出版。這次將此論文收錄於本書中，除了使格式與其他論文統一，也進行以下的改訂。第一，由於舊稿的題目是取自編輯部，因此後來改為更貼近內容的題目，而且刪除與舊題名有關的議論內容。第二，特別是第一節關於開讀之變的部分，以及第二節有關合族與盟約的部分，進行了史料引用的增補與替換。第三，寫成舊稿後仍然在意的部分以及近年出版的文獻，都在本文的注釋中加以補述。第四，在引用史料的內容上增添文獻的原文。以上的改訂並未涉及論旨，有關論旨的文章內容幾乎未有變更。關於學界惠予舊稿的評論，於本章文末的〈補論〉進行介紹，同時也闡述個人的若干私見。

補論

作為本章之原型的論文，縱然是思想史的門外漢的未成熟作品，仍有幸收到專家學者們的評論。當中尤其是溝口雄三氏，在關於大架構方面給予懇切的評論（溝口雄三等著，《中国という視座》，平凡社，一九九五，頁一一五）。深切感謝的同時，在此也試著將自己的思考重新整理修正。

溝口氏的評論旨趣大略如下。將本論文的論旨分作：①明末民眾之間共同感覺的存在；②陽明學具有的協同性趨向；③在社會混亂期間，民眾以尋求協同性的心情追求陽明學，整理出如前的三段論法，並且指出「雖然同意①與②的論點，但是能因此產生③的命題嗎？」的疑問，又提出問題：該如何看待東林黨人士當中也存在的「協同性的感覺」，以及尊重地方和基層民眾的「公論」的議論？——也就是說，像這樣的協同性的感覺，應該不僅只存在於陽明學吧？接著，溝口氏提出自己的見解，綜整如以下三點：①「所謂的明末（這時期到底是否特別顯著，也是需要檢討的——溝口）的協同感覺與陽明學之間存在著特別強烈的共鳴作用這一觀點，看起來是沒有根據」。反倒是對於支撐鄉村秩序的民眾，從陽明學徒、從東林黨，在禮教秩序的構築等各方面，有著各式各樣的反應。②將陽明學特定為「深刻扎根於混亂期或秩序解體期的思想」，是單方面的見解，其實能見到朱子學以及所謂的經世致用之學也都是秩序混亂期的產物。不應該無視於陽明學的恢復鄉村秩序的目標。③清末譚嗣同的「仁」，與陽明學以血緣原理為核心向外擴展到家族、鄉村共同體的仁，兩者在本質上是互異的，所謂「衝決網羅」的「平等」性的時代特質，絕對不應該說是陽明學的「再現」。

溝口氏的批評主要集中於，本稿未能清楚明確地討論在明末思想界全體中，甚至整個大的時代性推移過程中，究竟把陽明學放在什麼位置？為了討論這個問題，首先有必要就個人私見明確地論述「何謂陽明學」——至少在本論文中我是認為「陽明學」的意義為何。若將陽明學暫且定義為「當時被視為陽明學派的人們的思想」，則溝口氏所謂「鄉村秩序志向」等多數的陽明學者具有的傾向，或許也可視為組成「陽明學」基本內容的一部分。不過，從當時常識性的見解來看，某位人物無論是自稱或他稱被認為是「陽明學派」的基本條件，幾乎無關於這個人的社會性實踐志向為何的問題——例如鄉村秩序志向或國家秩序志向等——而可說是他毫無保留地接受「致良知」說和「萬物一體」說這一點。這樣的說法在某種意義上是極為常識性的見解，或許會被視為承襲既有研究的陳腐見解，但是就個人私見，明末當時常識性的「陽明學」認識本身，即是這樣的內容。

在此須留意的是，「致良知」說與「萬物一體」說，其本身並不一定支持某種特定且具體的社會秩序的願景。陽明學者論及社會秩序時，有些人會強調君臣、主僕的上下關係，也有些人會熱烈稱揚朋友間的水平關係。有人會試圖利用鄉約等實踐「由下而上」建立鄉村秩序，也有人會鼓吹抽象的一君萬民式的忠義。從封建論和郡縣論這兩個當時代表性的秩序範式來說，陽明學與哪個範式都同時並存。原因在於陽明學的主張其核心，並不是討論各式各樣的秩序範式之間的孰是孰非、孰優孰劣，而是相關於社會秩序論更深入根源的層級——人類社會中到底可能存在秩序、協同性與否，以及人們究竟能否意識且實現那樣的秩序、協同性。

所謂更深入根源的層級，譬如以下所示意義。不僅是中國而且在一般人類社會來說，只要是建構社會就必須存在道德與規範。此時將遭遇永遠的難題，也就是能否「存在」從全體社會來看的善？並且我們要如何判斷那樣的善？並非出於先驗的「社會全體」，而是從每個人自認的善出發，即使如此又如何達到關於全體社會的善的共通認識？這是西方社會思想上的重大問題，而社會契約論與「最大多數的最大幸福」論等，可說是嘗試回答前述問題的各種答案。然而，那樣的嘗試並不一定會成功，就像原理上的自由意志主義與共同體主義者之間的對立至今仍持續著。

陽明學驚人之處在於，它是從徹底重視人的現成內心這一極端「自我中心」的立場出發，然而主張自己內心的善必定直接一致於毫無遲疑的全體社會的善。這個衝擊性邏輯，憑藉當下的自我其實就等同於社會全體的「萬物一體」世界觀才可能成立。在追求自己利益的人們彼此鬥爭的現實中，全體社會的善若不克服人類的現成狀態是無法達成，這應該是自然而然會有的感覺，但是陽明學有意識地排除那樣的立場，欲展示現成的自我即與全體社會的善是一致的理論。那當中我們感到悖論式的緊張感，以及想要一鼓作氣用不容折衷、單純到底的邏輯來尋找徹底解決的陽明學特有的緊迫氛圍。如果我們只注意到陽明學者的具體行動、言說的外在這一面來試圖檢測其「自由」和「平等」的程度，恐怕是無法充分掌握陽明學特有的如此緊迫氛圍。

如同溝口氏所述，對於庶民的重視和萬物一體的感覺等，並不是僅在陽明學派才得以見到，而是能感受到這是包括東林派等許多人們所共有的當時「風氣」。明末的陽明學派和東林派（乃至朱子學派），雙方都扎根於社會現狀的危機感，也都對秩序與協同性抱持著深切關心。在這層意義上，東林派與陽明學派是直接面對明末秩序解體下誕生的雙胞胎，因此只有陽明學派才是與明末秩序危機有關這種看法可說是錯誤的。不過，陽明學之所以成為陽明學的特質在於向「內」的徹底性，以及把所有議論的出發點放在不容懷疑的人類原初情感這種態度，這些特色還是十分獨特。陽明學的課題，並不是東林派或所謂經世致用學派他們視為主要關心對象的「什麼樣的秩序是不適切的，而什麼樣的秩序是最理想的」這類問題。反而是在那之前的問題，也就是「終究（真正的）秩序、協同性是可能的嗎？」、「要如何去認識那樣的秩序與協同性的存在呢？」的問題，是一種想將看起來游移不定、疏離冷淡的世界奪回當作自己可以確實掌握之物的欲求。我們從羅汝芳等人的議論中看到的是，基於誰都領會的帶有身體性的切實的共同感覺，而且作為社會論來看是極度無內容的社會型態。「人這個生性，性這樣良善，官人與輿人一般，漢人與夷人、雲南人與天下人一般，大明朝人與唐虞朝人也是一般」，像這樣的斷言，並不在意各種各樣的社會之間歷史與地域上的差異性，只是一味地專注於無矛盾的人類社會原本的樣貌。在此要表達的，並不是特定的社會秩序的完整的願景，而是超越歷史的血親之間喜樂融融的感覺而已。這種無內容感本身，與理論上的深入根源的性質互為表裡，即是陽明學的特色。陽明學派描繪的社會樣貌，雖然其非歷史的內容令人吃驚，但是若反過來說的話，這正是尖銳地刻畫上十六世紀明末社會的刻印。按一般的說法，陽明學是相當著重實踐。然而，陽明學的本領並不在於指定其實踐的內容。具有實踐性的思想，以及其思想內容是指向某種具體的社會願景，我想這兩者還是應該要加以區別。

溝口氏提到，王陽明的仁，是以血緣倫理（孝悌）為核心向外擴張的家族、鄉村共同體的仁，是與譚嗣同所指平等的仁，兩者具有時代性的差異。然而，就私見所及，王陽明對於血緣倫理的重視，其關注的並不是在否定平等、著重血緣上下關係。王陽明批判墨子的兼愛，也不是在批判墨子所謂的愛過於廣泛。反而是說，這是因為王陽明感受到壓抑對於至親的愛這種自然情感而來的兼愛，不可能是發自內心的真實之愛。他所強調的，到底是在無限延伸出去的協同性應該是扎根於人類自然情感而自內發出的（如非這樣，沒有力量擴展）這一點上，而根本不是在血緣倫理的特權化。

無論如何，包括上述論點，王陽明與譚嗣同兩人的議論具有頗大的差異，僅用「再現」來形容，的確是過於單純，這是自不待言的。不過，當試著回顧中國史的宏觀脈絡，確實可以說，在危機的時代、不安的時代，單純且直接的萬物一體式世界觀凌駕於重視差別、區別的世界觀之上而反覆地出現。無論是莊子的萬物一體論也好，還是陽明學也好。就依據貫通宇宙而無限擴大的自我感覺這一點來看，譚嗣同的思想也可說是屬於這類譜系。這樣的印象究竟正確與否，有待專家學者的判定，但在這層意義上，我引用了島田氏「再現」一詞。

最後，再來談談本文提到關於有機體說與萬物一體論之間的關係。島田虔次關於王陽明的拔本塞源論（描繪每個人發揮各自不同的才能，勞動於各自不同的職業，宛如一家親般的理想社會）提到，「那的確是一種，甚至幾乎就是典型的有機體說」，同時又說：「……在典型的有機體說，個人與國家社會的關係就是部分與全體、不完全狀態與完全狀態的關係。完全的狀態是作為『善美者』持有『權威』。《羅馬書》提到『要照著神所分給各人信仰的度量』，所以社會不平等是必然的。……社會機能的分化正是為了因應那樣的啟示或合理化那樣的啟示而存在。然而與此對比，在陽明的所論中，人類根源性平等的主張已經顯著地優勢化。」（〈中国近世の主観唯心論について〉）島田在這裡主要就「平等與否」這一點來討論有機體說與拔本塞源論之間的差異。關於「有機體說」該如何定義，有各種不同的看法，現在的我並沒有統整這些看法的能力，但是在本文中我想討論的，與其說是「平等與否」，不如說是比較有機體說具有「差異的相輔性」的觀念與陽明學的「萬物一體論」的異同。在此姑且把有機體說的那一特色歸納為「擁有各式各樣職能的人互補地進行活動，同時互相連結產生關係，目標是形成自給自足的全體性」的社會構想（引自甚野尚志，《隠喩のなかの中世》，弘文堂，一九九二，頁一二三的內容）。這樣的社會觀，歐洲自不待言，在日本、伊斯蘭世界（參照鈴木董，〈オスマン・トルコ社会思想の一側面——有機体的社会観の展開——〉，《イスラム世界》，第十四號）也能廣泛地見到。在那當中，有些論者著重上下支配關係，也有些論者強調維持世襲承繼「家業」。然而，「有機體」的比喻，並不一定要套用在像那樣「生硬的」社會像。那其實可以用來描述藉由自由的職業選擇所形成的基於人類之間平等分工關係的社會。「隨著個人變得更加自律，而更緊密地依賴社會」，在用高等動物的身體構造譬喻那種文明社會的涂爾幹（Émile Durkheim, 1858-1917）其「有機連帶」（organic solidarity）論中，[7]便可以看到這樣的例子。

有機體說的核心之一，與其說在平等與否、世襲與否，毋寧說在由相異者——正是相異之故——互補地連結起來形成一個整體這一點，若我們可以採用這個看法的話，王陽明的拔本塞源論是否含有這樣的主張便是問題所在。那是因為作為陽明學的協同性的基礎而反覆使用的詞彙是「同」而不是「異」，這是無庸置疑的。在拔本塞源論中「身體」的比喻的部分，如下所述。

> 蓋其心學純明，而有以全萬物一體之仁，故其精神流貫，志氣通達，而無有乎人己之分，物我之間。譬之一人之身，目視耳聽手持足行，以濟其一身之用，目不恥其無聰，而耳之所涉，目必營焉，足不恥其無執，而手之所探，足必前焉。蓋其元氣充周，血脈條暢，是以痒疴呼吸，感觸神應，有不言而喻之妙。

當然，雖然有機體說重視「相異的」各部分的機能，但是那個「異」並不是作為脫序

（anomie）❽的「異」，在那當中必須是以一定的協同性當作前提，以說明又均衡又完善的社會如何能夠成立。從這一點來思考的話，有機體說與上述王陽明的言論之間似乎尚未能劃出一條明確的分界線。然而，若是有機體說所強調的「精妙」之核心在「相異者間的互補性」的話，那麼在這段言論中王陽明感嘆的「妙」，毋寧說是「精神流貫，志氣通達」下，人己、物我不分的感覺，也就是說，連協同合作的意識都沒有的徹底自然的境界。首先正是

---

❼【譯注】涂爾幹於一八九三年將社會連帶（social solidarity）區分為：機械連帶（mechanical solidarity）和有機連帶（organic solidarity）。前者的形成是以個人的相似性為基礎，相互依賴的程度低，集體良知的形塑是來自對權威的服從，此連帶關係是盛行於人口少且物質生活標準低的較未開發的社會；後者則以強調個人互補性的分工為基礎，相互依賴的程度高，其集體良知來自個人主動反省，此連帶關係是盛行於人口多且物質生活標準高的現代社會。參見戴維．賈里、朱莉婭．賈里作，周業謙等翻譯，《社會學辭典》（臺北：貓頭鷹出版社，二〇〇五），頁四一八－四一九。

❽【譯注】脫序（anomie），亦即「無規範」，是一個社會學的概念，為法國社會學家涂爾幹提出。他認為對於人之原始本能（如慾望或需求）的限制，都不是「自然的」而是出自人為的社會產生。於是，當該社會內部無法形成具有限制作用的社會規範時，就會出現「脫序」，而不幸與社會混亂就會接續產生。參見戴維．賈里、朱莉婭．賈里作，周業謙等翻譯，《社會學辭典》，頁二二一。

有這份「同心一德」的一體感，才使耳目、手足的分工能自然而然地產生。一開始便強調自他不分的同質性的這一點，終究能看出陽明學與有機體說兩者間關注點的差異。

像島田氏所言，王陽明的這篇論述或許得以見到「對於人類的根本上平等的主張」。然而，必須留意的是，所謂「平等」或「支配」的觀念，原本就是以人和人的他者性當作前提才具有意義。正是因為甲這個人與乙這個人之間的欲求有所差異，所以「乙必須順從甲」或是「彼此無法強制對方」等的主張才出現。不過，若假設「所有各個主體都沒有個別意志的無媒介的一體化狀態」（引用寺田浩明，〈合意と斉心の間〉，森正夫等編，《明清時代の基本問題》，汲古書院，一九九七，頁四三八），則由於甲和乙想要做的事是一樣的，因此那種關係無論是「平等」還是「支配」其結果皆是不變。王陽明追求的社會應有的狀態——或是本來的狀態，是連問「平等」或「支配」都毫無意義的社會狀態。

當然，對於這樣的議論也會有駁論。譬如陽明學真正當作目標的，無論是人類的平等還是以地主為中心的鄉村秩序的維持，都具有某種特定的社會願景，良知說和萬物一體說都是為此而使用的修辭法。歷來研究者討論陽明學和明末社會的關聯而試圖賦予陽明學歷史定位時，他們的努力大多是朝向這樣的方向進行。然而，我未必認為只有那樣的方向，才是賦予陽明學歷史定位的方法。歷史上大規模的變動期，或多或少會產生不是探問各種秩序的彼此優劣而是探問秩序到底為何能夠存在這種原理性思想。探視穩定的秩序與秩序之間出現的黑暗隙縫的人們，他們往往會被吸引到那些在秩序穩定時期被遺忘或被視為過於籠統而受到忽視的問題。在這個意義上，陽明學派在明末的儒學思想界中，可說是最直接地追求那樣問題的人們。

溝口氏與我的相異之處，可能是在討論明末社會與陽明學之間的關係時採用的如下不同思考理路，即溝口氏是以「鄉村秩序」一詞作為關鍵詞，分析具體的鄉村狀況與陽明學者具體的實踐性導向之間的關係；相對於此，我則是把一般人對於社會秩序懷有的莫名其妙的不安感與極為抽象層次的陽明學的秩序感覺之間的關聯當作問題。在本論文中，雖然我的確是討論民變和宗族等社會問題與陽明學的哲學性命題之間的「具體關聯」，但是那並非以陽明學者志於建立的某種完整社會藍圖為媒介的「關聯」，毋寧是討論他們使用的修辭法等之中，可感受到的當時社會風氣與陽明學內容之間的氛圍的、感覺的共通性。我覺得陽明學之所以為陽明學的特質，在於作為實際的社會理論來說是過於根本性，可以說是一種衝決無礙的空空漠漠。這並不是貶抑陽明學，反而我必須表白陽明學的這種特質正是讓我感到新鮮的驚奇和切實的歷史學興趣。相對於溝口氏是為思想史學的專家，我則是以社會經濟史領域為專業的人，考慮這點，兩者對陽明學的看法之如此差異饒富趣味。當然，或許我對於陽明學的內容有誤解之處，尚祈各界專家學者斧正是幸。

「五人」像的成立：明末民變與江南社會

第四章

chapter 4

前言

天啟六年（一六二六）三月，受天啟帝寵信並在北京專擅權力的魏忠賢，為了逮捕原吏部主事周順昌，派遣緹騎到周順昌的故鄉蘇州，當作是鎮壓反對魏忠賢的士大夫們的行動之一。為了抗議以清廉忠義聞名的周順昌被逮捕，許多蘇州的生員與庶民，蜂擁聚集在進行開讀（宣讀敕旨）的西察院，由於民眾與緹騎之間產生小衝突，造成緹騎中的一人被民眾毆殺的事件。在知縣等的勸說下，生員和民眾各自解散，其後，周順昌被祕密地押解到北京，歷經拷問後死於獄中。另一方面，巡撫等官員搜索首謀者，除了將顏佩韋等五位庶民當作首謀，將他們斬首梟示，並且剝奪五位士人的生員資格以示處分。

一般被叫做「開讀之變」的這則事件，以及作為首謀被處刑的「五人」庶民，其後經過小說與戲曲的渲染，在整個清代以鮮明的形象傳頌於廣泛士民之間。趙翼《陔餘叢考》卷二十〈蘇州擊閹不始於顏佩韋〉中，提到「蘇州周順昌被逮時，緹騎被擊，至今顏佩韋等五人嘖嘖人口，然此風有先之者」，並列舉成化年間府學諸生襲擊宦官王敬等人、嘉靖年間長洲市民襲擊織造太監張志聰、萬曆二十九年（一六〇一）織傭之變等以蘇州為事發地的反抗宦官之民變事例。[1]❶即如趙翼指出的，「開讀之變」只不過是明代後期在蘇州發生的幾次反抗宦官的民變事件之一而已。然而，從趙翼把同類事件並列以試圖喚起讀者注意這件事本身來看，可說是在清代中期，「開讀之變」作為一則有名的事件，其膾炙人口的程度甚至導致其他類似事件反而變得黯然失色。

❶【譯注】清人趙翼對於地方民眾對抗宦官的事件，進行了一些文獻回顧，提到：「蘇州周順昌被逮時，緹騎被擊，至今顏佩韋等五人嘖嘖人口，然此風有先之者。《寓園雜記》：『正德中有妖人王臣，同中官王敬採藥各省。至蘇州，凡江南之書畫器玩，檢括殆盡，復以妖書數十本，命府學諸生手抄，屢抄不中，實欲得賄。諸生無所出，因致罰於學官。有生員王順等數十人大怒，適樵擔至，遂各取一木將擊臣。臣懼避匿，其下人皆被毆。中官奏諸生抗命，賴巡撫王恕持之，因奏二人不法，王臣遂斬於市。』亦見《明史．陸完傳》，乃成化中事。』又《湧幢小品》載：『蕭景腆為長洲尉。有織造太監張志聰恣橫，長洲令郭波持之，志聰憤，執而倒曳之車後。景腆率所部官兵直前追奪，手批志聰，落其帽。市民觀者，咸張氣，梯屋飛瓦，群擲志聰，志聰遁去。吳中為景腆立「仗義英風」之碑於長洲縣門此事亦見《明史．吳廷譽傳》，廷譽以此事劾罷志聰者也。』又《明史》本紀：『萬歷二十九年，蘇州民變，殺織造中官孫隆參隨數人。』然則擊閹事，有明一代蘇州凡四見。」參見（清）趙翼《陔餘叢考》，收入《續修四庫全書》，第一一五二冊，卷二十〈蘇州擊閹不始於顏佩韋〉，頁一六b—一七a。

近年的研究史中，有不少研究論著探討這則事件。雖然有繼承傳統上彰顯「正義派」論調的研究存在，[2]但是在二戰後以來日本的研究，將此事件賦予與明末社會發展相連結的歷史定位，可說是逐漸變成關注「開讀之變」的主要方向。[3]藉由這些研究，除了大量蒐集與此事件有關的史料，同時也分析形成暴動之背景的社會階級對立。以這樣的研究成果為基礎，在本章中比起探究此事件的「事實」，更關注的是此事件在當時的地方社會上，經由各式各樣的人們如何地描述，從而廣泛地讓許多人留下深刻印象的過程。其理由在於，此事件的規模並不算大，但是作為擄獲人心的戲劇性事件且傳布開來的這個事實當中，或許能夠發現與明末地方社會面臨的課題有關的令人感興趣的問題。前章曾討論當時的「民變」中描繪「民」的形象，被賦予與明末盛行的陽明學中的「良知論」交互重疊的思想上的固有意義。然而，關於「開讀之變」的印象其具體形成過程，在前章尚未能處理。因此在本章中，將以在「開讀之變」發生後，有哪些與事件相關的文獻問世，又經由什麼樣的人們之手書寫、流通等議題為焦點，並且嘗試追蹤像這樣的事件，特別是「五人」庶民的風貌，以特定的形象固著於人們腦海中的過程。

一、關於「開讀之變」的初期文獻

今日流傳的「開讀之變」史料，大部分是自魏忠賢倒臺後的崇禎元年（一六二八）以後所寫成的。那麼，這些文獻又是依據什麼樣的資料寫作而成呢？據部分史料提到，周順昌被逮捕的時候，持香聚集的群眾達「萬餘」，[4]即便這個數字稍嫌誇張，卻反映在事件現場附近的目擊者人數眾多。不過，很難想像在毫無立錐之地、群眾沓雜的西察院前庭，於混亂中所發生的事件始末，竟能以清楚明瞭的輪廓，立即傳布在蘇州的人群之間。

開讀之變發生後不久的時期所寫作的文獻，可謂較好地提示當時人們對於這件事有多少認識、又如何看待。這些史料中，就今日得以利用的部分，分為如下若干種類：第一、報告事件經過的官員的上奏文。當然，當時人也都知道像這樣的官員報告多為捏造內容，但即使如此這些上奏文，對於北京自不待言，而對於蘇州的人們來說，是關於事件發生之初的重要資訊來源。第二、在暴動現場親見實況的人們的回憶。這些回憶內容不一定立刻寫於暴動發生之後，可以推測有些後見之明也許有意無意地混入其中，但是仍可當作揭示暴動發生時，他們看見什麼、感受到什麼的史料。第三、不在暴動現場，但是在該地記錄當時蘇州騷亂狀況的日記。像是文震孟的日記，就是很重要的例子。[5]從這裡我們關於蘇州紳士社會相關資訊的傳布，便能感受到那個時間點下生動的感觸。

首先，從地方官的報告來看。即使統稱為地方官，但是當時地方官的立場也並不完全一致。暴動當時在按察使衙門的五位官員——應天巡撫毛一鷺、蘇松巡按御史徐吉、蘇州知府寇慎、吳縣知縣陳文瑞、蘇松兵備道張孝——之中，除了魏忠賢的心腹毛一鷺之外，無論是誰，毋寧說還是同情周順昌。[6]今日所知與當時事件有關的地方官的報告內容，如以下所示。①巡撫、巡按聯名的第一疏（《熹宗實錄》卷六十五，天啟六年四月丁丑〈五日〉等）；②巡撫、巡按聯名的第二疏（同上書同卷天啟六年四月乙酉〈十三日〉等）；❷③巡撫、巡按聯名的第四疏（《玉鏡新譚》卷六等）；④徐巡按揭帖（《又滿樓叢書》所收）。[7]這當中，①、②是暴動發生後報告其過程的內容；③是逮捕顏佩韋等十三人的報告；④則是回應針對③所頒下的旨令，官員對於「漏網之渠魁」進行調查的報告。其內容提到，經過相關的地方官審問被逮捕者，確定顏佩韋等十三人的處罰，以及除了這十三人以外並無其他首謀等事。④是全文長達十三頁的長文，在明清時期並未流傳，[8]相對於此，①②③的內容，或其中的某些部分，在事件發生後的幾個月內，藉由邸報讓蘇州人士知曉，而且不時被引用在與魏忠賢有關的初期文獻中。

在那樣的文獻中，首次提到顏佩韋等人名字的文獻是③，當中僅以如下簡略的形式，羅列十三人的罪狀：

> 三月十八日蘇州之鼓譟，侵晨有聲梆號召者，為馬傑。臨期傳香盟眾者，為顏佩韋。同時有糾聚徒眾者，為沈揚。有攘臂先登、迫逐叢毆者，為楊念如、周文元。此皆一時生釁之渠魁，憫不畏死之劇奸，所當速正典刑，以除元兇者也。❸（以下

---

❷【譯注】《玉鏡新譚》亦有收錄，全文為：「撫按第二疏略云：『三月十八日午時開讀時，合郡人民執香號呼喧鬨階下，羣呼奔擠，聲若轟雷。時眾官階圍守犯官，而堂下隨從驚避，有登高墮下者，或撞門倒壓者，有出入爭奔，互相踐踏者，遂至隨從李國柱醫治不痊，至本月二十日身故。』」參見（明）朱長祚，《玉鏡新譚》，收入《元明史料筆記叢刊》（北京：中華書局，一九八九），卷六，〈緹騎〉，頁八九。

❸【譯注】《玉鏡新譚》所載全文為：「撫按第四疏略云：『三月十八日蘇州之鼓譟，侵晨有聲梆號召者，為馬傑。臨期傳香盟眾者，為顏佩韋；同時有糾聚徒眾者為沈揚；有攘臂先登、迫逐叢毆者，為楊

關於其他八人的部分省略）

接續③所提出的調查報告④中，將顏佩韋等以亂民、奸民定罪，但其整體的論調，是把此事件當作「蠢爾愚民，倉卒生變」的偶發事件來處理，強調若深究下去的話，反而有擾亂社會安寧之危，可說是為了避免造成像屠城等讓當時蘇州人們陷入不安的情況，而力圖平和地處理事件。[9]根據各地方官的審問作成的罪狀報告內容，與前述③幾乎是同樣的，將此次民變的背景，描述為當地風俗是「吳俗輕挑易動，倉卒易聚，說新說異，輒聚黨以成羣，吠影吠聲，遂蜂集而蟻起」，其中把顏佩韋等人形容為「市井惡少」、「閭閈素雄，任俠負氣」。依據這份報告，儘管周順昌事件是「與平民無涉」，但是猖狂好事的這些人在血氣方剛下引起此大事。

接著來看士大夫的目擊實錄。有許多生員直接參加開讀之變。他們陪伴著被護送的周順昌，在西察院與巡撫毛一鷺等人談判，而且還為了制止欲毆打緹騎的群眾而發生推擠。雖然不可能把在暴動現場的生員們完整登記做成名單，但是殷獻臣還是列舉以下姓名。[10]王節、劉羽儀、沙舜臣、王景皐、殷獻臣、文震亨、鄒谷、吳汝璋、朱祖文。[11]這當中，留下了確定作者的紀錄，就只有殷獻臣[12]而已，首先來看其記述內容。

天啟六年三月十五日，隨著周順昌被逮捕，殷獻臣幾乎都是跟著周順昌一起行動。十六日早上，周順昌從家裡出來，被帶到巡撫衙門的時候，士民群眾摩肩擦踵地充塞道路，隨後周順昌被轉移到縣署時，人們也依舊跟著周順昌前行。在這時候顏佩韋似乎已經有醒目的舉動。對此，殷獻臣留下意味深長的記事。

> 平時陳令公（陳文瑞）馭下極嚴，衙役皆意公（周順昌）贊成，頗憾公。至是有一役揚言於眾曰：「快哉！周爺亦有今日耶！」忽一人捽其首曰：「吾輩皆憤，汝何

念如、周文元。此皆一時生釁之渠魁，憫不畏死之劇奸，所當速正典刑，以除元兇者也。至如佐鬨助焰，有吳時信、劉應文若而人；跳舞狂言，則有丁奎、李卯孫若而人。均之閭里驍雄，同惡相濟，固天網之不漏，亦於法所不赦也。如招搖稠眾之中，以城外而呼人于城以內，則許成也；艤舟胥江之滸。以河東而渡兕于河西，則鄒應貞也，固理所不貸也。以肉價之抑勒，而詬誶大作，至禍起旁觀，互相佐鬨，則屠肆戴鏞也；嗔秖應之過索，而張皇狂叫，致聲聞遠邇，忽生事端，則驛卒楊芳也，均法所難寬也。』」參見（明）朱長祚，《玉鏡新譚》卷六，〈緹騎〉，頁九〇。

獨快？」眾爭毆之幾斃。已徐訊之，即顏佩韋等也。

十八日，周順昌一出縣署，百姓已並立道路兩側，手執香，哭聲響徹雲霄，從縣署到西察院群眾你推我擠，造成巡撫、按察使和知府、知縣的轎子無法通行的狀況。「所至民遮道呼曰『願救我周爺』，時已有詈罵甘心一擊者」，就在王節等人在巡撫等人面前，以激烈的語氣請求停止移送周順昌的時候，

顏佩韋五人等，從後攘臂大呼曰：「周爺既死，民亦不願生。」奪緹騎鞭轉向之。緹騎恐甚曰：「實非詔，旨出自魏公耳。」五人瞋目怒曰：「果非聖天子意，吾輩共擊假旨者。」於是蜂擁雲集，人各奮勇直前，遂成千古未有之變。時公伏儀門，愀然曰：「雨露雷霆，皆屬君恩，百姓披猖如此，吾一身不足惜，如貽害地方士民何？」予亦念愈增公罪案，從眾中痛陳不可，被悍民以香刺面，幾飽其老拳。

結果中止了開讀儀式，民眾也終於解散，但是偶然有別的緹騎前往浙江而途經蘇州時，向當

地民眾進行需索，結果「百姓賈其餘勇，更肆毒毆，并舟亦焚燬幾盡」。

在崇禎元年以後書寫的這份敘述中，雖然關於被處刑「五人」的事蹟很可能混入了後來的知識，但是無論如何，在這份記述中，明白記錄「五人」是行動的先鋒，以及對「五人」和群眾的行動加以批評，是其特徵所在。後來的記述幾乎都對群眾的行動展示毫無保留的善意，然而相比之下，正如殷獻臣使用「悍民」、「罵詈」、「披猖」、「毒毆」等負面評價的用語來看，他是把這個事件視為「悍民的失控」來書寫。正如他在七月十二日的記事中提到：「顏佩韋五人就戮，大呼曰：『吾從公地下足矣。』噫！吾輩不死，而五人死耶！」可知對殷獻臣來說，五人的處刑當然也是可惜可悼的事情。不過在這篇文章中，對「五人」的讚揚幾乎不成問題，其著眼點在於周順昌本人，以及為了拯救周順昌而奔走的蘇州紳士們，還有彰顯能賢明地處理以使地方混亂限縮在最小範圍內止息的官員們。殷獻臣的立場，可說是與逮捕處刑暴民以鎮定事件的徐吉等親近周順昌派的官員比較接近的。

另一方面，有一篇文章題為〈開讀傳信〉，[13]雖然作者不明，但是由於含括生員與巡撫的交談等詳細具體的情報，因此可以推測這是目睹事件現場暴動或與此事件有深厚關聯的人物在魏忠賢失勢前所撰寫，該文描寫暴動情景時，沒有寫明顏佩韋以下的首謀者名字，反而有如下敘述：

疏既上，（巡撫）密行有司，必欲得首事者以報，乃以疑似捕顏佩韋等十三人下獄而速具爰書，謂誰為聲梆號召者，誰為傳香盟眾者，誰為閭里驍雄同惡相濟者，誰為張皇狂叫、聲聞遠彌者，皆子虛烏有之案，甚至有先期出後事歸而亦被執者。諸人當訊無一語自辨，第曰：「以周吏部之賢，而受禍若此，吾儕小人當為之死又何言。」皆談笑入獄中。

文中提到被逮捕之人皆是受到冤枉之罪。[14]如此可以說明在士大夫們的回憶錄內容中，關於這五人是否為暴動的主導者也並非十分一致。

另外，文震孟或姚希孟等知名度高且為蘇州士紳社會的中心人物，他們並沒有直接身處於暴動現場，而是經由傳聞得知暴動事件。文震孟的日記，是為生動地傳達上層紳士行動的例證之一。

天啟六年三月三日，當繆昌期、周宗建在魏忠賢的命令下遭到逮捕的情報傳入後，文震孟呈現「食不下咽也」（四日的記事）的緊張狀態。他與姚希孟、周順昌、毛堪、吳默等同鄉士紳會面談話（三日、六日、七日等），內容大概是被逮捕的可能性以及相關對策。十五日，「午後晝寢，忽聞有駕帖至。不知所逮何人，為之錯愕。已張瑁（張昆玉）來，知所逮乃蓼洲（周順昌）也。為之心碎魂迷，如驚噩夢。黃昏冒雨往看之。德升（朱陛宣）亦來，相對如痴。歸途遇吳縣公（吳縣知縣陳文瑞），立談久之」。到了十六、十七日，在文震孟家裡，因為周順昌一事，「客至如墻」。十八日，暴動當天的記事裡簡單地提到，「雨。午刻開讀，萬眾號冤，遂致鼓譟，不能竣事。官旂俱被毆擊，有死者」。而且還附加評語，「譬如病篤之人，暫用劫藥，當得一刻疎快，而病乃不復可為矣」。七月十二日，❹作為主謀而遭到逮捕的五位庶民受到處刑之際，文震孟有如下的記事。「早起，忽聞城門俱閉。詢之，乃欲斬開讀鼓譟五人，顏佩韋、馬傑、沈揚、楊念如、周文元也。諸人至死而氣不攝，有大罵當事者，而顏尤慷慨。道尊、郡尊皆為流淚。余亦為竟日瞑眩也」。關於「五人」的

❹【譯注】實際上，該文獻中並未註明月分而僅有「十二日」的日期，因此本文中的「七月」或許是作者岸本教授根據其他文獻所載五人被處刑日期為七月十二日而添加。

內容，日記中的記述僅只這一條而已。

以上，就筆者管見範圍而言，確實顯示在事件發生當下，有關「五人」的明確資訊傳布民間的史料並不存在。然而，可以推測的是，蘇州的人們得知「五人」的姓名，可能是出自事件發生後，經過一段時日，藉由傳布巡撫們上奏文書內容的邸報，以及處刑時張貼的告示而來。如同下一節將述及，魏忠賢倒臺後的初期文獻，提到有關「五人」的記事多是引自官員上奏文書，可以推測當時除了上奏公文之外，並沒有較具統整性的資訊。「五人」都是默默無名的一般民眾，如同張世偉〈周吏部紀事〉（《頌天臚筆》卷八）提到，「五人生平無稱鄉黨，亦未達姓名于吏部，即顏姓稍稍著聞，不過市井之俠」，這五人中也只有顏佩韋稍具知名度而已。清代中期之人顧公燮《丹午筆記》六十七裡提到，「顏係楓鎮巨族」；又《吳門表隱》卷三記載，「明義人顏佩韋宅在江村橋」，由此可以確定顏佩韋是出身自楓橋鎮名門望族顏氏。[15]當提到關於「五人」的職業、出身時，作者不詳的〈五人傳〉[16]是經常被引用的史料。文中提到，關於顏佩韋，他是千金之家出身，平素喜好交友且勇於對抗豪惡，成為鄉里的話題；馬傑作為「有力之人」，與顏佩韋平素即是好友；楊念如原是賣衣服的商人；沈揚是仲介買賣商人；周文元是周順昌的轎夫。由於能佐證的史料不足，因此〈五人傳〉內容的可信度並不明確，不過從前述史料來看，有關顏佩韋，他是富裕家庭出身且具有俠義之風的人物似是確實。如下所示，在「五人」中首先備受注目的就是顏佩韋。

二、崇禎初年的刺魏文獻

開讀之變的隔年，天啟七年（一六二七）八月天啟帝駕崩，崇禎帝即位。對於魏忠賢派的彈劾以及反魏忠賢派的復權也開始進行，同年十一月，魏忠賢遭到左遷，在往鳳陽的途中上吊自殺。以魏忠賢的惡行為題材的小說和戲曲陸續創作出來，是在隔年崇禎元年以後的事情。以暴露魏忠賢行狀為內容的文獻（以下稱作「刺魏文獻」）當中，就管見範圍內，在崇禎元年作成且廣泛流通的有《玉鏡新譚》、《警世陰陽夢》、《魏忠賢小說斥奸書》三種。其他像是出版年不明但可推定為魏忠賢失勢後不久的出版物《皇明中興聖烈傳》，還有集結關於魏忠賢的文章、收有崇禎二年序文，並且在崇禎六年刊行的《頌天臚筆》也是，雖然出版時期稍遲，但是也算是在初期的刺魏文獻範圍裡。[17]

關於這些文獻之間相互關係的版本學詳細討論，還是交由這方面的專家學者探討，不過乍讀之下仍有引人注意之處，在於這些文獻的幾項共同特徵。[18]

第一，這些文獻的作者，無論是誰都自稱「布衣」、「草莽臣」或「道人」等，將自我定位為遠離官場名利之人的位置。《玉鏡新譚》作者朱長祚這號人物，是在「株守田間，不能請尚方以斬元凶，而兀兀低眉俛首，持三寸管于茅簷甕牖之下，以紀時事盈牘」的狀況下渡過魏忠賢專權時代，對於警告他危及其身的人，他回答：「我一布衣之賤，那得見知于人。」《警世陰陽夢》的作者長安道人在序文也自稱「硯山樵」；《魏忠賢小說斥奸書》的作者自稱「吳越草莽臣」；《皇明中興聖烈傳》的作者自稱是「在野之憂」的西湖野臣樂舜日；還有《頌天臚筆》作者金日升有著「艸莽臣」、「東吳野臣」、「吳門布衣」等自稱。他們不僅具有作為「布衣」的自我意識，也有對於天下國家的局勢感到憂憤的「豪俠不平之氣」（《玉鏡新譚》〈凡例〉），同時歌頌崇禎帝的即位如同堯舜般神聖的天子再度降臨一般，展現出他們對政治的積極關注。身為布衣的知識人展現像那樣的政治關心，當然不可能是自古以來絕無僅有的現象，不過，從魏忠賢時代的結束到明清交替的這段時期，就像是這樣「草莽」式的出版活動以江南地方社會為中心一鼓作氣地盛開的時期。原因可謂是與魏忠賢時期出現的政治正當性的流動化互相表裡的事態，關於這項問題容後再述。

第二個應該關注的特徵是，在這些文獻中，依據資料的事實性與創作的虛構性之間的關係。在前述的各部文獻中，有像是《玉鏡新譚》、《頌天臚筆》一般，以原封不動地集結邸報等記事而成的部分為主要內容，即如「錄用章奏，字字俱從邸報、郵傳，不敢竄易一字以欺人」（《玉鏡新譚》〈凡例〉）所示，標榜著內容的事實程度；也有像是《警世陰陽夢》，作者長安道人將過去曾經幫助落魄時期的魏忠賢，其後眼見魏忠賢經歷榮耀華貴的專權時期，最後基於因果報應墮入地獄受苦的「實見錄」編寫成故事，這類很明顯即是虛構的小說。然而卻很難把這些文獻清楚地區分出虛構與非虛構形式。例如就《玉鏡新譚》來說，與《警世陰陽夢》相同的創作的插曲以簡略的形式被穿插於其中。另一方面，在《警世陰陽夢》的各個部分，往往未經過加工，而是按照原貌引用上奏文等公文書。

這些文獻的序文，作為出版目的的解釋，文中常常宣傳是基於實錄的屬性以及教化的意義。例如「長安道人知忠賢顛末，詳志其可羞可鄙可畏可恨可痛可憐情事，演作陰陽二夢，並摹其圖像以發諸丑，使見者聞者人人惕勵其良心」（《警世陰陽夢》），或是「是編也俱係魏監實錄，縱有粧點，其間前後相為照應，無非天下公憤之氣，如落一齣，便覺脈絡不相關，合演者勿以尋常視之」（范世彥，《魏監磨忠記》），還有如「逆璫惡跡，罄竹難盡，特從邸報中與一二舊聞，演成小傳，以通世俗，使庸夫凡民亦披閱而識其事，共暢快奸逆之殛，歌舞堯舜之天矣」（《皇明中興聖烈傳》）。直接引用公文書的艱澀文章，和明顯是虛構的幽靈傳說、因果報應傳說都隨意地共存其中，就我們看來有點奇怪的這種兩面性，與兼帶實錄性質和教化性質的這些文獻的特質相互重疊，這正可說是明末時事小說的一項特徵。

那麼，在這樣的刺魏文獻中，開讀之變又是如何被描述？在崇禎元年的階段，有些文獻直接引用巡撫等官員的上奏文。例如《玉鏡新譚》卷二有關周順昌遭逮捕虐殺的部分，有「合郡士民如堵，執香號呼，聲如轟雷，扳轅叩道，輿情共憤，鼓譟奔擁，攘臂爭登，欲毆官旂以排難」的簡單敘述；還有卷六〈緹騎〉中引用前揭③的上疏。而《皇明中興聖烈傳》中關於開讀之變的部分，雖然只是刊載以③的上疏內容為基礎並添加若干潤色的記事內容，[5]但是作為其他有關開讀之變的逸事，以「姑蘇好漢推李實墜河」為題，收錄一段插曲如下。對於上疏陷害周順昌的織造太監李實懷著滿腹憤懣情緒的一位無名好漢，某天在沿河岸的狹路上，看見以驕傲態度談笑的李實，他甩開同伴們的制止，用身體撞了李實一下。雖然掉落河中的李實獲得救助，但是在眾人面前顯得像是「尿浸狗一般」溼透的慘狀。到蘇州知府面前自首的好漢，面對知府的詢問，回答「老爺莫問名，老爺體天地好生之心，小人在黃土也感戴不淺，問名則甚」，其後便自行扼喉而死。對此，作者評道：「因此不傳其姓名，却真是一個好漢子。」若與以顏佩韋為主角的西察院暴動場面被定型化且逐漸流傳之後的階段相比，這部小說可說是展示魏忠賢失勢後不久的初期階段的「開讀之變」消息的寫作方式之一個例子。

另一方面，後來逐漸在小說、戲曲中成為主流的以顏佩韋為中心的暴動描寫，其首次登場是在《警世陰陽夢》。書中的顏佩韋有如下的描寫。

❺【譯注】「有能抱公憤者，同去見撫院道府，懇恩救拔周老爺列位，遂激出幾人後生，顏佩韋、沈揚、楊念（如）、周文元、丁奎、李卯孫、許成一干人。沈揚、許成為糾聚徒眾，城外吳時信、劉應文群相響應，不半日，（　）上數千人。」（明）西湖義士述，《皇明中興聖烈傳》，收入《古本小說集成》（上海：上海古籍出版社，一九九四），第十二冊，卷四，頁六b。該版本將「楊念如」誤記為「楊念」，譯者對照《頌天臚筆》收錄的〈五人墓碑記〉所記「楊念如」，於前引文中補上「如」字。（明）金日升輯，《頌天臚筆》，收入《四庫禁燬書叢刊》（北京：北京出版社，據中國史學叢書影印明崇禎二年刻本中國歷史博物館配補，一九九七），卷二十二，〈五人墓碑記〉，頁三〇b。

中間有箇百姓，叫做顏佩韋，他是箇有俠氣專要抱不平的人，聽得說了東廠嚴旨，不是聖旨了，便大叫道，是魏太監的假旨，不要作准他。那文之炳聽得說了魏太監三箇字，便大喝道，你輒敢說魏爺，快剜出他的舌頭來。那時北京城裏說了一箇魏字，拿去一瓜槌便打死了，那文之炳的蠢才，只道江南也是這等怕他的，就要剜人舌頭。因此惹著顏佩韋發怒起來，捲起袖子大喊道，既不是聖旨，如何拿得官，揪過文之炳亂打。千萬人一起鼓噪起來。

《警世陰陽夢》的作者，是從什麼樣的資料來源下編寫這樣的敘述並不得而知。就管見所及，並未發現在《警世陰陽夢》之前，曾有出版包含以顏佩韋為主角的這樣激烈場面的文獻的形跡。雖然要判斷這是作者的創作還是依據某種資料來源所編寫而成一事是困難的，但是無論如何就像前述一般，經顏佩韋等人對於「魏忠賢的假旨」的揭露、面對說著「剜人舌頭」的官旂的恫嚇、前引文後續所描寫的落荒而逃的校尉的樣子，還有將潛藏於內在的江南人（或蘇州人）的氣概展現出來的那份昂揚精神，這些情節作為重要元素，在之後的刺魏文獻裡關於「開讀之變」的描寫中也能共通地見到。

關於魏忠賢或開讀之變的資訊，並不是只藉由書籍傳布而已。在這些資訊的民間傳播上，具有最直接地重要性的是戲曲與說唱。關於崇禎初年以魏忠賢為題材編寫的戲曲，如張岱《陶庵夢憶》卷七〈冰山記〉所記：「魏璫敗，好事者作傳奇十數本，多失實，余為刪改之，仍名《冰山》」。文後又提到他將這齣戲曲帶到山東兗州演出，是崇禎二年秋季的事，[19]以此為開端，後來又有許多部戲曲問世。於崇禎十三年編寫成的祁彪佳《遠山堂劇品》中，自陳開泰《冰山》、高汝拭《不丈夫》為始，可舉出近十部以魏忠賢為題材的戲曲名（《廣爰書》、《清涼扇》、《嗚冤》、《過眼浮雲》、《冤符》、《磨忠》、《孤忠》）。由於這些與魏忠賢有關的初期戲曲曲本幾乎皆散佚，因此要知道這些戲曲如何描寫「開讀之變」和「五

圖 1 《魏忠賢小說斥奸書》的插畫

上海古籍出版社《古本小說集成》所收開讀之變的場面：〈殺校尉蘇民仗義〉（原書頁 115）。

人」是困難的。唯一留存下來的《磨忠》（秀水范世彥《新鐫魏監磨忠記》），是以楊漣為中心書寫正義派官員，而對於開讀之變的記述相當簡單，甚至沒有出現顏佩韋等單個人物名字。不過，有關魏忠賢的戲曲與說唱中如何處理開讀之變，則可以藉由當時的小說與隨筆而得知。關於蘇州劇作家袁于令《瑞玉記》，有如下的軼事流傳著。這部戲劇是「描寫逆璫魏忠賢私人巡撫毛一鷺，及織局太監李實，構陷周忠介公事甚悉」，還提到「詞曲工妙，甫脫稿即授優伶，羣紳約期邀袁集公所觀唱演。……一鷺聞之，持厚幣倩人求袁改易，於是易一鷺曰春鋤」。[20]雖然不清楚這件逸事究竟是否為事實，但是可以窺知這類時事類型的戲曲往往成為士大夫社群內話題中心的當時地方社會氛圍。

崇禎元年春季到二年冬季完成的《風流院傳奇》第七齣中，描述了魏忠賢故事在民間流傳的情況。[21]故事舞臺是杭州，被正室嫌惡而蟄居別處的妾小青（女主角）為了排遣寂寞，叫來盲眼女藝人讓她彈琵琶說唱。回應小青「有近日的新文唱箇罷」的要求，女藝人說道「近日新文只有魏太監到也好聽」，便在劇中插入了這段彈唱的故事，那是由押韻的七字句構成，敘述從魏忠賢當上宦官到自殺的過程，約六百字左右的簡單故事。不過，那並非全部內容，從彈唱告一段落的女藝人說「娘娘要識陰司事，且聽下回分曉完了」，可推測似乎還有描述落入地獄的魏忠賢的後半部故事。[22]這部故事中，關於開讀之變的部分，提到忠義且清廉的人物蘇州周子熬被官尉逮捕，「五箇真豪傑」擊殺三位官旂後自首的經過，有如下敘述：

> 旁觀個箇生嗔忿，里閭人人眼淚拋，竟有五個真豪傑，持鎗持棒打京鏕，立時打死三旂尉，其餘肉綻血流漂，一府之官盡披靡，驚做湯雞沒處逃，後械周郎到京去，奇刑酷法受千遭，五人自首俱身死，方把蘇州萬姓饒。

描寫一邊聽故事一邊嘆道「可憐」、「苦惱」的聽眾（小青的女婢）反應的部分也是相當有趣。

除了能在家中聽到這樣的故事之外，在野外的鄉村戲臺也熱烈地上演著魏忠賢的故事。在清初小說集《生綃剪》收錄的小說〈沙爾澄憑空孤憤　霜三八仗義疎身〉中，設定為崇禎二年二月浙江德清縣，文中記載魏忠賢戲劇的狀況大致如下所示。回民沙爾澄是個生性嫉惡如仇的熱血漢子，某天來到德清縣經過土地廟之前，聽到吵雜的鑼鼓敲打聲。原來是關於魏太監的新戲《飛龍記》，而且已經演到第三場了。演出的是演技精練的弋陽腔戲班，扮演魏監的是叫做秋三的戲子。因為秋三精湛的演技，沙爾澄到的時候，看戲的人們擠滿了場地，因為只剩下名叫霜三八的縫皮工身邊略有空位，所以老沙就站在那裡。就在看戲的時候，他那抱不平的肚腸對於魏忠賢的作為因憤怒而點得火著，不料看到魏忠賢指示對正義派官員使用種種拷問用具的場面，沙爾澄更是怒髮衝冠、咬牙切齒，喊叫「再耐不得了」，奪取霜三八的刀，跳上舞臺，一刀斬落扮演魏忠賢的秋三的頭後就這樣離去了。因為遺留的皮刀，使霜三八遭到嫌疑，但三八以「小的也是恨魏監的，他殺就是我殺一般」，而甘願頂罪，之後在他被護送到的刑地薊州，霜三八與在官衙任職的沙爾澄會面，像這樣的故事。當時經常

圖 2 《生綃剪》的插畫

上海古籍出版社《古本小說集成》所收，沙爾澄跳上舞臺殺秋三的場面（原書頁 117）。

可見到熱血漢子觀看戲劇而心生憤慨，跳上舞臺殺死奸惡角色這樣的逸事，[23]當然並非全部都是事實，但是像那樣的殺人行為作為出於義憤，伴隨著一種讚嘆而被流傳世間。在前述張岱《陶庵夢憶》中，提到在杭州將〈冰山記〉編成戲劇上演時的情況，「冰山城隍廟揚臺，觀者數萬人，臺址鱗比，擠至大門外。一人上白曰『某楊漣』，口口諍（言察）曰『楊漣、楊漣』，聲達外如潮涌，人人皆如之。（中略）顏佩韋擊殺緹騎，嘄呼跳蹴，洶洶崩屋」，可見開讀之變的暴動場面即是引起觀眾熱烈反應的高潮場景之一，而觀看魏忠賢故事的戲劇的當時的觀眾，可說他們或多或少共同具有「義憤」的高昂情緒。

三、蘇州士大夫與「五人」的彰顯

以上敘述的是在崇禎初年「草莽」式的刺魏出版品的盛行風潮中，開讀之變被當作其重要的一情節，與具俠氣的好漢顏佩韋的形象，一起逐漸地傳播開來。而使得「五人」名聲傳播的另一個契機，就是由蘇州士大夫發起彰顯「五人」的行動。與這個行動有關的士大夫的數篇文章，收錄在前述的《頌天臚筆》。[24]其中具有核心地位的是有名的張溥所著〈五人墓碑記〉。這篇文章不僅簡單地敘述開讀之變的經過，同時也將縉紳與匹夫作一對照，以彰顯「五人」之義。文云：「嗟呼，大閹之亂，縉紳而能不易其志者，四海之大有幾人歟？而五人生于編伍之間，素不聞詩書之訓，激昂大義，蹈死不顧」、「今之高爵顯位，一旦抵罪或脫身以逃，不能容於遠近，而又有剪髮杜門，徉狂不知所之者。其辱人賤行，視五人之死輕重固何如哉？」

「五人」之墓，是建在破壞後的魏忠賢生祠的空地、鄰近虎丘附近的地點，由年僅八歲已能寫一手好字而聞名的韓馨，受到吳默的請託，書寫「五人之墓」的文字。其後，雖然確切時間不明，但是已有人提出興建「五人」之祠並且進行祭祀的計畫。張世偉〈答同人議祠事書〉（《自廣齋集》卷九）中提到，在這個問題上，士大夫們之間產生意見的對立。這份書簡是寄給反對祭祀「五人」一事的「諸兄」，而「諸兄」的意見如下：

此五人者，心雖赴義，事出不經，且居址相近，親見其椎埋屠狗之倫，市井閭巷之俠，生平無足比數，而今于眾人屬目之地，肖像而尸祝之，以為近于不雅，……且將為博徒為獪魁藉口，過其祠而侈談曰，此某某故吾同儕也，好事無識之人，喜相騰說，不風自波，長此安窮。後或引類呼朋，犯上無忌，不惟有累于生人，併以貽譏于死者。

圖3　法國國立圖書館藏的清代繪畫中可見到「五人之墓」
轉引自 Louis Dermigny, *La Chine et l'occident: Le commerce à Canton au XVIIIe siècle: 1719-1833*, S. E. V. P. E. N., 1964, Tome IV。© cliché Bibliothèque Nationale de France, Paris

張世偉對此陳述的意見大略如下：「為此遠慮，却顧倡為防微杜漸之論，諸兄所見豈不然乎。」然而，當今魏忠賢的專權，可謂翻天覆地傾倒王朝的重大危機，而未有甘冒危險者，連士氣也陷於不振。在那時，上天派遣周順昌阻擋這樣的危機，並且，這「五人與百餘人亦稟天之餘威，斬頭陷胸，以伸其氣」。在此，張世偉強調的是，「五人」的背後展現的天的意志。所謂的「五人」，並不是指作為具有個性的具體性人格的顏佩韋等人，而是已昇華成為「人」的良善本性的象徵的「五人」。「是五人不必問其何名何氏，直天生之以寒逆奄之魄也」、「（他們的墓碑上不提寫其姓名）題之五人自有深意」。即使他們在現世中是「市井閭巷之俠」、「椎埋屠狗之倫」，也不是本質性的問題所在。

張世偉又在記載開讀之變始末的〈周吏部紀事〉中，有關他對於「得人心」的不可思議之感，大略有如下的記述：

> （張世）偉讀史有所弗信，弗信得人心異甚，無間男婦愚黠者。彼為邦牧守相或然，何足大怪，獨怪宴鄉紳得之。吏部（周順昌）筮仕未久，七、八年在外，其為德于鄉者三、四年所耳，算器飲食，不能有所贏于人，即時為伸抑裒益，所及幾何？一朝忤閹逮訊，所犯非尋常仇對也，舌出禍入，然而窮巷蓽門，或為婺泣，或為孺慕，蘇蘇相對掩袂；壯者乃不勝拳胸奮臂，遂為戎首，則今駢斬五人是已。五人生平無稱鄉黨，亦未達姓名于吏部，……。而今若輩死耶，僉謂此舉殆有天意。

讓張世偉印象深刻的，不是這五人他們個人之道德高尚的程度，反倒是他們的形跡所展現的超越個人而存在的壓倒性天意。《頌天臚筆》收錄為「五人」所作的〈祭文〉，同樣也強調彰顯他們的個人品行是偏離重點，如下所示：

或曰使諸君子藉口明哲將沒世不稱，使五人縮朒閭井，卒與艸木同腐，三代以下患不好名耳，嗟夫，此豈知五人者哉！丈夫至性勃發，五體塗地，豈復為身後名，而身後足以名報，好事者亦震其名，而相與表出之，此忠臣烈士之心所以闇復而不盡白于世也。五人之名彰彰在人耳目，吳賢士大夫顧題之曰五人之墓，不賢之義之而人之，不名之氏之而五人之，嗟夫，是真知五人者矣。

相較於這樣的論調，前述的張溥〈五人墓碑記〉的目的反而是要彰顯五人的「名聲」。在該篇文章的末尾，張溥所述大略如下：

周公忠義暴於朝廷，贈謚美顯榮於身後，而五人亦得以加其土封，列其姓名於大堤之上，凡四方之士無不有過而拜且泣者，斯固百世之遇也。不然，令五人者保其首領，以老於戶牖之下，盡其天年，人皆得以隸使之，安能屈豪傑之流，扼腕墓道，發其志士之悲哉。

以上就彰顯「五人」的問題介紹幾種論調，反映魏忠賢時代以後江南社會的政治秩序觀的微妙差異。魏忠賢的專權對江南士大夫社會帶來的傷害，不僅是藉由外部而來的強權式鎮壓，導致反對派遭到虐殺和失勢，同時也如張溥和張世偉指出的，這個時期紳士階層其怯惰的態度，使得紳士具有的權威從內部開始逐漸喪失，因此促進政治正當性的流動化，也為江南社會的政治秩序留下後遺症。而對於「草莽」性格和民眾式正義感的熱情關注，也是與那樣的政治秩序動搖的自覺相表裡。在魏忠賢失勢後的時代，士大夫也把民眾式正義納入考量，摸索著政治正義的根據，以試圖重建政治秩序。在同樣讚揚「五人」義行的諸多文章中，也有不同的立場。比如，張溥撰寫〈五人墓碑記〉的立場可說是，把這五人抬升到超出一般庶民的地位，也就是表彰比士大夫更像士大夫的五人的道德性，藉此促使士大夫反省，並且試圖再建與強化以士大夫式道德為標準的上下層次結構。還有一種立場如前述「諸兄」

所言，他們雖然對於民眾的純粹心情有一定程度的評價，但也提出「心雖赴義，事出不經」的評語，反映他們一邊確保士大夫的領導權，一邊卻遏止自然發生的民眾運動的立場。

另一方面，若像張世偉主張那樣能關注到激發不慮不學的民眾的「天意」的話，終究以士大夫道德為基準的上下階層結構本身，也會消解於宇宙規模的天意之中了吧。從這個觀點來看，與其說將這「五人」當作傑出人物，不如說是把他們當作包容萬物的天意的一種表現來表彰。實際上，在當時的知識分子的言論中有不少例子與主張，「義」並非士大夫的專屬物是自不待言，甚至認為「義」的普遍存在超越人類範圍，而能推廣到宇宙之大。例如出自太倉、與陳繼儒交好的吳震元的《忠孝列傳》，其前言裡提到「忠孝種子如一粒粟，歷經百千萬億又百千萬劫，生生滅滅而不離根，故日月星辰雷霆風雨皆天之忠臣義子」、「天地之性在忠孝。……忠孝之性無分貴賤而一」，並在書中集結從僕隸、乞丐、優伶到鬼神、鳥獸、昆蟲、草木、土石的忠孝故事。還有，於清初撰寫〈五人傳〉的宣城人吳肅公，是一位「喜談節義」[25]的人物，他撰寫的〈闡義序〉所擷取的對象從「義民」、「義女」、「義僕」、「義奄」、「義娼」等，乃至「義獸」、「義禽」。[26]充滿在宇宙的道德性的顯現，既不問貴賤，也不問人類與動植物的差異——若依照這樣的感覺，像「五人」一樣的義民，與其說是具有個別特徵的具體人物，不如說是展現道德性的抽象式媒體。

雖然包含這樣微妙的差異，但是彰顯五人的行動仍滲透到以蘇州府為中心的廣闊範圍下的名士階層。到了崇禎七年，五人墓旁立起了「五人義助疏碑」。[27]這是為了表達援助五人的遺族所籌設的義助金的旨趣而寫的文章（文震孟撰），把五十四位捐助者的姓名刻於石碑。為了「結吳門之義局，無令太僕先生（吳默）獨為君子焉」，而發起募捐的贊同者中，以一開始即為彰顯「五人」運動的領袖吳默為起頭，接著有文震孟、姚希孟、錢謙益、瞿式耜、王心一、董其昌、華允誠、岳元聲、范允臨、陳繼儒、顧宗孟、陳仁錫、周延儒、王時敏、徐汧、張溥等，江南社會的名士把名字串聯起來。雖然不清楚他們在多大的範圍內號召募捐資金，但是扣除五位身分未詳者的四十九位人士中，有三十三位是吳縣、長洲縣為主的蘇州府出身的進士，[28]其餘如陳繼儒、董其昌等其他府的名士，以及王節、朱陛宣等與周順昌有著密切關係的蘇州舉人也都參加了。

這個時期與「五人」有關聯的，還有被認為是萬曆二十九年（一六〇一）反宦官民變「織傭之變」首謀者的葛成[29]也重新受到注目。所謂一介工匠的葛成，在事件後自首且遭到逮捕入獄，於萬曆四十一年被釋放後，由陳繼儒接手關照他的這一逸事尤廣為人知。彰顯葛成的文章，是在開讀之變以前也已經流傳的，但是開讀之變以後，變成與「五人」事蹟並論的形式，再次提高對葛成的關注。「五人」與葛成，不只是「行事相仿」，[30]而且「其氣類相似」。[31]葛成雖然已死於崇禎三年，但是他的墓豎立於五人墓旁，墓碑上「有吳葛賢之墓」的題字，是由文震孟所寫。無論是鄭鄤的〈題葛成冊頁〉、張溥的〈義士葛成像贊〉

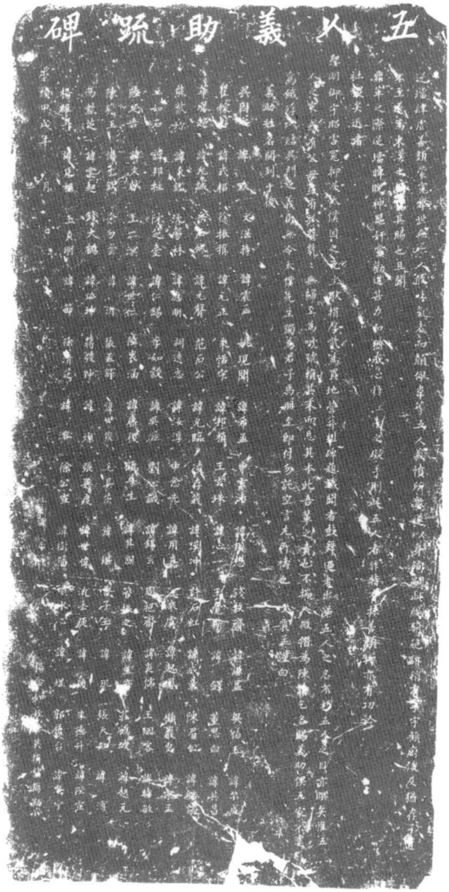

圖 4　五人義助疏碑

留存於蘇州山塘街的「五人義助疏碑」的拓本。北京圖書館金石組編，《北京圖書館藏中國歷代石刻拓本匯編》，中州古籍出版社。

（《七錄齋集》，卷二）、張世偉的〈題葛義士募葬冊〉（《自廣齋集》，卷十），還是陳繼儒的〈吳葛將軍墓碑〉（《江蘇省明清以來碑刻資料選集》，頁四一五），文中皆對於採取忠義行動的兩者之命運進行討論。

由於「五人」遭逮捕後不久便受到處刑，因此他們未能接受文人的採訪，但是葛成的情況就不同，如曹家駒所述「久之得釋，人遂稱為葛將軍，爭欲識之」，[32]許多人爭相與他見面。就民變中庶民領袖的形象之形成這點，由於也包含與「五人」形象有關的問題，因此在此簡單地探討葛成形象的形成過程。確實與葛成見過面的人，就管見範圍所及，有宋懋澄、錢謙益、曹家駒、鄭鄤等四人。[33]宋懋澄的〈葛道人傳〉，寫成於事件發生後十七年，這篇文章的前言提到：「于友人陳仲醇（陳繼儒）家遇（葛）道人，讀當事功令，仲醇謂余『子喜稗官家言，毋失此奇事』。」[34]而曹家駒對於見到葛成的印象如下所述：

> 余一日在陳眉公坐間，公指示余曰：「此葛將軍也。」余熟視之，年近六旬，形軀亦不甚肥偉，鼻微帶赤，與之言，吶吶如不出口，一樸實人耳。而義聲振吳下。

又如文震孟之子文秉所著《定陵注略》卷五〈軍民激變．蘇州民變〉一條中也提到「（事件以來）越三十年而賢（葛成）尚存，叩以當日事情頗多支吾」，葛成這個人，似乎是個木訥且說話不得要領的人物。然而，也正是他被廣傳的行為的果敢，與平素柔弱、樸實的個性之間的落差，文人們得以從中發現義民的形象。如宋懋澄所述：「噫，非天下至柔，孰能為天下至剛乎。」這樣的形象，在關於「五人」的形容上也能見到。依據作者不詳的〈緹騎紀略〉所記，「（顏）佩韋亦孱然市人耳，生平見縣簿尉，面赤聲顫不成語，一旦臨難，氣雄百夫，搤虎吭而徒手辱之，竟使權璫挫焰，緹騎不復出都門，昔何以儒，今何以壯也」。雖然與作為平生專打抱不平的市井任俠顏佩韋其一般形象有很大的差異，但是這卻是描繪義民的俗套方式之一。

鄭鄤見到葛成是在「五人」之死以後的事。鄭鄤收到陳繼儒寫著葛成仍活著的信件，在陳繼儒的促成下，與葛成會面。鄭鄤的文章的內容，在森正夫的論文中有詳細介紹，[35]依據鄭鄤的記載，葛成「烈烈氣盈眉宇」，提到織傭之變，也為「五人」之死而哀悼掉淚。對此，鄭鄤認為無論是得免於死的葛成還是死後受到彰顯的五人，他們的忠義最終皆受到國家的承認，說道「我國家忠義之報永永未有艾也」，而葛成也回道：「吾願此忠義之脈，常留于薦紳先生而不見于閭里，則吾儕小人幸甚。」對比縉紳與庶民，透過彰顯庶民的忠義，以促使縉紳反省的模式，可以確認像這樣的做法，與以張溥的〈五人墓碑記〉為首的當時士大夫、文人們撰寫民變記述有頗為共通之處。

這些史料所記載的葛成言說行動，究竟是否出於他的所作所為，應是無法檢證了。不過，若關注到向文人們推薦對葛成進行採訪的陳繼儒其積極的態度，以及文人們的紀錄中對「五人」採共通般的一種慣用的描述模式，這樣的葛成像與其說是葛成其人的實像，反而應注意到它在江南士大夫社會中被塑造且精煉出來的面向。把作為義民的葛成像傳播於江南社會的中心人物陳繼儒也好，形塑令人印象深刻的葛成像的宋懋澄也好，他們都自認是「稗官家」。[36]鄭鄤也是，如之後的鄭鄤疑獄所示，當時的風評中，他與其說被認為是嚴謹篤實的學者，不如說被視為有點虛張聲勢之人物。[37]因此，我們應該注意這一批具有才氣和稗官趣味的文人們，他們對於形塑「五人」像與葛成像的過程中強力發揮的一臂之力。

四、《清忠譜》與其後的「五人」像

在《警世陰陽夢》登場的顏佩韋其颯爽的形象，在跨越明清鼎革前後的戲曲和小說中，被描寫得更加栩栩如生。[38]當中的代表作品，就是蘇州派劇作家的中心人物李玉的《清忠譜》。[39]這部戲曲為全二十五折的長編，以周順昌為主角，描述開讀之變的過程。依據吳偉業的序文（順治十八年左右）：「逆案（指的是對魏忠賢黨一連串的彈劾追究）既布，以公（周順昌）事填詞傳奇者凡數家，李子玄玉所作《清忠譜》最晚出。……而事俱按實，其言亦雅馴，雖云填詞，目之信史可也。」在這部戲曲中，擷取三十餘年來圍繞這個事件而出的種種逸事，並且充分地展衍開來，如吳偉業所言雖是填詞，但是至少是反映當時人們是如何看待開讀之變的重要史料。

在《清忠譜》登場的顏佩韋，其自我介紹的內容如下：（第十折）

> 俺顏佩韋，一生落拓，半生粗豪。不讀詩書，自守著孩提真性。略知禮義，偏厭那學究斯文。路見不平，即便拔刀相助，片言不合，那肯佛眼相看。怪的是不孝不

忠，不義之財毫不取，敬的是有仁有義，有些肝膽便投機。……俺熱血滿腔，赤淋淋未知洒落何地。雄心一片，鬧轟轟怎肯冷作寒灰。……俺生來心性痴呆，一味肝腸慷慨。不貪著過斗錢財，也不戀如花女色。單只是見弱興懷，猛可也逢兇作怪，遇著這毒豺狼、狠鷙駘，憑著他掣電轟雷，俺只索翻江倒海。

在這段引文所見「孩提真性」一語，實不難見到其與前章述及的明末陽明學共通的人性觀。所謂真正的道德性，並不是經由書籍或說教等外力施加，而是如同渴求母乳的嬰兒般，無須搬弄道理而自內在的衝動下所發揮——正是那樣地不顧前因後果的道德性，才能形塑顏佩韋等人物形象的核心。

在《清忠譜》中，「五人」最初相識，是經由顏佩韋毆打說書人、擾亂說書場的事件而來。在蘇州閶門外的說書場聽著《岳傳》的顏佩韋，聽到惡漢童貫逮捕並折磨忠臣韓世忠的場面，衝動之下，叫著「可惱！童貫這騶狗作惡異常，教我那裡按捺得定」，飛撲說書人，還踢翻書桌，大鬧一番。因此導致說書場一陣混亂，說書人怒而離場。原來這座說書場是後來的「五人」之一周文元的收入來源，由此導致顏佩韋與周文元兩人的打架。

正當顏佩韋與周文元扭打時，顏佩韋的老母親趕到，斥喝顏佩韋。「聽傳報，急奔投，果然與人爭未休，還不放手，打死了人，不要償命的麼？時常勸戒叮嚀，不把良言守，下次再不可如此」，惹母親生氣後，像小孩一樣氣餒而道歉的顏佩韋。而與行事莽撞的粗暴性格互為表裡的令人感到憐惜的順從態度，這也是顏佩韋的「孩提真性」的展露。在旁邊試著勸解的楊念如（「五人」其中一人）讚揚顏佩韋說：「眾兄弟，方才他聽見不平，忿忿大怒，道他是個義士。如今他遵奉母親，又是個孝子了。」最後「五人」締結義兄弟，而從聽到楊念如的褒語的顏佩韋的母親回說「小兒是箇粗魯之人，豈敢過承謬贊」中的「粗魯」一詞，似乎是當時在描寫人物上的重要用詞之一。當時著名的評論家金聖嘆在〈讀第五才子書法（《水滸傳》的讀法）〉中提到「《水滸傳》只是寫人麤鹵（粗魯）處，便有許多寫法」，並且對於魯智深、史進、李逵、武松等好漢各自的「粗魯」的差異進行評論，所謂「粗魯」原本是負面意義的詞彙，但是作為純淨的真情流露的相通語意，在這個時期，反而也有了稱讚他人的語感。

這樣的顏佩韋的性格描寫可說是承繼《警世陰陽夢》以來的顏佩韋形象，同時要注意到的是《清忠譜》對於周邊登場人物的描寫也凌駕於明末的刺魏文獻，而將他們形塑出更輪廓分明的形象。第一，關於在開讀之變為了救助周順昌而四處奔走的生員們的描寫方式。在這部戲曲中，作為生員的代表人物，王節與劉羽儀是以實名登場，他們試圖向巡撫毛一鷺請願，希望他提出保留周順昌的上奏文，用溫和的手段來解決事情，以抑制民眾情緒的爆發。相對於此，顏佩韋等人則做出更準確的判斷，「老毛是為太監的乾兒子，這番拿問也是他的線索，怎肯出疏保留」，一開始就有展開暴動的意圖，「他若放了周鄉宦罷了；若弗肯放，我們蘇州人，一窩蜂，待我們幾個領了頭，做出一件烈烈轟轟、驚天動地的事來」（第十折）。與官員的談判也是，王節等人與裝腔的文言語調不相稱，滿腹交集、口齒不清地說：「周……周……周銓部居官侃侃，居鄉表表。」與此對比，顏佩韋等人說道「青天爺爺呵！周鄉宦若果得罪朝廷，小的們情願入京代死」，以樸質直截的態度逼迫官員（第十一折）。此處的生員們，作為突顯民眾真情表現的對比角色，稍微被附加上迂腐的學究先生的性格。

第二，注意到對於周文元的描寫。有關開讀之變的明末文獻裡，在這「五人」中，在描述上多少添加個人性格的，幾乎僅限顏佩韋一人。相對於此，在這部戲曲中，其他人物特別是周文元，則是以活潑生動的形象登場。在作者不詳的〈五人傳〉中，周文元是周順昌的轎夫，然而這部戲曲所描寫的周文元，卻是蘇州閶門外把持娛樂場所的年輕俠客，是眾人不敢怠慢的對象。相對於顏佩韋作為「淨」的角色，周文元的「丑」角雖是風趣幽默的配角，但是在開讀的場景中，顏佩韋向官員提出願意為周順昌入京代死的時候，周文元突然插嘴：「不是這樣講！不是這樣講！讓我來說。」然後叫道：「青天爺爺阿！今日若是真正聖旨來拿周鄉宦，就冤枉了周鄉宦，小的們也不敢說了。今日是魏太監假傳聖旨，殺害忠良，眾百姓其實不服，就殺盡了滿城百姓，再不放周鄉宦去的。」（第十一折）這些場面感覺就像是把過往文獻記載顏佩韋的精采場面給奪去了。而且關於其他人物也是，當中描述沈揚和馬傑是「日夜在賭場淘賭」的年輕人，五人之中多少有些正經的人也只有「在前街開店，他是有體面的」楊念如而已（第十三折）。

「五人」帶有的「市井閭巷之俠」般的性格，在之前關於建造「五人」的祠祀時，引起部分士大夫的警戒心。然而，在這部戲曲所強調之處，反而正是「五人」作為「市井閭巷之俠」的這一面向。對比於生員，沒學識又沒規矩的他們出於真性情的行動，反倒讓人直呼痛快。「清忠」者周順昌的悲劇命運與「粗魯」的「五人」的爽快性格彼此交織下，產生出具立體感的趣味性。雖然不清楚這部戲曲演出範圍究竟有多廣，但是在汪之衍《東皋詩存》卷四十三，余儀曾〈往昔行〉的序文可見到康熙十八年（一六七九）江蘇如皋冒襄的戲班上演

《清忠譜》的記事。冒襄對客人嘆道：「諸君見此視為前朝古人，惟余歷歷在心目間。」

清末熱烈上演的〈五人義〉（別名「看看蘇州人」、「倒精忠」），是以《清忠譜》的暴動場面為中心而改編的作品。依據收錄於《戲考大全》的劇本的前言，提到：「（「五人」的故事中）劇本僅至挖去眼目為止，編排者實有深意存焉。蓋五人之義氣，高薄雲天，若演至終場，勢必斬首市曹，使觀劇諸君，為之鼻酸心測，反失興會，割去後文，正是恰好地步。」在〈五人義〉中，刪去原本是為《清忠譜》脈絡主線的周順昌的悲劇性故事，變成以顏佩韋與周文元為中心的輕鬆武打劇，以兩人的戲分來看，比起顏佩韋，周文元反而像是主角。雖然顏佩韋是「五人」的領袖，但是實際上卻被描寫成時常遭周文元戲弄的角色。[6]這裡的周文元是清末民初著名的京劇演員譚鑫培叫座的角色之一。[40]

「五人」的形象，一方面逐漸地移往以年輕俠客周文元為中心，轉變為重視武打技術的娛樂劇。另一方面，作為官府和士大夫所彰顯的義民的「五人」像，在整個清朝時代仍然續存。其主要的紀念遺址，有位於虎丘附近的「五人墓」。清代蘇州的各部地方志，幾乎毫無例外地都記載著「五人墓」的記事，「五人墓」與葛成的墓一樣，似乎一直到清代末期並未荒廢且續存著。根據顧公燮《丹午筆記》六十七〈五人墓〉，乾隆年間楊念如的曾孫還守著墓，而書寫「五人之墓」文字的韓馨其子孫韓崶在道光年間也仍與楊念如的七世從孫見面交談。[41]

有關「五人墓」以外的祠祀，雖然是隻字片語，但是仍有留下紀錄如下。依據顧公燮《丹午筆記》六十七〈五人墓〉，乾隆年間奉特旨欽旌，將「五人」從祀於復聖祠。復聖祠是位於楓橋鎮的祠廟，祭祀的是顏氏稱為先祖的顏回。[42]再者，顧震濤《吳門表隱》卷十三

---

❻【譯注】〈五人義〉中以顏佩韋為「淨」，而周文元為「丑」，關於本文提到這部戲曲往往把顏佩韋描寫成遭到周文元戲弄的部分，可以從該劇中一段眾人前往縣衙向官員陳情，周文元調侃顏佩韋的場面看出，如：「（淨白）二位青天大人，我想那周鄉宦，乃是好鄉宦。（丑白）好，大哥你往下說。（淨白）倘被他們拿去，豈不是傷了天理。（丑白）對呀，往下說。（淨白）再往下說嗎？（丑白）往下說呀！（淨白）二位大人，我想周鄉宦，乃是好鄉宦，若被他們拿去，豈不傷了天理。（丑白）怎麼死胡同，又回來啦！我說大哥，你往日說話，甘板多字，一字一板，今天為什麼葡萄拌豆腐，一都魯一塊，你是怎麼啦！」整齣劇不僅將周文元塑造成能言善道的伶俐人物，同時也占據比較多的演出分量，有別於往昔小說、戲曲以顏佩韋為重心的模式。參見上海出版社編，《戲考大全》（上海：上海書局，一九九〇），〈五人義〉，頁二三八。

列舉今後理應陪祀於名賢祠以及復舊祠的忠義人物名單，其中就包括顏佩韋等在開讀之變遭到逮捕的十三人。

在清朝整個時期，開讀之變不僅未被遺忘，反而作為明末蘇州的獨特事件留存在人們的記憶中。不過，明末形塑「五人」像其背後的政治緊張感，到了清代逐漸淡薄，這也是理所當然的。由「草莽」人物支撐的出版活動所帶有的熱切的政治關心，政治正當性流動化帶來的對庶民正義的關注，這些在進入清代政局安定期後就變得不切實際，而這「五人」形象也轉變成娛樂劇中的英雄好漢，或是點綴地方史的忠義人物群之一，存留在人們的心中。直到中華人民共和國成立以後，伴隨著關注明末歷史發展問題而來的「市民」、「民眾」力量增強的主題下，又為「五人」形象增添新的意義。[43]

結語

本章嘗試追蹤從發生開讀之變，經過魏忠賢倒臺、明清交替，乃至清末的「五人」形象的演變過程。說起來，關於「五人」的實際面貌，包括事實上開讀之變是否由「五人」主導等，能明確知曉之處意外地並不多。反倒令人感興趣的是，在小說與戲曲中，以及在士大夫主導的表彰運動中，帶有微妙的差異下形成的五人形象，在當時社會裡被賦予如何意義。「五人」不同於紳士官僚，他們是無學無名的市井之人。幾乎所有的文獻皆一致強調這一點。然而，雖說是「無學無名的庶民」，其涵義也是各式各樣的。像是爭奪勢力、好發騷動、欠思慮的無賴漢；基於群眾心理而失控的悍民；直接體現天意的無名群眾；較士大夫更具士大夫德性的義民；粗魯但爽快具任俠之風的好漢等等。若要問他們實際上是屬於哪一類人物？這樣的問題恐怕是無意義的。

從田中正俊與森正夫以來，往昔的民變研究的一個問題點是，不夠深入關注當時文獻帶有的問題關懷與修辭，而將史料記載的庶民領袖們其言語和行動，直接當作是他們實際的言行舉止進行分析。[44]然而，究竟他們是否實際就是那樣地行動和說話呢？本章想指出的是，現今文獻記錄所留存的「五人」與葛成的言語和行動，若能將其視作當時地方社會的問題關懷下的產物，才可以最好地理解。而且那樣的形象，與其單純說是「虛構形象」，不如說是作為當時人們的自我形象，進而促使他們採取實際行動。與其追究那是客觀事實還是虛構情節，不如說應該要注意的是，作者一方面標榜其真實性，另一方面卻把強烈主張寓於其中，像那樣實踐性的態度，是包括小說、戲曲在內的當時江南論壇、文壇所共有的態度。

所謂當時地方社會的問題關懷指的是什麼呢？在考察明末人們對於「五人」的觀感時，不論他們對「五人」是正面或負面看待，我強烈感受到其觀感背後存在的對於政治秩序的不安。對於今日大多數的研究者而言，是把民變中民眾運動的正當性，視作不言自明的前提。「民眾之力」究竟能否打破王朝國家權力的桎梏，這才是問題所在。然而，就當時的情況來看，即使稱揚「五人」與民眾的行動，這背後所反映的，與其說是對於「民眾的正當性」的樂觀確信，毋寧說是面臨政治秩序解體的人們懷抱的不安和由此產生的疑問。當身為政治道德模範的官僚紳士們暴露出其怯懦和偽善時，人們該向誰去尋求支撐道德秩序的「忠義之脈」呢？或許可以說，「開讀之變」由於其背景的危機之嚴重，就成為明末諸民變中最強烈觸動人們心裡的事件。

注釋

1 在福本雅一〈周順昌と五人の墓〉（《帝塚山学院短期大学研究年報》三十七號〔一九八九〕），之後作者改題增補此文，收錄於《明末清初第二集》〔同朋舍出版，一九九三〕）已經提到關於這則記事的內容。

2 前述福本的論文，是所有關於「開讀之變」的日文專論中最詳細的，但是其論調仍是較接近傳統式彰顯正義派的方向。

3 作為對於研究史具有巨大影響力的論著，可舉出田中正俊〈民変・抗租奴変〉（《世界の歴史》十一〈ゆらぐ中華帝国〉〔筑摩書房，一九六一〕）。相關的研究文獻目錄，可參考谷川道雄、森正夫編，《中国民衆叛乱史4》（平凡社東洋文庫，一九八三）中，由夫馬進撰著的部分。

4 雖然要從當時的史料去推定參加民變者的人數幾乎沒有意義，不過在作者不詳〈五人傳〉中述及三月十八日的情況是「執香從者萬餘」；再者，作者不詳〈緹騎紀略〉裡提到「（周順昌）甫出門，百姓號冤擁送者，已不下千人」、「（十八日開讀之際）從順昌而行者數萬人」、「諸生五百餘人，公服候兩臺於門外」等記事。（前述各段文字收入《頌天臚筆》卷二十二、卷二十一）。

5 《文文肅公日記》為北京圖書館所藏稿本。關於這筆史料，本文最初登載於小野和子氏所編論文集時，承蒙夫馬進氏惠予並允許使用他手寫原稿的複印。其後，這筆史料的影本收錄於《北京圖書館古籍珍本叢刊》第二十冊而出版。本次不僅參照此影本，同時也參考周紹泉氏的解讀內容。在此向兩位學者表達感謝之意。

6 與開讀之變相關的各篇文獻中，在這一點幾乎都是一致的。但是顧炎武〈中憲大夫山西按察司副使寇公墓誌銘〉（《亭林餘集》）提到「巡撫巡按素與織監善」，像這樣把徐吉歸為宦官派的例子也不是沒有的。關於這一點，可參照清末之人丁國鈞的〈顧亭林寇公墓志失實〉（《荷香館瑣言》）。

7 從①到③並非全文，而只是摘錄其中重要的部分。①②也是收錄在《玉鏡新譚》。關於這三次的上奏到北京以後如何處置，在不明作者〈開讀傳信〉（《頌天臚筆》卷二十二所收）中有簡單的記述，然而卻未交代是其依據的資料來源。

8 到了民國時期，本揭帖收錄於趙詒琛編的《又滿樓叢書》。而在清代的瑣藏狀況，則可從同叢書中此揭帖裡附錄的韓是升、俞樾等人的文章中窺見端倪。

9 再者，徐吉等人，雖然最終仍是與其他地方官合作鎮壓「五人」，但是值得注意的是，即使在之後的彰顯「五人」的行動中，徐吉等人也絕沒有成為被批判的對象。「五人」行為的正當性，以及藉由處刑「五人」守衛蘇州人民的官員們的舉動之正當性，這兩者之間並未被認為有矛盾。這是因為無論哪一項行為，都被當作是為了抵抗魏忠賢而保衛全體社會起見的行動而受到肯定。雖然山口建治以陳文瑞在開讀之變的鎮壓行動受到馮夢龍稱讚為依據，指出馮夢龍對於民眾行動的評價有時代局限性（〈「馮夢龍與「開讀之變」〉，《神奈川大學人文研究》，九十三號，一九八五），但是對民眾運動的熱烈支持和對乾淨俐落的鎮壓行動的稱讚，在當時未必難以並存的。

10 殷獻臣，〈（周順昌）年譜〉（《周忠介公燼餘集》卷四）。

11 還有提到其他人，像是楊廷樞，當著開讀之變，他與王節等人一同與毛一鷺談判而一舉成名。（溫睿臨《南疆逸史》列傳第九，楊廷樞傳等）。在後面的注釋所舉《兩朝從信錄》的記載，也有提到：「諸生王節、劉羽儀、文震亨、楊廷樞、殷獻臣、王景皐、袁徵、朱隗、沙舜臣、王一經等。」清初《樵史通俗演義》，強調是以確實的史料為依據作成的實錄，是為對後來的歷史書籍具有相當大影響的時事小說，當中提到：「原是王節、劉羽儀、王景皐、沙舜臣、殷憲（獻）臣為頭，帶了楊廷樞、鄭敷教、王一經、劉能、劉曙、朱祖文、盧倫、文震亨等約有五、六百人，跪滿了一街。」

12 其他像是沈國元《兩朝從信錄》卷三十，也收有與開讀之變有關的王節的文章，這是承蒙 John W. Dardess（竇德士）氏指教。這篇文章的文末明載「此記為吾友王貞明手迹」（貞明是王節的字）。❼然而，其筆法並不像殷獻臣的文章般是把自己當作第一人稱書寫，而是使用「諸生王節」云云如同第三者的記述方式。由於這是在魏忠賢死後才作成的，其內容和修辭與《頌天臚筆》所收〈緹騎紀略〉多有重複之處，很難說其中含有與此事件關聯甚深的王節特有的視點與資訊。究竟這篇文章是否出自王節之手，對此仍持保留態度。

13 《頌天臚筆》卷二十二所收。雖然作者不明，但是據文末「吳市門畸人」所識的跋文，作者曾經因為不謹慎的言動而陷入危險狀態，歷經一番艱辛才逃脫，這之後雖然避談往事，隱居起來，但是事件演變到

---

❼【譯注】「此紀為吾友王貞明手迹。蓋貞明與吾師劉漸于為周公莫逆，雖當患難不廢周旋，故所覩記最為詳確，使百世而後想見吳中臣忠、友義、士謹、民直之概云。」參見（明）沈國元，《兩朝從信錄》，收入《續修四庫全書》，據上海圖書館藏明崇禎刻本，〈史部·編年類〉，第三五六冊，卷三十，〈開讀紀事〉，頁一一a－一四a。

今日，透過人們言語流傳而聽聞到的內容，實與當時有相當大的差異，因而重新抄錄過去所寫的〈開讀傳信〉並發表於世。從此可推測，作者是與開讀之變關聯甚深的人物，而且此篇記事在相當早之前便已寫成。文中對於當時情景描述詳盡，特別是生員與巡撫之間的互動，有其他史料未能見到的詳細程度。

14 這樣的見解，在與開讀之變有關的文獻中屬於少數派。雖然姚希孟〈開讀本末〉（《周忠介公燼餘集》卷四附錄）也表示同樣的見解，但是〈開讀本末〉原本就有很多部分摘取自〈開讀傳信〉，很明顯是以〈開讀傳信〉為基礎所寫成的。

15 根據崇禎《吳縣志》〈吳縣境圖西圖〉，江村橋是位於楓橋南方的一座橋。顏氏是集居於楓橋鎮附近的望族，此事可參見同書卷十九〈祠廟〉所收蔡懋德〈復聖祠重建記〉。

16 《頌天臚筆》二十二卷所收。

17 關於以下提到的相關史料，大部分在謝國楨《增訂晚明史籍考》（上海古籍出版社，一九八一）與江蘇省社會科學院明清小說研究中心、文學研究所編《中國通俗小說總目提要》（中國文聯出版公司，一九九〇），對於其作者、內容與體裁等已有解說。在本注釋中，則是以幾項文獻的相互關係為中心，提出若干見解。《玉鏡新譚》的作者朱長祚（京師浪仙），其生平事蹟不詳，但是據王重民《中國善本提要》指出，其雕版刻畫的特徵與蘇杭所出作品頗為相似。《玉鏡新譚》的凡例中提到，「遇害諸公略舉其羅織起因，若生平大節亦各有大方巨擘誌傳諸篇，另具載於臚筆一書也」，反映本書與蘇州人金日升所編《頌天臚筆》的關聯。就管見範圍而言，朱長祚的名字，無法在蘇州相關的地方誌中找到，但是顧震濤《吳門表隱》卷十三，吳郡名賢補遺中，可見到明人朱長祚的名字。再者，《玉鏡新譚》的凡例中有「長安道人」這號人物登場，而在《警世陰陽夢》也有「長安道人國清（或國泰）編次」，便可窺見兩者之間的關聯。接著，若比較這兩部史料，除了「長安道人」這一人名一致以外，並且依據的資料與情節的共通性，以及描寫魏忠賢專權時代的整體架構的相似度，都是相當明顯。那麼，「長安道人」實有其人嗎？《頌天臚筆》崇禎二年的序文為「華山八十老農臣朱鷺」所撰寫。據錢謙益〈朱鷺傳〉（《牧齋初學集》卷七十一），他是吳縣人，在父親死後，謝絕生員身分遊於陝西華山，在蓮花峰前結廬。道服長鬚，見者皆以為仙人。崇禎初年，他撰寫題為〈甘露頌〉的文章去長安（即北京），欲將之獻上新皇帝而不果，崇禎五年，年八十而逝去。附帶一提，據《警世陰陽夢》中的記述，長安道人是在終南山修煉過三十年。從「長安」、「道人」、「華山八十老農」、「終南山」等語詞和歌頌崇禎即位的態度等推測，朱鷺可能是與《玉鏡新譚》、《警世陰陽夢》、《頌天臚筆》這三者都有關係的關鍵人物。但關於這三者之間的更詳細的關係，還有待專家學者細緻的考證。

18 關於以下提到的兩點，劉勇強於〈明清邸報與文學之關係〉（《學人》三輯，一九九二）中，已進行具說服力的論述。在此，添加若干事實，以期補強前述作者的論點。

19 根據張慧劍，《明清江蘇文人年表》，頁四九五。

20 根據孟森，〈西樓記傳奇考〉（收入《明清史論著集刊續編》）所引的雷琳等《魚磯漫鈔》。

21 得知這部戲曲中穿插以魏忠賢為題材的故事，是來自大塚秀高〈懼内文学の流れ〉（《埼玉大学紀要（教養部）》卷二十五，一九八九）第一〇一頁的記述。

22 關於這段故事的結構與《警世陰陽夢》相似的部分，在前述大塚氏論文中已有討論。

23 顧彩〈髯樵傳〉（張潮輯，《虞初新志》，卷八）中，載有以下的逸事：「明季吳縣洞庭山鄉有樵子者，貌髯而偉，姓名不著，絕有力，……。髯目不知書，然好聽人談古今事，常激於義，出言辨是非，儒者無以難。嘗荷薪至演劇所觀《精忠傳》，所謂秦檜者出，髯怒飛躍上臺，捽檜毆流血幾斃。眾咸驚救，髯曰：『若為丞相奸似此，不毆殺何待？』眾曰：『此戲也非真檜。』髯曰：『吾亦知戲，故毆，若真，膏吾斧矣。』」文末，張潮論道：「觀劇忿怒殺人，所聞者非止一事。」另外，在董含《三岡識略》也提到，在浙江省嘉善縣的楓涇鎮，也有扮演秦檜的演員被觀眾所殺的事例。

24 卷八收錄吳江舉人張世偉的〈周吏部紀事〉，卷二十一收錄作者不詳的〈緹騎紀略〉，卷二十二收錄作者不詳的〈開讀傳信〉、〈祭文〉、〈五人傳〉，以及張溥的〈五人墓碑記〉。這些文章也被收錄在文集或其他資料集，在此不一一注記。

25 《街南續集》，卷六，〈王節婦傳〉。

26 《街南文集》，卷九所收。

27 江蘇省博物館編，《江蘇省明清以來碑刻資料選集》（生活・讀書・新知三聯書店，一九五九），頁四一四。又，《北京圖書館藏中國歷代石刻拓本匯編》第六十冊中，收錄此碑的拓本照片。

28 例如天啟年間的吳縣、長洲縣出身的進士十二名之中，有九名是贊同者。

29 關於織傭之變的史料，在佐伯有一〈明末織工暴動史料類輯〉（《清水博士追悼記念明代史論叢》，大安，一九六二），以及森正夫〈十七世紀初頭の「織傭の変」をめぐる二、三の資料について〉（《名古屋大学文学部研究論集》，80號，一九八一）等有詳細的記述。

30 曹家駒，《說夢》卷二，〈葛成顏佩韋〉。

31 《明文授讀》卷四十二，於宋懋澄葛道人傳略中黃宗羲的注。參照森正夫，前揭注29論文，頁一二六。

32 曹家駒，前揭注30文。

33 依據宋懋澄，〈葛道人傳〉（《九籥別集》卷四，稗）；錢謙益，〈葛將軍歌〉（《牧齋初學集》卷十）；曹家駒，前揭注30文；鄭鄤，〈題葛賢冊頁〉（《明文授讀》卷四十二）。

34 森正夫，前揭注29論文中，並未使用宋懋澄的文章，其後於一九八四年中國社會科學出版社出版依據王利器所藏抄本的活字本《九籥集》，變得容易利用。本文所引的前言部分，在這本書以外尚未能見到。根據王利器的序言提到，宋懋澄是一位自認且他認為稗官家的人物，而他特別在文集中設置「稗」的類別（〈葛道人傳〉也收入在其中），這是「封建時代的集部中絕無僅有」的事。

35 森正夫，前揭注29論文，頁一六以後。

36 陳繼儒也在〈吳葛將軍墓碑〉文末：「余以□（山）人職稗史，不可無一言以志其事實。」（《江蘇省明清以來碑刻資料選集》，頁四一七）。

37 關於鄭鄤之獄，參照福本雅一，〈鄭鄤の獄〉（《明代史研究》十三號，一九八五，之後收入同作者前揭注1書）。

38 作者不詳（一說是李清）的《檮杌閑評》，是有名的刺魏小說。同樣作者不詳的《樵史通俗演義》也包含許多魏忠賢相關的敘述。這兩部書都相當仔細地處理開讀之變，並且將顏佩韋等人描繪作任俠豪傑之姿。

39 關於李玉與《清忠譜》，在蘇寧《李玉和《清忠譜》》（中華書局，一九八〇。基於大澤顯浩氏的提醒下而得知有此書的存在）與顏長珂、周傳家《李玉評傳》（中國戲劇出版社，一九八五）有詳細介紹。再者，王毅校注《清忠譜》（人民文學出版社，一九九〇）中，附有極為周詳的解說與注釋，是很有用的資料。另外，李玉也曾編寫有關織傭之變的戲曲《萬民安》，雖然已經散佚，但是其概要相當詳細地記載於《曲海總目提要》卷十六。

40 在陳彥衡《舊劇叢譚》中，提到「譚鑫培演……〈五人義〉之周文元，恰是市井頑民」等。此外，也述及周文元屬於「武丑」的角色性質，而譚鑫培「武藝特精」，在「五人義」等劇能「出奇制勝」。

41 依據的是蘇州山塘街「五人之墓」旁邊現存碑刻。擔任刑部尚書的韓葑於道光十年（一八三〇）所撰寫，內文提到：「余八、九歲時，先大夫至虎阜半塘，至碑下低徊不去，有從旁詢姓氏者。先大夫笑應曰『余固書墓者之後人也』，還詰之曰『墓中楊念如是我遠祖』。」其後，他結束官僚生活並退休的時候，再度與這位楊念如七世從孫的人物會面。這位人物仍然守護墓壚，進行祭祀。

42 參照前揭注15蔡懋德，〈復聖祠重建記〉。

43 在中華人民共和國成立後的文學與歷史學中，又賦予「五人」作為對抗封建專制的勤勞民眾的象徵意義。舉例來說，如福建人民出版社於一九八三年出版樹棻的歷史小說《五人義》。在小說中，描寫顏佩韋為其家是世代在蘇州郊外種植蔬菜的農民，十二歲開始學習絹織技術，後來從事織工的人物。沈揚於閶門外的漕運碼頭經營腳行。周文元則是周順昌的僕人，這三人在工作的餘暇練習拳術而結成好友。周順昌被逮捕的時候，他們與從事屠宰業的回民馬傑、進行救援周順昌的活動的楊念如共同協力下，主導這場暴動。他們都被描述為品行方正之人，即使是過去在戲劇中扮演無賴而博得人氣的周文元也被評為「他平時就是謹慎的男人，沒聽過他淪落歪道」的人物。像這樣端正的「五人」形象，當然可以說是有違歷史事實，僅是以當代的觀點所創造出來的形象。不過，從明末清初各種文獻所見「五人」形象也是一樣，與其說是「事實」，不如說是由當時人們作為各式各樣的形象形塑出來的，這是本章所欲討論之處。在這層意義上，直到現在，「五人」形象仍持續被塑造著，而要在史實與虛構之間劃出一道界線可說是困難的。

44 例如，關於兩位學者圍繞鄭鄤記錄下來的葛成的發言進行的議論，可參照田中氏，前揭注3論文，頁五二；以及森氏，前揭注29論文，頁一二三以下。

後記

本章是以〈「五人」像的成立〉（小野和子編，《明末清初の社会と文化》，京都大學人文科學研究所，一九九六）為基礎，並擷取〈明末清初江南的地方民眾與權力者們〉（《歷史學研究》，第六五一號，一九九三）的一部分內容加以改寫而成。

崇禎十七年的江南社會與北京消息

第五章

chapter 5

前言

崇禎十七年（一六四四）三月十八日，李自成率領的流民軍進入北京城，包圍紫禁城。十九日的清晨，崇禎帝自縊於紫禁城後方的煤山。二十日乃至二十一日之間，這則新聞在北京城內人群中傳播開來。[1]從二十一日起的數日間，皇帝與皇后的遺體被草率地放入靈柩，並且放置在東華門外，但是幾乎沒有人敢前往祭拜他們。[2]

遭到李自成軍隊攻擊的北京其危險的狀況早已是眾所皆知的事，即使如此，崇禎帝自殺的消息，對於全國的士大夫以及民眾而言仍是如同天崩地裂的衝擊。在戰亂中情報傳達相當緩慢，即使是在傳播皇帝自殺消息的地域，這種半信半疑的狀態也是持續相當長久。本章將對於北京淪陷與崇禎帝自殺的消息如何傳播到江南，又在江南引起什麼樣的反應，盡可能具體地進行檢討，同時也將對當時江南社會民眾如何看明朝滅亡這一事態進行考察。

關於明朝滅亡的消息如何傳到江南，在過去的研究中是從幾個方向進行討論。有關明清時代的消息傳播系統，藉由近來相當積極的研究討論逐漸地變得明朗，如朱傳譽與尹韻公的論著，特別是從塘報的作用探討明朝滅亡時的消息傳播。[3]再者，大木康把明代末期作為

「初期大眾傳播社會」的成立期，提到馮夢龍等江南文人是實踐消息傳播上的要角，同時也論及明朝滅亡的消息在江南傳播的事例。[4] ❶在明末清初多災多難的時期，江南士民對於北方情勢予以高度關切，這正是促進消息傳播系統急速發展的原因。❷

❶【譯注】學者大木康認為明代嘉靖朝以降，在江南地區由於印刷術的普及，出現書籍大眾化的現象。這樣的現象發展到明末，進一步塑造了以書籍為媒體的「初期大眾傳播社會」（初期的大衆伝達社会）的形成。大木氏分三個方面論證他的說法：(1)思想傳播方面，以李贄《藏書》為例，提到官員屢次上奏查禁《藏書》，反而印證李贄的思想與其著書在「海內流行」的程度。(2)輿論形成方面，以民抄董宦事件與東林黨、復社的黨社活動為例，認為都是利用書籍、戲曲等印刷物作為媒介，聚集輿論以攻擊對方。(3)消息傳播方面，以崇禎十七年崇禎帝自縊與北京陷落的消息傳播為例，從姚廷遴《歷年記》、馮夢龍《甲申紀聞》等反映消息的紛雜虛實，然而這些消息卻也成為江南民眾分辨「忠逆」人物的依據。參見大木康，《明末江南の出版文化》（東京：研文出版，二〇〇四），第三章〈明末江南における出版文化の諸相——初期的大衆伝達社会〉，頁一二九－一六一。

❷【譯注】關於晚明傳播媒體的發展，學者王鴻泰注意到晚明社會傳播媒體發達對於士民生活的影響，認為有助於促進「公眾社會」的形成。他在研究中提到，邸報等媒體傳布的消息，不僅讓遠離北京的江南士紳得以「參觀」、「參與」政治事務，就連一般民眾也能透過小說、戲曲等文藝作品，作為接收資訊

有關李自成軍占領北京的消息傳播，在農民戰爭史實問題的研究方向，也有相當意味深長的研究進行著。顧誠與欒星從探討李自成軍的其中一位首領李巖，他其實是流言或傳說中被形塑出的「烏有先生」，也就是虛構人物的立場出發，比較檢討當時各式各樣的史料，追究李巖從「傳說人物」、「演義人物」到「史籍人物」的演變，乃至還出現在《明史》之中的過程。[5]他們的直接目的，與其說是闡明當時的資訊傳播方法，不如說是藉由嚴正的史料批判，進行農民戰爭相關事實的確定以及歷史人物的正確評價。其研究的目的在於批評對歷史事實的捏造，而其基本精神就是去偽存真的「實事求是」。然而在同時，他們的研究讓我們注意到從曖昧且矛盾的流言中，「事實」逐漸被形成乃至固定化的這一饒富深意的過程。

如果當時江南社會傳播著混亂的流言是一項歷史事實的話，那麼當時的人們是以怎樣的形式理解北京的情勢？雖然在他們的理解中摻雜曖昧、不正確性，但如實了解他們這樣的理解方式本身也許能成為一個研究方向。對於明清交替的江南所發生的種種政治行動，在試著賦予「民族鬥爭」、「階級鬥爭」等巨大屬性之前，若先把這些政治行動視為當時人們基於具體動機下採取的行為來理解與考察的話，則有必要去解明當時人們理解情勢的方式，包含當中的誤解與混亂的部分。從親戚朋友聽來的消息和附近鄰里的流言、北方來的人們的經驗談以及小報等消息氾濫中，人們的心理如何受到動搖？將明清交替時期江南地方社會的驚慌狀態回溯到人們的心理加以考察，雖然相當困難，但卻是具有深意的課題。在本章，作為朝向那樣的方向的初步作業，探討崇禎皇帝自殺的消息是何時又如何傳播到江南各地？在蒐集整理其傳播過程相關史料的同時，也將探討作為這個消息引起的初期反應之一：「從逆」問題，也就是責難、襲擊投降李自成的官員們的風潮。

的管道，在日常生活中接觸到政治、社會事件。因此認為這些傳播媒體帶來的影響，特別是對江南士紳與庶民而言，在於突破時間與空間的限制，讓人們對於某些事件產生情感呼應，乃至採取共同行動。同時也提示在晚明傳播媒體的發達下，民眾對於特定事件凝聚出共通的社會意識，進而形成一種跨域的「想像的社會」融入於現實社會生活中。參見王鴻泰，〈明清的資訊傳播、社會想像與公眾社會〉，《新史學》，第十二期，二〇〇九年六月，頁四一－九二。

一、北京淪陷消息的江南傳播

前述提到，崇禎帝的死亡在一、兩天後散布於北京城內人群之間。而這則消息會經由北京與江南之間的交通大動脈，也就是大運河一路傳達到江南。在距離北京的南方約二百公里、沿著大運河的北直滄州，三月二十五日，隨著知府的逃亡，兵士也跟著鳥獸散，城中的鄉紳之家把門牌取下，商人用泥土封固胡同的入口，充斥著緊張的氣氛。幾天前從南京到此地赴任的程正揆一到州的衙門，知州羅爌痛哭地說：「大事去矣，十九日京外城潰，內城定不保，內監既夜半潛去，今早有本州大秀才王某某等七八人來，強索州印去，云往迎順朝矣，爌惟待死……。」（程正揆，《滄州紀事》）

從北京到南直淮安，兩地直線距離約八百公里，在三月二十九日京城失守的消息傳到了淮安。不過，當地仍處於「疑信相半」的狀態，而人們得到崇禎帝自殺的確實消息，是在四月九日的時候。滕一飛《淮城紀事》對於當時的狀況有如下的描寫：

> 初八日，路軍門（淮揚巡撫路振飛）傳一令箭，諭合城鄉紳、孝廉、青衿、鄉約，

俱集城隍廟議事。眾謂必守城事耳。次日眾大集。軍門始述三月十九日事，出塘報于袖中，使眾閱之。云：「闖賊已入京城，百官從逆者甚眾，偽官代本院者即至，諸生今日將效保定徐撫臺（徐標。被部下扭送給李自成軍而遭害）故事綑我出迎乎，抑念皇家厚恩，祖父世澤，大家勉力一守乎。」言畢淚下。眾亦多泣者。已而陳說紛紛，俱迂緩不切。路公謝而遣之。自是人心逾迫，私逃者不絕。

鄰近長江的江北如皋，雖然不在大運河的路徑上，但是過了四月十五日，這個地方也收到三月十九日的確報。依據帶著愛妾董小宛回鄉的冒襄所述：「甲申三月十九日之變，余邑清和望後，始聞的耗。邑之司命者甚懦，豺虎猙獰踞城內，聲言焚劫，郡中又有興平兵四潰之警，同里紳衿大戶，一時鳥獸駭散，咸去江南。」（《影梅庵憶語》）

北京淪陷、崇禎帝自殺的消息，四月初也以模糊不明的流言形式在長江以南流傳著。不過，江南的民眾收到確報則是四月底到五月初之間。在江南，最早收到崇禎帝自殺的確報，是留都南京的官員們。《鹿樵紀聞》記載：「順治元年四月戊午朔，明留都聞京師之變，尚書史可法……等，誓告天地，號召四方起義勤王。」即四月一日北京淪陷的消息已經傳到南京。不過，史可法在四月一日發出的〈勤王討賊檄文〉（《史可法集》，卷四）中，依舊是以為了「今天子」的名義來號召，可知皇帝自殺的確實消息仍未傳到南京。如文秉在《甲乙事案》所述，在史可法發布勤王檄文的四月一日這個時間點，應謂「是時有傳京師失陷者，猶疑信相半」。

關於確實消息傳到南京的日期，史料上有各種說法。例如，在顧炎武《聖安本紀》載有「四月己巳（十二日）烈皇帝凶問至南京」；在計六奇《明季南略》載有「十四日辛未，有內官至南京，府部科道等官始知北京被陷確信」等，這些內容都不是出自作者的親身經歷下的記述，而沒法弄清基於何種根據。作為基於親身經歷當時南京的狀況所留下的生動記事，首先可舉陳貞慧《書事七則》的〈書甲申南中事〉。[6]依據這則記事，同年三月，陳貞慧回到家鄉宜興，由於「道路之口，驚傳不一」、「吾宜又當僻壤，北來實耗無從得之」的狀況，無法按捺內心騷動的他，四月八日在霪雨中到了南京。隔天他趕緊拜訪政府高官盧象觀和姜曰廣，他們掌握的消息也與民間所流傳的沒有多大差異。再隔一天，與他再次見面的姜曰廣，滿面喜色地告知說，皇帝已從海路南下當中，而東宮也平安地逃出北京，並且向他展示史可法的書信。[7]然而，不到一天的時間，從北京來的逃亡者踉蹌而至，說皇帝已經在三月十九日自縊於煤山。十七日，傳聞有北京一大老只帶奴僕一人，徒步從通濟門入城，問其姓名則是舊輔臣魏照乘。由於魏照乘是陳貞慧的亡父陳于廷的門生，因此陳貞慧趕緊向他詢問北來消息的真偽，魏照乘證實了崇禎帝的死亡，並且列舉各個殉國者的姓名。當要再進一步詢問詳細的事件始末時，魏照乘則謂：「余亦倉皇出都門外，多得之道路云。」當時南京的諸位大老們皆向魏照乘詢問，才始知北京的實情。

在後來的弘光政權中擔任閣臣高弘圖的幕僚並且應是熟知內情的談遷，在《棗林雜俎》仁集〈定策本末〉中，具體地記錄其間的動靜。甲申四月，京報斷絕了一個多月，留都的人們都困惑不已。十三日晚上，有宦官來到內府告知北京三月十七日失守。南京諸臣聚集起來討論監國一事，「恐北耗未確，逡巡未決」。到了二十七日，有宦官逃至南京，詳細地傳達噩耗。接著在同一天內，壓下所有反對意見，決定擁立福王。祁彪佳在日記中循日記錄他在此前後獲得北京的消息的過程。當時他響應勤王的號召，離開浙江山陰縣的家鄉，趕赴南京的途中。在路途上，他向各地官紳探詢北來的消息，詳細地記錄於日記。四月六日的記事，提到「賊圍京城則未確也」；十四日，來自滸墅關關使的消息，提到「京城于十八日被困矣」；二十一日，從蘇州來到無錫的友人云「三月十七日自都城來道消息甚棘，外城有不保之語」；二十五日，喜獲「神京無恙」的消息，不久，二十七日，從南京來的友人向來到句容的祁彪佳，告知「三月十九日燕都之變甚確」。得知「先帝與后皆身殉」的他，「徬徨徹夜」；二十八日，祁彪佳抵達南京城外，從友人太常何大瀛聽聞「南都于廿一、二日已知北都之變」（《祁忠敏公日記》）。

綜合以上來看，在南京官僚們之間，隨著四月中旬從北京來的逃亡者陸續抵達的過程中，逐漸相信皇帝之死是確實的消息。不過，這個消息並未立刻散布到民間。依據陳貞慧《過江紀事》，北方的消息傳到南京之初，魏國公徐弘基，「約卿貳言路集其家，招入密室」，告以噩耗，他們在「號哭盡哀」後，約定「冠服姑如常，禁訛言者，殺亡赦」。如後述般，浙江紹興府劉宗周聽聞皇帝之死的時候，巡撫卻閃爍其詞不肯發喪。再者，劉宗周的門下桐鄉縣張履祥也提到：「（北京的噩耗傳到時）匹夫孺子，莫不震驚慟哭。上下官司，理獄訟，急征輸，若為弗聞也者。雖有聞知，諉曰：『哀詔未至，真偽未可信。』」（《楊園先生全集》卷三十一，〈見聞錄一〉）五月四日，由成為監國的福王發布哀詔，在此之前，江南社會都是藉由民間謠傳的方式，將北京的噩耗傳播出去。

隨著北京淪陷、崇禎帝自殺的確實消息傳播江南各地，在各個都市也出現有關奴變、無賴暴動等的風聲，瀰漫著不安穩的氣氛。❸

鄰近南京的金壇，四月二十八日始聞京師之變（于埔《金沙細唾》）。依據光緒《金壇縣志》卷十五〈削鼻班〉的記事，同年四月，沈紹本與岳文芳聽聞北京淪陷的消息後，他們成為領導者並進行謀議，始發起奴變。長江南岸的江陰最初傳來北京淪陷的消息，是在四月三十日的夜晚。韓菼《江陰城守紀》中，對於當時的狀況有如下的記載：

---

❸【譯注】關於明末清初江南社會頻發的奴變，學者謝國楨先是將明代社會的奴僕消長分為三個時期：一、奴僕養成時期：明初至中葉（嘉靖、隆慶）；二、奴僕豪縱時期：萬曆、天啟朝；三、奴變時期：明末清初。藉由這樣的奴僕消長演進，謝國楨認為明末清初出現奴變的主因，先是有晚明奴僕倚仗士紳勢力欺壓百姓，乃至於奴僕投靠別家而反欺害原主等情況，造成社會普遍鄙視奴僕及其家屬。在這樣的社會衝突下，當清軍南下，導致江南社會階級秩序瓦解，促使奴僕趁勢向主人要脅索取賣身契，甚至劫掠燒殺士紳或大戶人家，是為奴變，其中尤以太倉顧慎卿組織烏龍會發動的奴變為禍最烈。參見謝國楨，〈明季奴變考〉，收入同作者，《明清之際黨社運動》，頁一七五－一九七。

四月三十日夜，始得都城凶聞。市井不逞之徒，乘機生亂，三五成群，各鎮搶掠焚劫，殺人如草。縣主無如之何，乃懇諸生中老成碩望者，同學師分往各鄉，諭以理義，動以利害。

關於無錫的狀況，計六奇在《明季南略》卷一的附記中，記錄親身體驗如下：

四月廿七日，予在舅氏看梨園，忽聞河間、大名、真定等處相繼告陷，北都危急，猶未知陷也，舅氏乃罷宴。廿八日，予下鄉，鄉間亂信洶洶。廿九日下午，君徵叔云：「崇禎皇帝已縊死煤山矣。」予大驚異。三十日夜，無錫合城驚恐，蓋因一班市井無賴聞國變信，聲言殺知縣郭佳胤，搶鄉紳大戶。郭邑尊手執大刀，率役從百人巡行竟夜。嗣後，諸大家各出丁壯二、三十人從郭令，每夜巡視，至五月初四夜止。

此外，無錫的鄉紳華允誠等發布的〈公討降賊逆臣檄〉中，提到「允誠等于五月朔日，驚聞國變」（顧公燮，《丹午筆記》所收〈錫邑諸紳華允誠等公討降賊逆臣檄〉）。

在江南最大的城市蘇州，雖然三月十九日事變的消息於四月初已廣布民間，但是當地仍處於「以理所無，未敢遽信」的狀態（《啟禎記聞錄》）。蘇州舉人鄭敷教，四月初自原任應天巡撫的張國維聽聞三月十九日的消息，獲得確報則是在五月一日（《鄭桐菴年譜》）。張國維在三月十日剛離開北京，想來應是他在路途中聽到消息。為崇禎帝殉死而變得有名的生員許琰，他是在四月二十七日來到蘇州城後聽聞北京淪陷的消息，起初認為那是李自成勢力的一方所散播的流言而不予相信，但是五月初獲得確切消息後號慟求死（馮夢龍，〈許琰絕命詩和韻序〉，收入《甲申紀事》以及《李闖小史》第三卷）。

當噩耗確為事實愈趨明朗化，楓橋的無賴結盟聚集，遠近協應，欲圖謀叛亂，居民們也陷入不安的情緒。自四月底到五月初的期間，帶著家產與家眷潛避到洞庭山、陽城湖、光福鎮等偏僻之地者十有四、五。帶頭的人家都是官紳巨室（《啟禎記聞錄》）。監國福王哀詔發布後，從五月九日到十一日的三天期間，蘇州生員們至明倫堂哭廟，「士民數萬人匍匐奔哭，號慟震天」（《中興實錄》所收〈蘇州府長吳三學哭廟文〉）。九日，巡撫祁彪佳接到福王朝廷的兵部差官來報，「蘇州城門閉，岌岌將有變」（《祁忠敏公日記》），五月九日）。十日，士民襲擊項煜等四位「從逆」官員的宅邸，「毀其器物，散其貲蓄，以洩眾心之不平」（《啟禎記聞錄》）。雖然在當時散播著李自成軍將騎馬南下，偽官們也即將到來的謠言，但是等到五月十五日弘光帝於南京即位，人心也趨於稍定（《鄭桐菴年譜》）。

從蘇州沿大運河稍往南的吳江，當地的北京消息的傳布狀況也與蘇州類似。四月二日在吳江舉行的賽會富麗異常，而蘇州府內也是有別於以往地熱鬧。《啟禎記聞錄》的作者提到：「是時，北都不祥之說已競傳，民間猶為此舉，可見人無憂國之心。」不過，四月中旬時，這則消息仍是曖昧不明的狀態，根據葉紹袁的紀錄，境內盛傳「都城失守，天子蒙塵」。五月一日，他的外甥前來，「始知有不忍言之事，為之一慟，心搖搖如旌懸者累日」（《葉天寥年譜．續》）。

不在大運河航線上的江南三角洲東部，當地的確報的傳播速度要比蘇州來得稍遲。在隸屬於蘇州府的太倉州，五月初開始能聽聞確切消息（王抃，《王巢松年譜》），[8]太倉州人陸世儀接獲確報時寫的詩的題名裡，批評：「五月四日得先帝后慘報確信，四海同仇若喪考妣，詰朝鄉紳有樓舟廣筵縱觀競渡者，憤而刺之。」（《甲申紀事》所收）對於在危急狀況下官僚紳士仍舊興致勃勃地觀賞端午時節龍舟比賽，崑山人歸莊寫下絕句：「書生聞變涕霑裳，狂悖人心未可量，青綬銅章□此日，吳歌楚舞醉霞觴。」並在後注中加以指責：「四月晦日，糧儲道署中演戲，五月朔至端午，嘉定知縣日挾妖童娼妓觀龍舟。」（《歸莊集》卷一，詩詞，〈聞北信・續聞〉）嘉定縣人蘇瀜《惕齋見聞錄》提到：「端午後始得北信，於是邑有逆奴乘亂焚劫索契之變。」又有同為嘉定縣的侯峒曾，他在寄給友人的信中提到：「某前月直走京口，止為北問漸危，不遑寧處，比歸半月，日夕旁皇，及端午之日而大變至矣。」（《侯忠節公全集》卷八，〈答龔智淵博士書〉）可知北京淪陷的消息傳到嘉定是在五月五日左右。

京師淪陷的消息，在五月二日時傳到位於松江府城的陳子龍之處（《陳忠裕年譜》）。關於上海的狀況，曾羽王《乙酉筆記》與姚廷遴《歷年記》提供饒富意味的史料。上海生員曾羽王於四月二十日是從友人聞知北京的事變，這則消息是其友人從上海的高姓舉人的典籍處得到總戎高定侯的家報而來。不過，詳情仍是不明，而友人只說十日內會有確實消息。直到二十九日才傳來李自成破京、先帝自殺的消息，在那之後，人心惶惶不安、頓失所依，凡遠近溪谷的民眾沒有不為先帝之死而痛哭呼號。松江出身的官員在北京從賊者，有翰林院庶吉士朱積、給事中楊枝起、翰林春坊楊汝成、給事中翁元益等，府城的生員們遍出討檄，舉國若狂。不到一個月，弘光帝即位，人心稍定。若曾羽王得到北京淪陷的消息是在四月二十九日的這個日期是正確的話，那在江南三角洲東部而言算是相當早。據同為上海人的姚廷遴的記載，他得到北京淪陷的消息是在五月五日，正與親戚們共享端午宴飲的時候。[9]「忽報沈伯雄來，覺愴惶之狀，手持小報云，四月二十五日，闖賊攻破京師，崇禎帝自縊煤山等語。叔祖（姚永濟）聞之大驚，大伯、二伯（永濟的長子、次子）俱失色無措，遂收拾杯盤，斟酌避難。不一日有大報到，民間咔聞。又不一日，報福王監國南京。……是時我都太平日久，民不知兵，饑荒連歲，人思奔竄，老幼不寧，訛言日至。」到處流傳清兵南下的通知或四鎮兵士潰走且到處掠奪等消息，「時常夜半訛傳，愴惶奔走。士大夫之家，俱練習家丁，教之槍棍，樹兵設械，鳴金擊柝，張威耀武，各為防護焉」。雖然姚廷遴的叔祖姚永濟是曾經擔任浙江布政使的富裕鄉紳，但是他也像一般庶民一樣是經由「小報」才知道北京淪陷。

從吳江縣沿著大運河再往南，來到浙江省嘉興府城，在鄰近嘉興府城的嘉善縣也是，鄉紳陳龍正是在五月一日得到北京淪陷、皇帝自殺的消息。才剛在同年二月離開北京、三月歸鄉的他，憂慮北京的情勢，而熱心地收集北京的消息。到了五月一日才終於得知皇帝已於三月十九日於煤山殉國的事。「時人情洶洶，又傳言逆闖兵且南下。」當時陳龍正懷著史可法必有大計以收攬人心的期望，而不久傳來福王監國的消息，陳龍正「喜且泣」（《陳祠部公家傳》，卷二）。依據對嘉善人魏學濂（東林派有名人物，遭魏忠賢黨虐殺的魏大中之子）在北京投降李自成軍一事而發布的討伐檄文（《惕齋見聞錄》所收）來看，魏學濂的奴僕張順從北京攜家書回到魏家是在五月一日，文中提到「傳知北信，合邑摧震，爭走詢允枚（學濂之子）」（《惕齋見聞錄》），因此陳龍正可能也是從那之後才得知消息。

位於紹興府的劉宗周收到北京淪陷的消息，也是在五月初的時候。依據門人編纂的詳細年譜（《劉子全書》，卷四十），五月二日當門人告知北都淪陷和皇帝自殺的消息時，他感到愕然幾近昏厥。不久，得知事變的諸生數十人趕到劉宗周之處。隔天，他們前往杭州與巡撫黃鳴俊會面，強迫他發喪與出兵，但是巡撫以「事未確宜，少鎮靜以安人心」為由而拒絕。劉宗周相當憤怒，斥責巡撫：「君父變出非常，公專閫外，義當枕戈泣血，以激同仇，乃反藉口安民作遜避之計。」再隔日，更加詳細的消息傳到杭州，士民洶洶聚集劉宗周的宅邸。劉宗周勸說巡撫，若要安定人心則應發喪，雖然巡撫以哀詔未至為藉口而反對發喪，但是最後被劉宗周等人駁倒，不得已只好順從眾人。

北京淪陷的消息從浙江往南傳到福建，五月二十一日傳到福州，[10]二十七日傳到漳浦，[11]

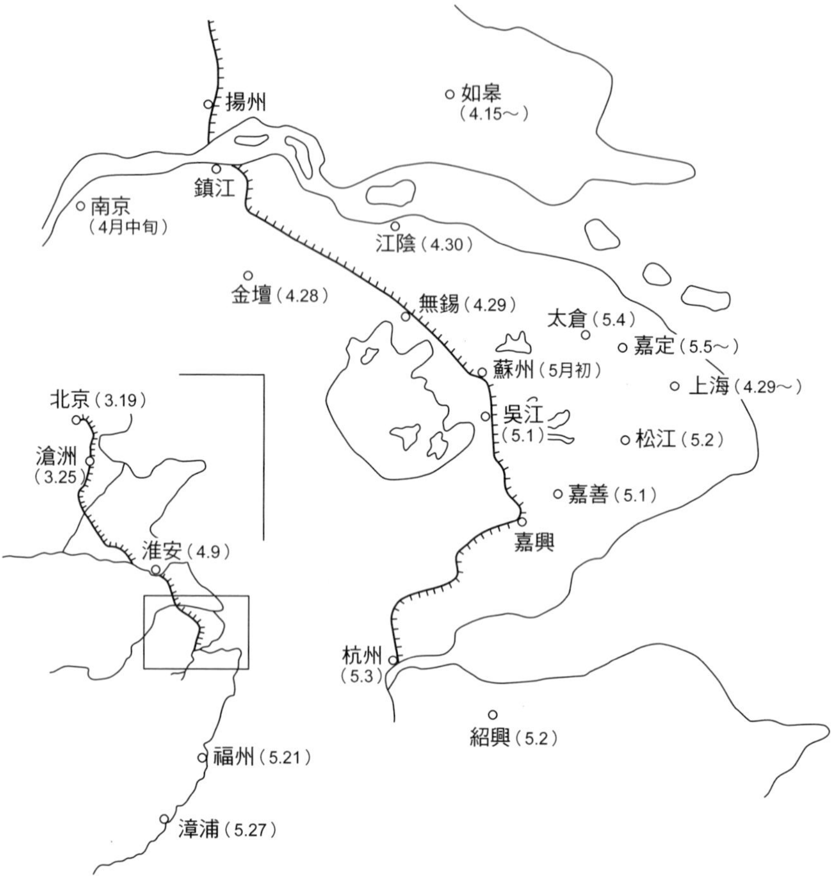

圖 5　北京陷落消息的傳播(原書頁 155)

關於江南以外地區的傳播有待日後考證，在此先就以上整理關於往江南的消息傳播，統整數項特徵如下。第一，北京淪陷的消息傳抵江南的主要都市，如南京與蘇州，都是在四月初的時候。不過，由於沒有確切的方法能證實傳言的真偽，因此在江南民眾之間仍相當地持續著「疑信相半」的狀態。從四月末到五月初，江南士民始得北京事變的確報。在平時，透過邸報等管道，北京的消息約經過一個月就會傳到江南，[12]但是相較之下，三月十九日事變的確切消息傳到江南的時間卻是相當地晚了。其原因自然是由於北方戰亂兵燹，阻擾傳遞消息者的行動，而同時也是因為較早得到消息的南京官僚們對官方消息通報採取消極的態度。如劉宗周經歷的事例可見到，即使民間已經廣傳北京的噩耗，但是明朝官員的回應卻是遲鈍的。第二，從四月末到五月初江南境內的消息傳播方式來看，讓人留下一種當地傳布消息是相當急速且徹底的印象。自四月二十八日、二十九日到五月五日前後之間，在江南的都市，無論紳士還是庶民得知皇帝自殺的確切消息，都感到相當驚愕。從傳播路徑來看，大運河沿岸的傳播速度較快，而江南三角洲東部的傳播速度則稍遲。第三，皇帝自殺的確實消息誘發了江南各城市內的騷亂事件。以明朝滅亡的消息為契機而發生的金壇、嘉定和上海的奴變一向受到注目，市井無賴締結盟約圖謀不軌等事例，在江陰、無錫、蘇州、太倉[13]等地皆有呈報，再者，在蘇州和松江對於「從逆」官員「舉國若狂」般地責難與襲擊其宅邸事件，也可看作是當地在李自成軍和清軍南下的不安中發生的一種士變、民變。伴隨五月十五日弘光帝的即位，雖然「人心稍定」，但是由於隔年六月弘光政權的崩潰，隨著權力的空白，再次出現比以往更大規模的混亂狀態。

二、傳播消息的方法

北京淪陷的消息是經由什麼樣的媒體傳播到江南呢？北京失陷後，理所當然邸報的發行也斷絕了。江南的人們取得北京消息，可能是有幾項來源。舉其中一例來看，如馮夢龍《甲申紀事》收錄的〈嵩江（松江）府闔郡士民討逆賊楊汝成檄〉中列舉其消息根據，「汝成之降賊，與賊之愛汝成也，一見于楊御蕃之塘報，一見于逆孽楊時亮之辦單，一見于徐敬時之口述，一見于《國難紀聞》」。以下將分作：北京的消息首先傳抵江南的過程即第一次傳播，以及在江南廣傳到各地士民的過程即第二次傳播，藉此檢討各種傳播消息的手段。

在第一次傳播的過程中，最為詳細且重要的消息來源，即是來自北京的避難者的體驗談。北來的避難者所帶來的消息，往往與提供消息者的姓名一同廣布流傳。從北京來的避難者最早到達江南的時間，可能是在四月初。蘇州生員袁良弼的〈公討降賊偽官項煜宋學顯錢位坤湯有慶檄〉（《甲申紀事》所收），可以認為是撰寫於五月十日的襲擊事件之前，文云：「初逆賊魏學濂家人自北逃歸，暫止西郊，已鑿鑿言諸賊從逆醜狀，即應聲罪公討，然弼等猶謂，亂臣賊子之名，豈可輕以加人。迨遲之浹月，而南還者接踵，不但口誅無異，抑且筆記昭然。」由此來看，最初對蘇州人士提到從逆諸臣消息的，是四月初左右抵達蘇州的魏學濂的奴僕（前述）。其後，從北京逃亡到江南的人數增加，他們所提供的體驗談也逐漸廣布，而關於其廣布過程中所出版的各種刊物之詳情將留待下節討論，在此先簡單地就相當初期的消息提供者進行探討。

關於四月十七日到達南京的魏照乘，已如前述，他是在可謂當時江南情報中心的蘇州的消息提供者，並且在往後的消息傳布方面也占有重要地位。馮夢龍在《甲申紀事》的序文中，統整他獲得的北京消息的出處，列舉如下：「甲申燕都之變，道路既壅，風聞溢言，未可盡信，候選進士沂水彭遇颽于四月一日，候選經歷慈谿馮日新於十二日，東海布衣盛國芳於十九日，先後逃回，各有述略，不無同異。武進士張魁十六日出京，有北來公道單，敘忠逆近實而未及紀事，吾鄉有賈人于五月望日出城，則李賊已遁，而燕京化為胡國，所述甚悉。」這裡提到的盛國芳這號人物，在前述於松江府的討伐楊汝成的檄文，以及蘇州府的討伐項煜的檄文，都是把他們作為實際可見的在北京的投降者之醜態的證人而引出他們的名字，如此一來不難想像這些檄文的起草者，是從北來避難者收集第一手消息的狀況。

《丹午筆記》所收王心一等人的〈討時敏檄〉中，作為見證時敏投降的證人，列出的有魏學濂的家人、吳爾壎的家人、武進士王三錫、京商周雲章等名字，總的來說，北京消息的提供者，與其說是高級官員，不如說比較多的是奴僕或商人等庶民，或未任官的士大夫等。原因在於，他們在尚未被李自成軍召喚之前就逃走了，同時也反映當時江南的氛圍是對於高級官員的逃難者，他們未能殉國而遭到責難猜疑的眼光。

作為將北京消息傳到江南的第一次傳播的媒體，要舉出的第二種是軍事消息傳達的手段。在崇禎十七年三月到五月邸報斷絕的期間裡，塘報成為傳播北京消息的重要手段。朱傳譽提到明末幾則塘報的例子，並指出：「一般來說，崇禎時塘報大多是軍方直接派人探報，……。北都淪陷以後，所謂『塘報』，都是得自民間。」[14] 關於當時把北京淪陷的狀況傳播到江南的塘報，在此可舉幾則具體的例子。上海圖書館編《甲申紀事》附載的〈張士儀稟報思宗縊死及京師情形〉，是由副總兵張士儀以四月二日逃離北京的工匠們其口述為基礎而作成的簡單報告，於四月二十二日以後發布，文末是以「大變是的。日已久矣，四方必聞，恐有不肖之念者、乘之而起，則削平為難。莫若急求親王紹統，頒詔發喪，則海內復知有君，不敢亂動矣」的建議作為結語。《燼火錄》收錄的〈陳方策塘報〉，與其說是傳播消息，不如說是指出李自成軍的弱點，並且呼籲反攻的文章。馮夢龍《甲申紀事》也是，不僅有陳方策塘報的節略內容，還收錄陳方策寄給史可法的書簡，根據文中註記提到陳方策是福建省莆田出身的監生。前述松江府討伐楊汝成的檄文中，提到「楊御蕃的塘報」，就管見所及的範圍內並未能找到該篇原文，不過，在上海人葉夢珠《閱世編》卷十載有提及山東總兵楊御蕃的塘報的記事，根據這篇記事，「甲申之變，相傳開彰義門獻城者，曹化淳也。據山東總兵楊御蕃塘報，又云是兵部尚書張縉彥」。就塘報其文書屬性而言，雖然是以特定官員而非不特定多數的人們為對象，但是可能也有相當多人能知道這些塘報的內容。

第三種傳達北京消息的資料源頭，是史料提到的所謂「北來單」或「公道單」。前引馮夢龍《甲申紀事》的序文載有：「武進士張魁十六日出京，有北來公道單，敘忠逆近實，而未及紀事。」馮夢龍在《紳志略》報導在京各官的動向時，也時常以「北來單」作為根據。

雖然其形式與內容不明，但是從《紳志略》的記事來想像的話，應是在姓名之下註記「死難」、「以老釋歸」等內容。從程源《孤臣紀哭》四月十七日的記事中，提到「遇京城逃人至，出一單云，吏政府一本，為考選事，諭新考選諸臣於初六日見朝，所載七十餘人」來看，這些「單」應是李自成軍為了聯絡和統制官員們而發出。對於相當關心在京官員們之動靜的江南民眾，這些「單」由於正是出自李自成軍之手，因此具有使投降的官員們無法辯解的直接證據的效果。

從北京返回的人所帶的消息以及他們攜回的「公道單」或是塘報等所載消息，除了藉由口傳輿論散布以外，還以印刷品的形式廣泛流布於整體江南社會。關於這樣的第二次傳播手段，最後進行簡單地探討。

根據姚廷遴的《歷年記》，他是經由「小報」取得北京噩耗的消息。關於民間新聞「小報」，歷來在中國新聞史研究即已論及。[15]不過，關於小報的史料多屬片斷，特別是能顯示明末清初小報內容的史料又是極少。在這一點上，《歷年記》提供的例子可謂貴重。姚廷遴的友人所持的小報，將皇帝自殺的日子誤記為四月二十五日，雖然完全是杜撰的內容，但是在重大事件發生之際，恐怕就是這類被刊行的印刷品在民間社會廣泛流傳。《歷年記》接著提到「不一日大報到」，這「大報」是指什麼呢？大報與小報的區別，與其說是反映紙張大小或記事長短，不如說可能是指官方發行還是私人發行的區別。[16]例如，依據《啟禎記聞錄》提到，同年五月「南直巡撫鄭（瑄），有告示刊印遍布。大意云，先帝不幸受害，南都大臣魏國公徐、兵部大堂史等，擁戴神宗次子首藩福王，於五月初三日登監國之位。……眾宜安戢靜聽，毋生疑懼。此示。余十三日於承天寺前見之」。當然，《歷年記》所言「大報」，不一定與這則告示是相同之物，但是被刊行且廣布的這種告示一類或許即稱為「大報」。

以上內容探討的是透過何種媒體將北京淪陷的消息傳播到江南，而其消息的具體內容留傳至今最重要的，當屬馮夢龍《甲申紀事》等新聞性質的刊行物。關於這些刊行物的詳細名單和解題，在謝國楨《晚明史籍考》以來的各個研究已有討論。至於這類刊行物提供江南民眾何種消息？對於江南社會情勢帶來何種影響？接下來將以「從逆」問題為中心，在後面的章節進行考察。

三、「從逆」問題的概要

自五月到六月，隨著從北京來的避難者陸續抵達江南，他們也帶來關於李自成占領下的北京情況的大量消息，但是在這樣的北京消息中，江南民眾最投以關切的是當時在北京的明朝官員們的動靜。依照「死難」、「刑辱」、「從逆」等範疇，將在京官員予以分類並製作成名冊，藉由抄寫或坊刻出版品傳布於江南。誰投降李自成軍？誰為明朝殉死？——在當時混亂的狀況中，要得到正確的消息是相當困難。雖然如此，在輿論對於「從逆」官員進行激烈的責難當中，接二連三地發生了這些官員的宅邸遇到襲擊，他們的祖先牌位遭受破壞的事件。甚至「從逆」問題還被弘光政權內部政治鬥爭所利用，使得這個問題益加紛雜。

對於「從逆」消息的信用度，當時的人們自身也抱持高度懷疑，而在整個清代也時常在檢討個別人物相關消息的真偽。不過，以下各節嘗試討論的，並非在於確定這些個別人物相關的事實，而是在江南社會「從逆」問題究竟如何展開？在當時的江南，流通著混亂的「從逆」消息，若此為一歷史事實的話，那些混亂的消息是如何驅動人們，扭曲地域社會的秩序？地方社會的人們是如何譴責攻擊「從逆」官員？另一方面，「從逆」官員又是如何回應？「從逆」這樣的標籤，在當時的地方社會具有怎樣的作用？——以下將對這些問題進行探討。

首先是簡要地追述「從逆」問題的經過。關於崇禎十七年三月到四月間北京的情況，在京者所留下的紀錄仍是最重要的第一手史料。[17]雖然那些內容中有相互矛盾之處，而且多是基於謠言或傳聞而來，但是若追溯他們共同提到的在京官員其動靜的事實經過，大致都是如下的內容。

李自成軍於三月十八日入城，占領北京。二十日（或十九日），李自成命令明朝文武官員於二十一日朝見。范景文和倪元璐等二十多位官員，並未回應這樣的召喚，在十九日至二十一日間，為明朝殉死而自殺。由於李自成下令，「願回籍者聽自便，服者量才錄用」，因此以大學士魏藻德等人為首，數千名官員聚集在承天門外。然而，這天李自成並未現身，官員們餓著肚子返家。二十三日至二十五日，李自成政府從明朝官員中選用百餘人，其名單揭示於大榜。剩餘的官員則押送到營中接受拷問，逼迫他們供出財產。這樣的拷掠一直持續到四月初。

從三月底開始，即有勸進李自成即位的動作出現，但是在他尚未即位的期間，四月初時，吳三桂軍聯合清軍通過山海關進逼北京，十一日大破李自成軍，使在北京的李自成政權陷入危機。被拘留的官員大多被釋放，但是陳演等一部分的高官卻被殺害。牢固關閉的北京城門，到了四月下旬放鬆監視，官員、士大夫脫逃情況也變得頻繁。二十九日，李自成舉行即位儀式，隔天就帶領軍隊朝著西方離開北京。五月三日，出現在期待吳三桂軍入城的北京市民面前的，意外地竟是清朝的大軍。

以上，綜整北京淪陷時位在北京的明朝官員的動向來看，部分官員在北京淪陷不久就自殺了。在沒有殉死的人當中，一部分被選任為李自成政權的官員，其他沒有被選用的官員則遭受拷掠。受到拷掠的官員中，有一部分被殺，其他人則是在四月初左右被釋放。生存下來的官員中，大多數在四月中旬以後，逃離北京而到南京或返回故鄉，有少數跟著李自成軍往西行，還有一部分官員迎清軍入城並投降。

如前所述，確實可信的北京淪陷消息傳到江南，是在四月下旬到五月初的時候。五月三日，福王就任監國，以哀詔正式宣布崇禎帝的崩逝。從五月九日至十一日，蘇州府學明倫堂舉行的哭廟儀式中，許多鄉紳、士民蜂擁而至，使原本是對「從逆」官員的糾彈，演變成襲擊「從逆」官員宅邸的事件。以此為契機，江南各地發生糾彈「從逆」官僚的暴動，江南巡撫祁彪佳則苦思其對策。另一方面，到了五月，從北京逃出的官員陸續抵達南京，他們的安置也成為問題。五月十五日即位的弘光帝蒞政下，政府也被迫對於「從逆」官員採取強硬態度。

六月以降，「從逆」問題的中心從地方社會發生的糾彈、暴動，轉移到中央政府實行「從逆」官員的處分決定。[18]六月七日，依據御史宗敦一的進言，弘光帝命令進行有關殉難、從逆諸臣的審議。於此同時，在弘光朝廷內部，大學士馬士英在任用舊魏忠賢派的阮大鋮的問題上，遭到反宦官派人士的批評而陷入窘境，但是馬士英靠著糾彈反宦官派的人脈相關聯的官員們的「從逆」，企圖取回優勢。民間傳言馬士英曾說道，對於反宦官派作為後盾的「逆案」（對於魏忠賢派的處分），自己則發動攻擊向李自成的大順政權投降的官員，亦即發動「順案」來加以對抗。❹像這樣的「從逆」問題，在弘光朝廷內部與政爭在一起而形

---

❹【譯注】依據《三垣筆記》所載，馬士英之所以發動「順案」，是來自阮大鋮的獻計。「馬輔士英以薦阮光錄大鋮，為中外攻甚，甚忿，大鋮亦語人曰：『彼攻逆案，吾作順案相對耳。』於是士英疏攻從逆光時亨、龔鼎孳、周鍾等，大鋮教也。」（清）李清，《三垣筆記》，收入《續修四庫全書》（上海：上海古籍出版社，一九九五），據民國六年劉氏刻嘉業堂叢書本，第四四〇冊，卷下，頁三。

成人事糾紛。七月到八月間，追究「從逆」官員的力道加強，陸續發出逮捕的命令。另一方面，由於有請求緩和追究的上奏，又有對於免被追究而得以恢復原職的官員的糾彈，使得處分案難以進行，由刑部尚書解學龍最早提出的處分案，是在十二月二十二日。這則案件，因為對於部分官員的處分過輕而被駁回，隔年一月十一日再次提出處分案，同時奏請停止刑罰的執行，後來得到許可。四月，清軍南下，左良玉反叛弘光政權，陷入危機的馬士英等人，將拘禁中的光時亨、周鍾、武愫判處「從逆」罪，執行棄市的刑罰，同時以結黨亂政之咎，命令政敵周鑣、雷縯祚自盡。不過，到了五月，清軍渡過長江，占領南京，弘光帝逃亡乃至多數南京官員也投降清軍，而「從逆」案也就煙消雲散了。

像這樣對於「從逆」官員的追究、處分，不僅是基於曖昧不明的消息，也是政治鬥爭中遭到扭曲的不公正處置，這對當時的人們來說是再清楚不過了。《甲申核真略》是曾被冠上「從逆」汙名的作者楊士聰基於自身體驗，為了辯駁當時不正確的「從逆」消息而作的書籍，在書中作者把當時「從逆」消息的失真之處，大略總括如下：坊刻之物，大多是身在南方卻書寫北方之事，又基於傳聞而錯誤重重，導致造成相當嚴重的誤報，這些坊刻物的不正確自是理所當然。不過，就前後出版的刊物而論，其間有三變。起初，在國難方興而未能有餘裕去檢視消息真偽的時期，不免多有遺漏、錯誤與顛倒，這並非有意為之。此為一變。其後，投降的官員往南逃，他們為了模糊自己的罪過而製作偽書進行粉飾，將罪過推委他人，這是有意為之。此又一變。逆案被翻案後，占風望氣者稱揚宦官而排除正義人士，以無根據的中傷陷害他人。這是陰險至極且出於刻意，此又一大變。[19]❺即使「從逆」官員理當應該受到處分，但是卻成為以東林、復社為目標的政治迫害，這樣的情況，如夏完淳也曾提到。[20]❻

---

❺【譯注】楊士聰分析「從逆」消息訛誤之由來及其影響之演變，總括為：一是國難初始導致消息紛亂難辨；二是北人南逃帶來錯誤的消息；三是「從逆」議題成為黨爭工具，其原文如下：「坊刻類以南身記北事，耳以傳耳，轉相舛錯，甚至風馬牛不相及者，其不真也固宜。然綜前後諸刻而論之，有三變焉。其始國難初興，新聞互競，得一說則書之不暇擇者，故一刻出，多有所遺，有所誤，有所顛倒，此出于無意，一變也。即而南奔偽官，身為負塗之豕，私撰偽書，意圖混飾，或桃僵李代，或淵推膝加，且謬謂北人未免南來，一任冤填，罔顧實迹，此出于立意，又一變也。十七年之鐵案既翻，占風望氣者實煩有徒，歸美中璫，力排善類，甚至矯誣先帝，創為收葬之言，掊擊東林，明立逢時之案，捉風捕影，含沙射人，此陰險之極，出于刻意，又一大變也。」（明）楊士聰，《甲申核真略》，收入《筆記小說大觀》（臺北：新興書局，一九八六），第四十三編，〈凡論〉，頁七。

❻【譯注】延續夏允彝的《幸存錄》，夏完淳繼續撰寫《續幸存錄》，其中〈南都雜記〉提到光時亨、周

為了考察崇禎十七年「從逆」問題的整體面貌，有必要處理各別官員他們在鄉里受到糾彈的初期階段，以及弘光政權內部的政治鬥爭及其糾葛的後續發展的階段這兩者。不過，因為本書的整體重心是放在地方社會而非中央政治的秩序——雖然這兩者原本就無法切割，所以在此並非以中央政治上的「從逆」問題，而主要就地方社會的「從逆」問題，亦即以同年五月為中心於江南各地發生的反「從逆」運動進行探討。

四、「從逆」消息的傳播

現今在關於「從逆」問題上，我們能利用的史料，除了後述的編纂書籍外，即使僅是崇禎十七年前後所書寫的文獻，也各自具有獨特的屬性。從資訊來源方面來說，身處於李自成占領下的北京並且經歷實況的人們，他們的紀錄屬於第一手史料，這自是理所當然。可舉出的主要文獻，包括：徐凝生《國難睹記》、[21]吳邦策《國變錄》、[22]陳濟生《再生紀略》、[23]無名氏《燕都日記》、[24]顧杲《逆案存真》、[25]徐應芬《偶變紀略》、[26]趙士錦《甲申紀事》、[27]劉尚友《定思小紀》、[28]楊士聰《甲申核真略》；以及在李自成占領時，人雖不在北京城內，但是在其周邊取得消息，例如：程源《孤臣紀哭》、[29]錢䡵《甲申傳信錄》[30]等。另一方面，以逃離北京來到江南的逃難者之證言或各種文獻為基礎所編輯的文獻，例如：馮夢龍《甲申紀聞》[31]與《紳志略》、[32]作者不詳《李闖小史》[33]等。

從普及度而言，《國變錄》和《李闖小史》，以及馮夢龍編輯的《甲申紀事》（收錄《甲申紀聞》、《紳志略》、《孤臣紀哭》、《再生紀略》、《燕都日記》等）的坊刻本具有較大的影響力。另一方面，《甲申紀事（趙士錦）》、《定思小紀》、《甲申核真略》等，直到二十世紀為叢書所收錄以前，僅止於抄寫形式的流傳。其他像是在當時江南印刷的

鍾、雷縯祚、周鑣四人，成為弘光朝廷假借處置「從逆」，實為進行政治鬥爭下的代罪羊，其原文云：「從逆一案，……，僅執歸者而問罪焉，索賄百端。從逆之獄，七推五合；寬嚴之旨相間而出。逆資告匱，欲淫未飫，遂殺光時亨、周鍾，以假口。鍾負重名于天下，甘汙偽命，萬惡皆歸。時亨亦一名諫議，力阻南遷，烈皇帝及于難，而身事仇賊，市朝之戮，在所當行。但于元惡大憝之中，獨執二人而誅之，以其為東林也，復社也，則二人不且刀鐶下之冤怪乎？且二人之死，亦當事之意，但借二人以殺雷、周耳。雷介公、周仲馭以三朝舊事，力阻定策者也。」（明）夏允彝撰，（明）夏完淳續撰，《續幸存錄》，收入《筆記小說大觀》，第十編，〈南都雜記〉，總頁一六七一。

批評「從逆」的檄文等，在「從逆」消息的傳播上也是具有顯著作用，其中的幾篇收錄於隨筆類的文獻，在今日也能見到（後述）。

那麼，在北京人們究竟如何得知各個「從逆」官員的名字？那當中最重要的消息來源就是吏政府（在李自成政權下，將吏部稱為吏政府）發表的選任官員的名單。《國變錄》作者吳邦策提到「取偽吏部告示名字，並私記藏之髮中，至留都」，[34]當中有所謂「偽吏部告示」；❼《再生紀略》作者陳濟生要長班抄寫的三月二十四日、二十五日「吏政府之榜示」；《孤臣紀哭》作者程源在南歸的途中遇到從北京來的逃難者展示一單，寫下：「『吏政府一本，為考選事，諭新考選諸臣于初六日見朝。』所載七十餘人」；這三種文書上列舉的大概都是三月底被選任官員的名字，根據這些名單，他們就能全盤掌握「從逆」官員。然而，也不能斷定這份名單所載人物，實際全部都是具有投降並任官的意願。像是申芝芳、楊士聰、孫承澤等，他們提出解釋是由於自殺未成後受到監禁的狀態下被寫入名單。[35]儘管他們每個人都有各自的苦衷，可是只要被載入這份名單的人物，全都會被貼上「從逆」的標籤。

然而，讓江南的民眾激憤的是，不僅是憑著名簿證明的事實而已。還有一部分的人物，關於他們的怯惰醜惡的行狀的軼事也廣泛流布，並且煽動糾彈「從逆」的風潮。就江南出身者而言，以周鍾、魏學濂為始，還有項煜、宋學顯、錢位坤、楊汝成、朱積、時敏、陳必謙、王孫蕙等人，成為那些流言攻擊的個人標的，而其實他們當中有許多原本是清廉的正義派，或以擅寫文章博得名望的人士。

如前所述，從四月到五月，隨著從北京來的逃難者抵達江南，詳細的北京消息也傳到江南，而「從逆」相關消息可說是其中最為核心的內容。北京消息的提供者，是什麼樣的人物呢？在五月的時候頻繁發出的討伐「從逆」官員的檄文中，[36]經常可見提供消息者的名字。例如，如前所述，在松江府的討伐楊汝成的檄文中，提到：「況汝成之降賊，與賊之愛汝成也，一見于楊御蕃的塘報，一見于逆孽楊時亮之辨單，[37]一見于徐敬時之口述，[38]一見于《國難紀聞》。」又提到：「其西席盛友（上海盛國芳），[39]以四月十九出京，距陷城一月，明供老逆堂宇依然，奢華如故。」蘇州生員袁良弼在對項煜等人的討伐檄文中，提到：

❼【譯注】據《增訂晚明史籍考》，此句應是出自傳以禮為《國變錄》所寫的跋文。謝國楨，《增訂晚明史籍考》（上海：上海古籍出版社，一九八一），〈甲乙之際〉卷八，頁三五二。

「初逆賊魏學濂家人自北逃歸，暫止西郊，已鑿鑿言諸賊從逆醜狀。」同樣地，蘇州鄉紳王心一的檄文中，也舉出消息提供者的名字，包括：魏學濂的家人、吳爾壎的家人、武進士王三錫、京商周雲章。再者，嘉善縣的討伐魏學濂的檄文中，例舉提供魏學濂罪狀等消息之人，包括：候考選知縣徐敬時、新科中翰程兆科、舉人施化遠等的名字。

從這些記事即能窺探五月的時候在江南的「從逆」消息蒐集的狀況及其氛圍。人們所關心的，首先是鄉里出身的各別官員的動向。奴僕、商人或士大夫等這些從北京逃歸的人們口述經驗談或傳聞被編輯成冊，成為牢不可破的「從逆」證據，再以這些內容為根據，民眾怒吼著討伐「從逆」。有條史料指出，這些討伐檄文「黏貼遍于通衢」，[40]由此來看它們似乎相當廣泛流布，因而其本身即成為傳遞「從逆」消息的強力媒體。

像這樣蒐集各別官員的消息的同時，在五月中，有關北京官員的動靜的整體性的消息，也透過抄寫的方式廣布於士大夫之間。無錫人安廣居的日記裡，[41]五月二十三日的內容提到，據「顧君錫在錢牧齋（錢謙益）處抄來報」的消息，當中載有「殉難諸臣」三十六位、「順闖諸臣」一百零四位的名單。這份資料展示了像錢謙益般身為江南文人中領袖級人物其手頭掌握的消息，實是饒富意味，但名簿中是以附加若干注文的簡略內容而非記事，並且只以「殉難」、「順闖」作為範疇，相較於之後的坊刻則是要來得簡略。

那麼，關於北京消息方面，經常被提到的吳邦策《國變錄》等初期的坊刻書物，究竟是何時刊行呢？根據《李闖小史》提到，《國變錄》和《泣鼎傳》等書籍所載「從逆」消息使得生員們的情緒激憤，乃至出現五月二十一日的騷動，據此可推測早在五月下旬左右市面上已廣布各種坊刻書。不過，當時在江南居於北京消息傳播中心人物的馮夢龍，雖然在《甲申紀聞》的序文中提及包括五月十五日離京者等各種資料來源，但是完全沒有提到《國變錄》等坊刻書物。再者，根據《國變錄》的自序所載，作者吳邦策於五月十八日離開北京，由於他將四月三十日為止眼見北京狀況作為實錄記載於〈國難睹記〉，考慮到北京到江南之間的旅程，[42]這些文獻應該很難在五月中旬之前刊行。能夠出版在某種程度上整體地傳達北京狀況的坊刻出版品，可能最早也要到五月底以後才能問世。

整合有關北京消息的各種文獻的長編時事文獻，如《甲申紀事》或《李闖小史》，由於書中包含八月八日的條議與對其答覆的諭旨，因此可以清楚知道這些文獻是在八月以後出版。藉由這些書物的出版，讓人感到「從逆」消息的傳播也告一段落了。關於每個人物的消息真偽，其後也持續重複議論。經由新消息的取得，人們的注意力轉向確認「從逆」者的處罰方式。話說回來，在這些文獻中，「從逆」一詞經常被引用，在本章中也一直使用這個字詞。那麼，「從逆」這樣的標籤，到底是出於什麼樣的行動才會被貼上的呢？

前述提到安居廣日記所載名單中，把人名按「殉難」與「順闖」兩種類劃分開來。列於「殉難」，不只是親身殉死者，也包括遭李自成軍的拷問致死者；所謂「順闖」，則是接受李自成政權官職之人。在吳邦策《國變錄》中，分作七個種類，包括：「死難」（殉死）、「刑辱」（遭逮捕並受刑）、「囚辱」（遭逮捕未受刑）、「潛身」（未遭逮捕且逃脫者）、「叛逆」（把太子獻給李自成或打開城門等積極協助者）、「授官」（接受李自成政權官職者）、「諸戮」（遭刑致死者）。在馮夢龍《紳志略》中，雖然是依循《國變錄》的模式，但是分作五類，包括：「死難」、「誅戮」、「刑戮」、「幸免」、「從逆」。所謂「從逆」，涵蓋《國變錄》的「叛逆」和「授官」，是指對於李自成政權的積極或消極的協助者。

關於試圖將所有在京官員以這些類別進行分類的做法，在當時已出現批評。《李闖小史》有如下的敘述：[43]

按《國變錄》，陷賊官員受偽職者，猶有七十餘人。要知諸臣豈肯甘心從賊，而孳孳以功名為榮哉。或具從容斡旋之念，俟有所為而未逮也，詎意既陷賊網，官者官之，禁者禁之，俱無可奈何而聽其所為矣。此不可與迎降佐逆者同論也。況《國變錄》亦非紀實信史，安知其不以訛傳訛哉。

再者，《甲申核真略》也批評，坊刻過於謀求消息的全面性，基於「三千里外無根之遊談」的曖昧消息，強硬地把各個官員以「刑辱」、「從逆」進行分類。44❽姑且不論消息的不明

❽【譯注】楊士聰在〈凡論〉中提到：「坊刻漫分『刑辱』、『從逆』為兩款，而『刑辱』中有云『或開從逆』，至『從逆』中亦云『或開刑辱』。夫刑辱之與從逆，相去甚懸，假使以從逆而冒刑辱，固厚幸矣；倘刑辱而列從逆，可乎不可乎？即在兩可之間，何不別立『未詳之案』？乃強為分別，以致是非淆雜，徒滋多口。」文中可知他批評市面坊刻本僅以「刑辱」、「從逆」作為李自成政權下在京官員處境的分別，是過於武斷的做法，認為北京消息傳至江南仍有許多疑義或未明之處，因此應該另設「未詳之案」，對於民間傳聞流言採保留態度，避免錯枉部分南逃人士。（明）楊士聰，《甲申核真略》，〈凡論〉，頁九一一〇。

確程度，崇禎十七年五月江南社會，籠罩在對於國家危機的不安氛圍中，「從逆」一詞十分有力地促使人們情緒激昂起來。

五、江南地域社會的「從逆」問題

在江南社會，究竟討伐「從逆」的行動是擴及到什麼樣的程度？嘉定人蘇瀜《惕齋見聞錄》中，列舉江南各地的討伐「從逆」運動，本文以此為依據整理主要的討逆運動，再加上現今得見討逆檄文的出處，製作成表格（表1）。

當時，對於身為江南巡撫的祁彪佳而言，這些「討伐」只不過是假借忠憤之名的暴動而已，並且「討伐」運動的蔓延，隱含著動搖新政權基礎的危險性。他在六月五日的上奏文提到：[45]

> 因偵探未明，國法有待，而黌序之子衿，閭閻之黎庶，遂竊竊然私議紛起，某也從逆矣，或出公呈，或傳討檄，黏貼遍於通衢，莠言傳於道路。於是一種奸宄之徒，

表 1　江南的討逆檄

區域	被討伐者	討逆檄（起草者、收錄文獻略稱[1]）
蘇州	項煜、宋學顯、錢位坤、湯有慶	鄉紳王心一等討項煜檄（王心一，徐汧等，T、J） 公討降賊偽官項煜等檄（袁良弼等生員，F、J）
常熟	陳必謙、時敏、趙士錦、歸起先	常熟縣討叛公檄（本縣士民，F、J） 王心一等討時敏檄（蘇州王心一，D）
太倉	〔孫以敬[2]〕	討降賊諸臣檄（郎星偉，F）
吳江	沈元龍	上郡邑先達討逆書（顧之俊，F）
松江	楊枝起、朱積、楊汝成	公討逆臣楊枝起朱積檄（嵩江郡邑公紳，F） 討逆賊楊汝成檄（嵩江府闔郡士紳，F） 公討獻妻降賊逆紳楊汝成檄（F） 討降賊大逆檄（杜登春、夏完淳《夏節愍全集》卷十） 移討嵩逆檄（蘇州士紳，F）
無錫	王孫蕙、趙玉森、秦汧、張琦	公討降賊逆臣檄（華允誠等，D）
金壇	周鍾、呂兆龍、吳履中	公討降賊朱臣檄（金壇合邑諸生，《李闖小史》卷七） 金壇士紳檄（金壇士紳，《南渡錄》卷一）
嘉定	申芝芳、施鳳儀	
嘉善	魏學濂	公討戶政府司務檄（嘉興府紳衿，F、J） 嘉善縣駁魏氏辨揭（T）

注 1：史料的簡略號碼如下：F＝馮夢龍《甲申紀事》，J＝李天根《爝火錄》，D＝顧公燮《丹午筆記》，T＝蘇瀜《惕齋見聞錄》

注 2：在同檄文中，雖然沒有指名從逆者的名字，但是作為太倉出身的「從逆」官員，原有北直長垣縣知縣的孫以敬。據《紳志略》提到：「以敬美豐儀，善與人交，友人多親愛之，本州有請為討檄，莫有應者。」

乘之以大肆其焚搶，蘇州府城于五月初十等日，焚搶項煜、錢位坤、宋學顯、湯有慶四家，千人所聚，蕩洗無遺，誠一地方之異變矣。……臣飛馳而至，申誡再三，以為污逆果實，應候廟堂裁處，奸民借端，罪不相掩，雖寸絲斗粟，並行重典。而不意二十五日，常熟縣復有焚搶原任科臣時敏之事也，不但并其族黨廬舍蕩然，且及三代四棺俱行劈燬，慘莫甚矣。……雖近來嘉定有告訐之詞，崑山有毆擊之拳，太倉有挾詐之案，皆借此矣生端者，臣皆因事戢弭，而焚搶亂風，似亦暫息矣。然三吳民情囂動，而今所借者又忠憤義激之名，是以蜩螗沸羹，不可止遏，與其震之使懼，不若感之使服，夫立國之本在人心，治人之防在國法，國法誠申，人心自正。……乞皇上敕下部院公議，將現在從逆之臣最著最直者，先行處分，使地方士庶無所藉口，餘仍遵照恩款，俟其反正，再乞嚴旨申諭，焚搶之條，加等重治。

為了抑制江南各地發生的騷動，政府有親自解決「從逆」問題的必要性。六月以降，政府正式地著手處理「從逆」問題的背景之一，可說也是因為有像這樣的維持秩序的課題存在。以下將以江南的幾座城市為例，更詳細地探討「從逆」問題的發展過程。

蘇州

設置縣治於蘇州城的吳縣、長洲縣出身的官員中，在李自成軍占領時，位於北京的有項煜（翰林院侍讀）、宋學顯（通政司右參議）、錢位坤（大理寺右寺正）、湯有慶（禮部主事）、申濟芳（工部主事）等五位。在這當中，申濟芳未向李自成政府報到而遭逮捕，受到殘酷的拷問，受刑瀕死前被放入棺木竟然又甦醒，[46]相對於此，其他四名官員皆接受李自成政府的官職，被分類為「從逆」，遭到鄉人的襲擊。

蘇州的暴動是江南的一連串討伐「從逆」騷動之開端。從五月九日到十一日，於蘇州府學明倫堂進行哭廟儀式，許多鄉紳、士民蜂擁前來，在活動最熱烈的十日，士民「群往四家，毀其器物，散其貲蓄，以洩眾心之不平」（《啟禎記聞錄》，崇禎十七年）。在那當中，尤其遭到激烈地掠奪與破壞的是項煜的宅邸。即如《紳志略》對項煜的評論：「家起篳門，驟致奇富。所居為假山，徐氏名產，捐萬二千金得之。以詞林清修之席，而一居之侈如此，其品可知。種怨里閈，化為煨燼，哀哉。」項煜在蘇州社會被視為暴富者。在他那豪壯的宅邸中築起堅固的牆壁，聚集百餘人加強防備，卻招來引發眾怒的結果，十日的晚上，民眾在其宅邸放火，不一會他的家屋和家財都被燒毀，他的許多家人都被壓在崩落的牆壁之下而死。湯有慶、宋學顯的家也是，衣飾、器物、米粟都遭到掠奪。只有錢位坤的家，因為事先把值錢的家產移往他處，並且迎接招待襲擊他家的眾人，還有鄰居為他們說情，所以並未遭到掠奪。還有無賴十幾人，趁著這樣的暴動，脅迫富戶章氏，勒索價值等同千餘兩的財物，這些犯人很快地被逮捕，在杖刑下杖斃三人。[47]

當時擔任江南巡撫的祁彪佳，在五月九日收到「蘇州城門閉，岌岌將有變」的消息。這場暴動的經過，十五日傳到祁彪佳之處。如第一節所述，自北京淪陷的消息於江南民間傳開的四月底以來，江南各地頻繁發生奴變與民變。祁彪佳為了鎮壓這些暴動而奔走，他認為這場蘇州的暴動也屬於這類民變的一環。他在二十五日前往蘇州到文廟參拜，「時吳中當借名從逆士民囂變之後，予乃對諸生，痛哭以告，必守禮恪法」。二十八日，他召集蘇州諸生如章美、周茂蘭、華渚等二十餘人，「蓋前此吳門焚搶從逆之家，多青衿為之倡，而此諸生者，皆表表才品，心甚非之，有糾謬一帖，甚得風俗紀綱之正」。二十九日，祁彪佳調查吳縣的囚犯時，袒護囚犯的諸生在門前騷動，他「以青衿囂陵之端不可開」，命令知縣究問引起騷動的諸生。[48]

然而，就在祁彪佳採取行動的前後時段，二十二日項煜回到南京，由於他請求恢復官職，於是反「從逆」運動再次變得活躍。王心一、徐汧為首的蘇州鄉紳數十名，草擬討伐項煜的公檄，還有袁良弼、葉襄、姚宗昌、邱民瞻等諸生，也發布彈劾項、宋、湯、錢四人的檄文。項煜回到南京後，刊刻打倒李自成軍的檄文，用以辯明並未有背叛明朝的意圖，但是王心一等人的檄文，則對項煜的辯解加以駁斥。王心一等人的檄文相當長，其概略內容如下所示。

> 蓋聞古人有言「主辱臣死」；未有天子殉社稷，而臣下可以倖生者也。忠義之於叛逆，判若天淵；未有北面事賊，授意縱歸，而可以託言起義，靦顏就列者也。項煜從逆之實，昭然在人耳目。……但問煜事先帝為何官，四品京堂，不可謂非大僚，且講臣也。講臣受上殊禮，亞於輔臣；乘輿出入，必為扈從。今先帝何在，而煜不思從死，蒙面偷生，其肉不足食。況賊陷京城，閉門大索，自殉節諸君子而外，凡係職官，非被拷掠，即污偽命，無一人得脫者。煜獨何術，逍遙歸里。……其為賊間諜，不問可知。及閱其刻檄，……，若「沐猴」一語，尤可痛憤！煜以賊比項羽，其視先帝為何如主乎？（難不成是秦始皇）……且煜自敘原官，冠以皇明；

獨不思普天率土，本無兩大，何故於官銜之上忽加國號？煜之胸中，居然有二姓矣。……且煜若不昧心從賊，何以知其腹心左右皆潦倒之人？何以慮其弩末蕭牆做恐懼之語？充其意，不過極言賊之易與，以緩我興朝除兇雪恥之圖，以遂彼逆賊豕突狼奔之毒。……且竟閱終篇，無一痛艾倖生之語，而止以「身出網羅」四字輕輕點過；若以為主自當殉難，臣自當苟免者。言至於此，凡有血氣，誓不與煜俱生矣。昔唐肅宗還京，以六等定從偽之罪，……。宋李綱以十事陳高宗，其一曰議偽命，謂：「國家更大變，鮮有使節死義之事；而授偽官者，不可勝數。宜倣唐之六等定罪，以勵士風。」……況乎先帝守國甚正，就義甚烈，而講讀侍從之臣者坐視天崩帝折，隱忍苟活，罪已不容誅矣。……然心一等仰稟皇上臨御之始，不敢遽上章奏，輒瀆宸聽。惟是在鄉言鄉，有不容不申明大義者。吳郡素稱禮義之邦，今乃從賊纍纍。……然未有梟獍公行，魑魅晝見，如煜者也。蓋煜向為逆璫（魏忠賢）假子，逆輔（溫體仁）弄見，擢髮難數。徒以換面翻身，若猱升木；……。心一等泣血呼天，擗膺誓曰：登朝者無顏與並列班行，在野者何忍與共居里閈。存此公議，以俟斧鉞之威；凡我同仇，毋後鷹鸇之擊。

這份檄文中，宣稱項煜是魏忠賢的義子，但是他平素並未被視為與東林復社對立的宦官派人士，反而他與復社人士有比較親近的往來。[49]蘇州的反「從逆」運動相關人物中，無論是被糾彈的對象如錢位坤，還是檄文的作者徐汧、袁良弼、姚宗昌、丘民瞻，他們都是復社的成員。[50]王心一、徐汧、項煜、錢位坤也都曾參加反宦官民變的「開讀之變」的首領其遺族救濟活動。[51]並且在祁彪佳的日記中，對於反「從逆」運動採批判立場的周茂蘭、章美、華渚等生員也屬於復社。總的來說，這個事件的主要登場人物，包含糾彈者與被糾彈者在內，都屬於蘇州紳士中的正義派團體。然而，經由崇禎帝殉死一事，導致這個團體中急劇產生龜裂。

項煜以「從逆」之罪一度遭到逮捕，雖然之後被釋放，但是他在這樣的輿論攻擊下，無法繼續待在蘇州，於是逃到浙江慈谿投靠門生馮元飂。然而，在那裡被當地生員們發現並且被捉起來。生員們說著「爾號水心」，就把項煜的脖子套上繩索，從橋上反覆把他沉入又上提於縣學池水中數十次，竟將項煜溺死了。[52]之後出現像「士論壯之」、[53]「泮池清潔地，惜未投之濁流」[54]的說法，即是符合當時氛圍的標準評論。

三年後的順治三年，在江南一帶清朝統治已經相當穩固，同樣受到糾彈而生存下來的錢位坤和宋學顯，為項煜舉行葬禮。根據當時他們起草的祭文，認為項煜遭到的攻擊，是仇恨他們的人的謀略。[55]雖然隱晦那個敵對者的名字而僅寫作「同鄉翰林」，但是依據記錄該篇祭文的鄭敷教所言，那人應是徐汧。根據祭文，項煜的名聲高於徐汧，而項煜之子的文章志節也優於徐汧之子。徐汧之子以賄賂的方式取得舉人頭銜，項煜父子得知後引以為恥。徐汧家族隱瞞族內男女風紀之紊亂而假裝自身為清流，但是這件事卻為項煜所知。項煜從北京飽嘗辛酸才南歸並主張討賊，可是在江南享受華奢生活的徐汧卻對此很不高興。因此鄭敷教認為徐汧是基於這些事情引發的個人怨恨與忌妒才陷害項煜。❾

以上內容是在蘇州發生「從逆」問題的概要。項煜真正的想法究竟為何？項煜等人是否實際上是被仇敵的惡意中傷所陷害的嗎？這些問題如今皆已不可解。然而，在此必須注意的，反而是像「從逆」這樣的標籤對當時地方社會的士大夫之威信產生的影響，以及士大夫們面對「從逆」問題進行攻防時，採取的修辭與手段。以下，將針對這些問題進一步提出幾則事例。

金壇

當北京淪陷時，出身金壇的翰林院庶吉士周鍾，是少數因「從逆」之罪遭到處刑的人物之一。他作為復社領袖之一，過去享有高度的文學名聲，但是追究「從逆」問題之際，他則飽受世間的指責。如《李闖小史》卷七所載：

> 至于金壇周鍾，則傳說者，舉天下之惡皆歸之。《國變錄》、《泣鼎傳》俱明注其撰勸進表，登極詔，并獻下江南策，逢人便說牛老師極為嘆賞。其表中對聯四句（「萬姓歸心，獨夫授首，比堯舜而多武功，邁湯武而無慚德」），[56]童叟皆知，

---

⑨【譯注】鄭敷教對於項煜遭人陷害致死的原因，詳細分析如下：「公（譯注：指項煜）之行事甚深微，殺公之意亦良苦而深微也。公之名出同鄉翰林之右，公之子能文章、有志節，亦出同鄉翰林子之右。同鄉翰林之子以入賄得鄉薦，而公恥之，而公之子亦恥之，因欲殺恥者。公御家嚴肅，彼則黃冠緇衣，充滿閨闥，竊玉拈酸，醜聲外著，而尤囂然，自負清流，公獨知其隱事，因欲殺知其隱事者。公毀家抒難，手足皸瘃，頭如蓬藁，徒步萬里，彼則於攀髯泣鼎之日，選聲列鼎，忌公討賊，因欲殺討賊者。公之心事婉轉以圖存，殺公者之心事陰摯而樂禍，故曰亦良苦而深微也。」（明）鄭敷教，《鄭桐菴筆記補逸》，收入嚴一萍選輯，《百部叢書集成三編》（新北：藝文印書館，一九七二），不分卷，〈祭項水心文〉，頁七b－八a。

不煩再述。事或未必實錄，但鍾夙享才名，常以忠孝激發之氣自任，故吳中子弟聞京師陷，意鍾必死於亂兵，預為忠臣傳以旌之。及見《國變》、《泣鼎》諸書悉載降賊諸臣事實，合學子衿遂相與詬罵之，燬其忠臣傳之板，並訕作傳之人。

關於周鍾，除了提到勸進表等內容，還有其他傳聞，如「惟揚揚得意，乘馬拜客，屢過梓宮（放置崇禎帝的棺木），揮鞭不顧」，三十年間雄踞江南文壇的他，即遭到「一旦名節掃地，書林選刻，刊落名字」等飽受惡評的待遇。[57]

這些「勸進表」等究竟是否為周鍾撰寫？關於這一點，當時已經有人提出疑問。趙士錦提到：「賊中勸進者，皆宗敏、金星、宋企郊等（歷來的李自成的部下），未聞有鍾撰勸進表之事也。弘光時，訛傳鍾撰勸進表，有『比堯舜而多武功，較湯武而無慚德』等語，予南下時，見闖賊自張告示于（李自成勢力下的）各府州縣，果有此二語，而議者乃以為鍾之所撰，毋乃冤乎。」[58]楊士聰也指出：「是日選陞各官四品以下百餘人……，周鍾簡討，但授官在勸進後，草表事都中未聞，……」[59]錢馹《甲申傳信錄》對於勸進表中的四句文字，也提到：「一時傳為周鍾之筆，而實非也。雲間徐懋目擊創稿，讀此數語非周筆也。」[60]

關於在江南流傳周鍾起草勸進表的《國變錄》等書籍，其內容的可信度也是令人懷疑的。根據《南渡錄》十月癸亥的內容所引用的周維持（周鍾的叔父）、周銓（周鍾之弟）的上疏提到：「臣家門不幸突出，周鑣因與鍾有隙，私刻《燕中紀事》及《國變錄》等書，自捏勸進表、下江南策，硬坐於鍾，從淮上達南中，致臣家城邑不能〔洸〕此從逆之名。且鑣于皇上登極時，首倡異議，另圖推戴，是鍾罪止一身，鑣罪在社稷。」主張對於周鍾的攻擊是起因於周氏家族內部的紛爭。黃宗羲《弘光實錄抄》也有如下敘述，雖然周鍾和周鑣是堂兄弟的關係，但卻因為家族兄弟間的糾紛而對立。周鑣的得意門生徐時霖企圖利用「從逆」問題陷害周鍾，但是與周鑣為敵對關係的馬士英，反而利用攻擊周鍾的輿論追擊其親戚周鑣，相當諷刺地，周鑣反倒因親信的策略而自取其咎。

在金壇，成為反「從逆」暴動的目標的是周鍾、吳履中（大理寺寺丞）、呂兆龍（中書舍人）。在金壇為崇禎帝舉行哭臨儀式之日（五月二十一日），生員們蜂擁聚集到學宮，撤去周鍾的祖父和吳履中的父親的牌位，又到周鍾、呂兆龍的家中，打壞其門榜。親戚友人欲介入調停時，因生員們憤慨地說：「是欲為闖賊餘地也，當先攻之。」於是親戚友人亦不敢言。隔天，周、吳兩家準備訴狀向學師申訴。學師召集生員們，勸諭：「周、吳二姓之事，朝廷自有國法，上臺自有明斷，不當辱及祖父神主，應將兩家牌位照舊奉立，前事須聽其處分可也。」生員們抗辯道：「兩家祖父原無功德於世教，向之得以陪祀先聖先賢者，不過以其子孫貴顯，循例而進耳。今其子孫既從賊為逆，則撤去其神主亦至當之舉。若欲兩家神主再入文廟，乞將三人情詞本末前後臚列，具疏上聞；然後盡黜合學青衿，以聽諸惡反噬。諸生螳臂受禍，自不足惜者。」又接連吵鬧數日，知縣和學師都無法禁制這場騷動。生員們向縣政府提出〈敷天共恨事〉文章，並且向各府投以檄文以提高氣勢。[61]

周、吳兩家的訴狀以及生員們的具呈，皆收錄於《李闖小史》，無論何者都是相當激烈的語調。依據周氏、吳氏一方的訴狀，生員們的行為是「素行不軌，赫詐成風」的「狂衿」、「借倡義為壟斷，視助餉為奇貨」。祖先的從祀是來自先帝的敕旨，並且先人之德受到輿論的擁戴。這難道不是倚仗武力亂入學宮，齜牙裂嘴忤逆師長，侮辱先師泯滅名教的作為？

相對於此，生員們的具呈一開頭就提到「祀典忠孝居先，十惡叛逆為大」。他們主張：不與反逆的子孫為鄰，不該從祀姦宄的祖先。學宮所有的生員將牌位撤去一事，既是彰顯天理也是反映輿情。逆賊者應靜待其罪行的處置，怎能像狂犬般吠叫不已。

周鍾回到江南後暫且隱藏自身行蹤，但是祁彪佳等人捉走其子並進行拷問，八月逮捕了周鍾。[62]其後，經過半年多的拘留，結果是隔年四月周鍾被判處棄市的刑罰，在行刑之前，御史張孫振審問光時亨和周鍾，並鞭打他們。光時亨等人云：「殺則殺，可辱耶。」張孫振激烈地辱罵他們，又施加重杖。這之後，當清軍一占領南京，張孫振便也投降。民眾來到街市責罵張孫振說：「若非前訊周鍾等，掩面號呼為逆賊，詈不已而撲者耶，今亦作此，面孔何也？」張孫振則無法有所回應。[63]

嘉善

在浙江省嘉善縣，翰林院庶吉士魏學濂，在「從逆」一事上遭受輿論強烈責難。魏學濂的父親是東林黨人士中以剛毅廉潔而為人所知的魏大中，魏大中勇於反抗魏忠賢而遭到虐殺之後，魏家因其忠孝的家風而成為無人不曉的名門。擔負鄉里的眾望並且步上京官的菁英之路的魏學濂，後來他投降於李自成軍的消息，透過魏家的奴僕，火速地傳遍江南。關於投降的魏學濂其醜惡行狀，有各式各樣的小道消息在民間傳播。例如傳言：「京師破，學濂託同榜庶常趙頻，頻與賊偽相牛金星鄉同年，引援得先謁牛賊。牛云：『汝是忠孝之家，正要借重。』……即引見，闖賊亦云：『魏學濂先赴朝參，特授戶政府司務。』」[64]或是有「學濂服偽式方領黃袍，背負偽敕，騎一小驢（投降的新官不許乘馬），在草場督芻指揮任意」的目擊消息。[65]還有，「旋上平浙三策，又醵金置酒，邀諸偽官同飲，賊濂謔浪歌呼，行令猜拳，滿座無敵」的謠言。[66]又據說「官民三次勸進，其文……中又有『行義行仁存杞存宋』句，魏學濂向人曰：『此語出吾手，周介生想不到此。』……而猶揚揚得意」等傳言。[67]

在嘉善縣，對於魏家的襲擊似乎未達實際執行的程度。依據《紳志略》的記載，魏學濂家中有「忠孝世家」牌坊，憤怒的鄉人欲破壞該牌坊，但是有調解者云「逆止一人，無與父兄事」，最終在沒有破壞牌坊下了事。再者，依據計六奇憑藉傳聞消息所傳達的內容，提到嘉善的民眾得知魏學濂從逆的消息後欲燒討魏家時，由於魏學濂的母親忠節公（大中）夫人親自說服民眾：「吾子必死難，姑待之。」果然三日後，魏學濂殉難的消息傳到。[68]雖然如此，這份討逆檄仍是措辭相當激烈的文章，對於魏學濂「極為醜詆」。[69]在魏家這邊，也由魏學濂的兒子魏允枚出示「辨揭」作為回應。依據「辨揭」提到，雖然魏學濂計畫著生存下來以圖復仇，但是在李自成即位的四月二十九日，因為感到前途無望而在北京自縊，留有「絕命詞」和遺言公諸於世。對此，嘉善的士紳用更加激烈的語氣進行反駁，主張魏學濂的「殉難」完全是謊言，實際上他已經祕密歸鄉，在魏允枚的背後企圖抑制公論，而且也有看到魏學濂活著的目擊者，他們對於「辨揭」的內容一一加以論駁。[70]

結果，關於魏學濂自殺的真偽，就在清軍進入北京城等混亂中，以未有定論的狀態下終了。然而，靠著魏允枚的努力，其後相當程度地成功恢復魏學濂的名譽。揭示這過程的是魏學濂之兄魏學洢的文集《茅簷集》附載的〈忠孝實紀〉。在這篇文獻中，是以與魏學濂同年科舉合格的王崇簡所撰序文為起始，還包括魏學濂的絕命詞與遺言、同縣生員們所撰彰顯文、崇禎十七年八月至九月所寫的書信和上呈文，以及清順治九年嘉善知縣為了回應皇帝的詢問，而著手調查明滅亡時的殉難者並作成的調查書等。特別讓人感到饒富興味的是有關魏學濂「殉難」的幾封信件。在對於「辨揭」的反駁書中，舉出幾位受魏允枚所託捏造「殉難」消息的人物，如杭州顧心宇、海昌祝淵等名字，但是他們全都為當時嘉善紳士社會之重要人物陳龍正的信中提到。祝淵的書信被收錄於〈忠孝實紀〉，還有陳龍正寄給劉宗周的信中，有如下的內容：

> 敝邑魏子一（子一是魏學濂的字），因其後死，匝月以來，疑謗無窮，今得中翰顧心宇手報乃知的狀，于四月廿九日仗節死矣。眾南獨留，眾生獨死，交友僮僕，感

其世傳，洞其心事，投繯氣湧，熟視不救。嗚呼！亦足明其舍生取義之梗概矣。一時衣冠南歸者數百人，浙中書辦南還者日以千數，歸途皆嘖嘖能道之。乃嗣允枚欲專謁奉稟，因初茹荼，懇某一言為之先。顧中翰東附塵台覽。

浙江省紹興出身的劉宗周，是集聚當時江南知識分子之信望的學者，也是弘光政權下的左都御史，而他對於陳龍正的信件之回覆，云：「接手教為之躍然起哭失聲。……僕亦後死者，而遷延至此，彌媿子一矣。」又在寄給魏允枚的信件，提到：「屢傳道路之口，尊翁生而死，令祖死而死。頃晤開美（祝淵）談及建義本末，具悉尊翁殉難苦心，乃知尊翁死而生，并太翁亦死而生矣。……一死于十五年之前，一死于十五年之後，均之一死矣，抑又何求。念言疇昔揮淚無已。」

就在這些於地方社會具有影響力的有力人士的支持下，曾經名譽掃地的魏學濂的評價以及魏家的威信慢慢地恢復。是承繼忠孝家風的忠臣形象，還是背叛忠孝家風的不肖奸臣形象——在嘉善的輿論中，魏學濂的評價就在這兩種極端之間激烈地擺盪著。不過，到最後，在利用魏大中以來東林派系人脈的魏允枚其操作下，可見到相當程度地成功恢復了魏學濂的正義人士形象。在地方社會中牽涉威信的攻防戰，可說便是與這樣的流動性輿論的操作能力有關。

結語

具有威信的鄉紳成為地方社會輿論的糾彈對象，藉由傳單等進行激烈地人身攻擊，進而發展成損毀宅邸的燒討事件——在這樣的屬性下，崇禎十七年的反「從逆」運動，即是明末以來士變、民變潮流中的產物。然而，相對於反宦官民變或反董其昌民變等為歷來研究者所注目，而反「從逆」運動則幾乎未受到注意。[71]其理由可能是，從今日的觀點來看，反「從逆」運動與其說是反體制性的民眾抗爭運動，不如說是站在「忠義」的舊道德立場，而且這不是反清鬥爭，也無法將其定位為「愛國主義」、「民族主義」的鬥爭運動，因而要將反「從逆」運動予以歷史定位是相當困難的。不過，在當時民眾的想法中，反「從逆」運動完全是憑據地方社會的「公論」[72]對不義人物進行討伐的意思，就這一點來看，反「從逆」運動可以認為是明末以來士變、民變延伸發展下的產物。雖然說以「反封建」、「民族主義」

等現代性問題的觀點是無法輕易解釋的，但是反而因此可以從反「從逆」運動思考當時民眾是如何正當化明末民變和士變，同時也能感受到這些民眾運動所反映的共同屬性。

如王崇簡等人所指出的，江南的「從逆」批判，是集中在輦轂之臣也就是北京官員的身上。「或膺顯秩于留京，或受重寄于封域，或歷享厚糈退休泉石。」[10]這些官員們作為臣下的這一點是相同的，但為何只有北京官員必須受到批判呢？[73]應該注意到的是，尤其受到激烈指責的項煜、周鍾、魏學濂等人，他們都是翰林院庶吉士、侍讀等「詞臣」、「講臣」。站在以高潔人格為標準的菁英高昇之路的他們被期待的行為，與其說是要他們為復興明朝採取實際行動，不如說是要他們直接為皇帝殉死。也就是說，他們被要求的是如同烈婦「不事二夫」的貞節般的個人道德。[74]應該留意的是，像那樣的個人倫理，正是當時官員、紳士的威信基礎之所在。無論是中央還是地方，當時的政治抗爭，正是藉由像那樣把焦點聚集在所謂「非政治性」的個人倫理的政治性語言來進行。政治鬥爭是以對個人德性的攻擊與辯護來展開戰鬥。

雖然「從逆」問題，是攸關明朝與李自成政權興亡這一天下國家重大變動的問題，但江南的反「從逆」運動，亦可說是深植於地方社會在地的細小的矛盾對立關係中。貧家出身而變得富貴的項煜，不僅招致鄰居的埋怨，還受到周圍名望之家的嫉妒。金壇的周氏家族內部的對立抗爭導致反「從逆」騷亂。雖然史料所展現的這些狀況究竟是否實際存在仍是不明，但是當時人關於反「從逆」運動的背景懷有的這種疑慮本身卻暗示著像那樣的紛爭是日常性的存在。在平時，能抑制那樣的對立紛爭的，是透過具有高潔人格的評價所支持的官員、紳士的威信。然而，明朝滅亡與「從逆」消息，經歷官員、紳士威信的動搖，導致地方社會原本潛在的糾紛一鼓作氣地顯在化。

在反「從逆」運動中，雖然人們高舉著「忠義」，[75]但是其產生的紛擾社會狀況，卻被官員們認為是動搖弘光政權的社會不安，這乍看之下可說是悖論性的發展。明朝的崩壞，其實未必直接導致「國家」這個象徵的無力化。毋寧說，包含庶民或無賴等民眾，無論是誰都可以揮舞「忠義」之旗，藉「忠義」之名糾彈他人，在這樣的意義下，對「國家」的狂熱產

---

❿【譯注】此句原文出自（清）王崇簡，《青箱堂文集》，收入《四庫全書存目叢書》（臺南：莊嚴文化事業有限公司，據山西大學圖書館藏清康熙二十八年王燕刻本，一九九七），卷十，〈讀魏子一忠孝實記書後〉，頁三b。

生出一種無政府的狀態。原本在平時對應著科舉功名的位階，在暗默的潛規則中形成眾所認同的金字塔式道德層級秩序至此崩塌，使得一介生員或庶民，能夠盛氣凌人地批判恬不知恥地苟活的官員。

在地方社會這樣的狀況下，為了維持威信，不再以科舉功名作為客觀的指標，而必須更加以生動的形式彰顯個人的德性。並且為了表示自身的高潔，又必須比他人早先一步徹底地批判「從逆」者。圍繞「從逆」問題的地方社會的攻防戰，即是攸關人格形象的宣傳戰。在這樣的政治性的磁場中，與其說世間尋求著正確的消息，不如說社會上正負兩樣的軼聞趨於極端化而流通，這可說是自然而然的發展。

以個人德性為焦點進行鬥爭的政治手法，以及當中展開來的流動的輿論——像這樣的政治特質，不僅存在於崇禎十七年明朝滅亡之時，同時也是十六世紀以來明末社會共通的特點。不過，崇禎十七年的反「從逆」運動的事例，是出於當時人們感受到的強烈危機感而來，也因此特別能具代表性地展示這種政治手法的不穩定性和苛刻性。

注釋

1 匯總來自北京的數名歸返者的消息而寫成的馮夢龍《甲申紀聞》中提到，崇禎帝自殺的消息是在二十一日的中午左右散播於北京城內，但是陳濟生《再生紀略》和無名氏《燕都日紀》提到的是二十日的中午。

2 馮夢龍《甲申紀事》所收多篇經驗談都證實了這件事。

3 朱傳譽《先秦唐宋明清傳播事業論集》（臺灣商務印書館，一九八八），以及尹韻公《中國明代新聞傳播史》（重慶出版社，一九九〇）。

4 大木康，〈明末江南における出版文化の研究〉（《広島大学文学部紀要》第五十卷特輯號，一九九一）。

5 顧誠，〈李巖質疑〉（《歷史研究》，一九七八年五期）、同作者，〈再談李巖問題〉（《北京師範大學學報〔社會科學版〕》，一九七九年二期），以及欒星，《李巖之謎——甲申史商》（中州古籍出版社，一九八六〔增補版《甲申史商》，中州古籍出版社，一九九七〕）。

6 關於這則史料，是在一九九一年八月第四屆明史學術討論會（上海）中，受教於 Lynn Str ve。

7 崇禎帝逃出北京，與皇后、宦官抵達天津的謠言流傳至江北一帶之事，在李清《三垣筆記》也能見到。

8 轉引自馮其庸、葉君遠，《吳梅村年譜》，頁一四〇。

9 關於這則記事，在大木康前揭注4論文中已進行討論。

10 海外散人，《榕城紀聞》（《清史資料》一），頁三。

11 當時身處於鄉里漳浦的黃道周，在寄給錢謙益的書信中提到：「蟄處天末，無殊聾聵，五月廿七日乃聞神州陸沉。」（《黃漳浦集》，卷十五）

12 浙江省秀水縣人李日華在《味水軒日記》中，經常寫下他讀過的邸報內容，例如萬曆三十七年二月十日北京發生的氣象異變，是記錄在三月九日的內容，從這些例子便能推測北京的消息傳到秀水的時間。其他可舉的例子，如萬曆四十二年五月十七日宮女逃亡事件，是記錄在六月十八日的內容；隔年五月四日的梃擊事件，記錄於六月六日的內容；同年十一月一日刑部大門外的槐樹起火是記錄在十二月四日的內容；十一月二十五日吏部推薦李日華為南京禮部儀制司主事，則能見於十二月二十七日的內容，從此來看，在幾乎所有的事例，需要花上一個月左右的時間，北京的消息才會傳到李日華的所在地。關於《味水軒日記》中邸報相關的記事，是受教於濱島敦俊氏。

13 關於江南的奴變、無賴結社的活動與北京淪陷消息之間的關係，在森正夫〈一六四五年太倉州沙渓鎮における烏龍会の反乱について〉（《中山八郎教授頌寿記念明清史論叢》，燎原書店，一九七七）已作討論。

14 朱傳譽，前揭注3書，頁四五五。

15 戈公振，《中國報學史》（上海商務印書館，一九二七）；朱傳譽，前揭注3書；潘賢模，〈清初的輿論與鈔報〉（《新聞研究資料》，一九八一年三期）等。

16 潘賢模，前揭注15論文，頁二五九。

17 以下，關於北京的狀況，是依據《甲申紀聞》、《紳志略》、《再生紀略》、《甲申紀事（趙士錦）》、《定思小紀》、《甲申核真略》等。關於各史料的性質容後再述。

18 以下，關於六月以降的「從逆」問題的發展，主要是依據《國榷》、《南渡錄》等。

19 明末清初史料選刊《甲申核真略》（浙江古籍出版社，一九八五），頁七。作者楊士聰是山東濟寧人，崇禎四年進士。由於他的名字列在吏政府名單中，一般被分類為「從逆」，然而依據他自身的記述，他受到李自成軍的監禁，趁著回家拿財物的機會意圖自殺，但是沒有成功。整體來看，他對於當時的「從逆」消息的虛構程度感到相當憤懣，特別是自己被分類為「從逆」，認為是出自方以智的陰謀，而對之加以強烈怒罵。他在四月二十七日被允許歸宅，五月七日逃離北京，六月中旬抵達南京。

20 夏完淳，《續幸存錄》，〈南都雜志〉。

21 關於以下列舉的史料，幾乎在謝國楨《增訂晚明史籍考》（上海古籍出版社，一九八一，（以下簡寫為《謝》））皆已有說明。在此以有關「從逆」問題，就謝國楨未探討的部分進行解說。關於《國難睹記》，在《謝》頁三五六中列舉舊鈔本、南金雜誌刊本兩種，但目前皆未見。《啟禎記聞錄》中以「國難睹記」為題，所收錄的不到三千字的文章，從內容來看可能是同一篇。作為親眼實見紀錄，記載了從二月二十五日到四月三十日的北京狀況。例如提到「凡受偽職者，門上皆貼欽授某官」，並且列舉「親見其貼欽授於門者」的名字以及其官職名。《紳志略》主要援引了這個部分。雖然《紳志略》以「徐凝生之《國難睹記》」提示了作者名字，但是無從得知關於這位人物的事蹟。

22 《謝》頁三五四中舉出的是舊抄本，但如今未能得見。作者是四川拔貢生吳邦策。他是五月十八日逃出北京。《國變錄》刊行於南京，但之後遭到告發其謬誤，此事可見於李清《南渡錄》七月戊申（二十二日）的內容。《謝》頁三五六列舉的《國變難臣抄》，有「死難」、「刑辱」等分類法，由於此與其他文獻引用的《國變錄》記事一致，因此可推定這是省略部分《國變錄》後抄寫下來的文獻。另外，同樣以《國變錄》為題的書籍中，也有被視為出自周鑣的作品，容後再述。

23 《謝》，頁三五〇。作者是長洲人陳濟生（陳仁錫之子）。收錄於馮夢龍《甲申紀事》並出版。後記提到此書曾經過馮夢龍編輯。依據陳濟生所述，「其姓名事跡，目所覩，身所歷者勿論，他或訪自長班，或傳諸道路，不無小異，亦有微訛，然十分之中已得八九」。也就是說，陳濟生取得從逆諸臣的消息來源，除了大街小巷流傳的軼事，還有三月二十四日、二十五日長班抄自吏政府發布的榜示。陳濟生於四月十五日逃出北京，這個時期一起逃出的官員中，有方以智、項煜、陳名夏等人，文中對於他逃離的過程，有不少意味深長的記事。[11] 陳濟生於六月二日回到蘇州。

24 《謝》，頁三四九。馮夢龍，《甲申紀事》所收。在前言中提到：「龍（馮夢龍）輯紀聞已畢，復有傳來《燕都日記》一冊，不知出自何手，其敘事頗詳，多前所未聞。」並非描述作者自身的行動，而是類似傳聞的記述。最後的記事是四月十三日。

25 在《惕齋見聞錄》提到，有一本專門記錄無錫的秦汧、趙玉森、王孫蕙、張琦的書。雖然在《謝》中未見，但是或許指的就是顧公燮《丹午筆記》（江蘇古籍出版社，一九八五）所收的顧杲《逆案存真》。北京淪陷的當時，顧杲人在北京，記錄家鄉無錫出身的士大夫的動靜。這部書強調基於作者親眼所見的可靠性。

26 《謝》，頁三五二。別名《燕都志變》、《燕都識餘》。作者徐應芬是御史涂必宏的記室。涂必宏由李自成軍授予官職，清軍入京之際，原要與李自成軍一同西行但未成行，後來歸順清軍。這部書即是輕描淡寫地記述那些集團的動向。

27 《晚明史料叢書》（中華書局，一九五九年）所收。趙士錦是常熟人，崇禎十年的進士，工部員外郎。在《紳志略》等書中，被分類為「刑辱」，但是在〈常熟縣討叛公檄〉（參照第二九二頁表1）中，作為從逆而遭到糾彈。檄文寫道：「士錦，文毅（趙用賢）之孫，祖乃力摧權相，翰林（士春）之弟，兄則手擊逆樞，未染家風，夙懷奸志，乃人倫之虺蝎，實名教之豺狼」。依據趙士錦自身的記述，他在三月二十日被劉宗敏的部下拘禁，二十三日被列入吏政府的選用名冊中，但是他堅定拒絕，並且進行絕食抗議。他在四月八日被釋放、十三日逃出北京，五月二十六日到達蘇州。本書中附有「甲申夏五（月？）」的日期，雖然是早期撰寫成的書，但是並未廣泛流傳。

28 《謝》，頁三五五。收錄於前揭注19的浙江古籍出版社《甲申核真略》。作者劉尚友是嘉定人。雖然這個人物的相關事蹟不詳，但是他是禮科給事中申芝芳的親戚，並且以申芝芳的動靜為中心進行記錄。申芝芳由於列於吏政府的名單中，因此一般被分類為「從逆」，但是在本書中強調，申芝芳曾自殺未遂，並沒有從逆的意圖。五月六日劉尚友與申芝芳逃出北京，途中因治療疾病曾短暫停留，返回家鄉已是十二月五日。

29 《謝》，頁三五七。收錄於馮夢龍《甲申紀事》。作者程源是崇禎十六年進士。三月十日離開北京前往

⓫【譯注】依據〈再生紀略〉所記，陳濟生於五月二十八日早啟程離開北京，途中變更多種交通方式，起初是僱驢騎行，但途中被路上散兵所奪，只能「于泥濘中走」。之後搭船南下，遇到親弟陳濟楨和姊夫吳守質探望，陳濟生在文中形容自己的模樣，「不過一短布衫，一破布褲而已」。直到六月初二返抵家門，「母妻重面，悲喜交集」，讓陳濟生不禁有「死而復生，散而復聚，非神力嘿佑，安得有此」之感慨。參見（明）馮夢龍，《甲申紀事》，收入《四庫禁燬叢刊》（北京：北京出版社，二〇〇〇，據中國科學院圖書館藏明弘光元年刻本），史部第三十三冊，卷五，〈再生紀略下〉，頁三五－三六。

通州，得知北京淪陷後南歸，因此並未進入李自成支配下的北京。不過，在南歸的途中，遇到逃離北京的人們而獲得「從逆」消息。四月三十日，約抵達淮河一帶就結束記事。

30 《謝》，頁三四八。作者錢䢼是浙江平湖的貢生。三月十五日離開北京來到寶坻時，得知北京淪陷的消息。四月十六日回到北京，雖然有將近一個月的時間並未親眼見到北京的狀況，但是順治三年（一六四六）冬季，從江南來的訪客拿到《國變錄》等坊刻本，對於這些坊刻本內容的「猥繁不倫，異端叢出」感到驚訝，於是博蒐見聞並撰寫本書。他依據獨自的消息來源，對於坊刻消息進行批判，實是富有興味。

31 《謝》，頁三五三。收錄於馮夢龍《甲申紀事》。這是屬於「博採北來之耳目」並草寫下的初期刊行物。消息來源有自北京南歸的彭遇颸（四月一日離開北京）、馮日新（同月十二日）、盛國芳（同月十九日）、張魁（同月十六日），以及五月十五日離開北京的商人。書中的「從逆」消息，並非是全盤網羅的，而是以軼事編綴而成。

32 《謝》，頁三五七。馮夢龍《甲申紀事》所收。以死難、誅戮、刑辱、幸免、從逆的五種分類，整理約三百名在京官員的動靜。對於在京官員的行動，若有數種說法的話，則一併記下，並且寫上作者的判斷。以「從逆」關係的初期資料整理而言，可謂是最全面且詳細，但是書中仍散見人名等錯誤之處。此書使用《國變錄》、《國難睹記》等多部文獻。

33 《謝》，頁一〇六八。有《剿闖小說》等各式各樣的題名。收錄於前揭注19浙江古籍出版社《甲申核真略》。作者的名字在前五卷是「西吳懶道人」，後五卷則變成「潤洲葫蘆道人」。據浙江古籍出版社的解說，謝伏琛推測本文中所引用的數篇文章的作者常州龔雲起應該是後半部的作者。關於書中「從逆」

的記述，像是駁雜地將當時江南流傳的消息集結而成，即如各家所指出，該書作為小說稍嫌粗雜，而作為史料則欠缺可靠性，但是書中有其獨到的見解，實是饒富興味。上海人姚廷遴《歷年記》（收錄於《清代日記匯抄》，上海古籍出版社，一九八二）崇禎十七年的內容中提到：「京師之變，未及兩月，即有賣剿闖小說一部，備言京師失陷，先帝將國母及公主俱手刃，然後出後齋門自縊于煤山。」雖然對於此書在北京淪陷後兩個月內即出版的這一點有所疑義，但是仍可推測這部小說在江南是為當地人取得早期消息來源之一。

34 參照《謝》第三五一頁所引《國變錄》自序。

35 關於申、楊，參照前揭注19、28。有關孫承澤的部分，參照孫承澤，《天府廣記》卷三十四，〈成德傳後付記〉，以及同書跋文。

36 關於討伐「從逆」的各檄文的出處，參照頁二九二的表1。

37 楊時亮是楊汝成之子。這個檄文中所謂的「一見于逆孽楊時亮之辨單」大概意味著針對批評楊汝成而作的解釋文書（辨單）中，反而有著暗示楊汝成「從逆」的文句。

38 後述的對於魏學濂的討伐檄中，也能見到作為提供消息者的「候考選知縣徐敬時」的名字。

39 這位人物在馮夢龍《甲申紀聞》和蘇州府的討伐項煜的檄文中，也被列舉為提供消息者。參照頁二七三。

40 《祁忠敏公安撫江南疏抄》所收〈題為順逆之大義宜明焚搶之亂風宜戢仰乞聖裁以維臣節以安民心事〉。

41 上海圖書館藏稿本《明安廓菴先生手寫日記》。安廣居是安希范之子。當時他似乎是鄉居於無錫。他的日記是從崇禎八年正月一直到十七年八月。關於這則記事，是受教於小野和子氏而得知。

42 依據當時從北京南歸的人們的紀錄，從北京到江南的旅程，如趙士錦是四十三天，楊士聰是四十天左右，陳濟生是四十七天，項煜是三十七天左右，都是要花上四十天前後的時間。

43 前揭注33浙江古籍出版社《甲申核真略》所收本，頁一三三。

44 同上書，頁九。

45 前揭注40。

46 《紳志略》與《甲申核真略》，頁二八等。

47 《啟禎記聞錄》，崇禎十七年條。

48 《祁忠敏公日記》，崇禎十七年五月九日、十五日、二十五日、二十八日、二十九日各條。

49 依據《鹿樵紀聞》卷上，〈項周失節〉所示，項煜的文學名氣非常高，其受歡迎的程度，乃至有所謂「文出紙貴」的情況。由於他擔任會試的考官，因此周鍾和陳名夏都是他的門生。《復社紀略》提到，復社領袖張溥為了讓門弟通過會試而曾經請託項煜。

50 關於復社人名名單，是引用自井上進〈復社姓氏校錄　附復社紀略〉（《東方學報》第六十五冊，一九九三）。

51 〈五人義助疏碑〉（江蘇省博物館編，《江蘇省明清以來碑刻資料選集》，生活．讀書．新知三聯書店，一九五九，頁四一四）。

52 《惕齋見聞錄》。

53 鄭敷教，《桐菴筆記補遺》，〈祭項水心文〉。

54 《惕齋見聞錄》。
55 前揭注53。
56 這段文句收錄於幾部不同的文獻，文字也有異同，在此引用的是《甲申傳信錄》卷二，〈開門迎入〉的記載。
57 《紳志略》，關於周鍾的部分。
58 前揭注27書，頁一八。
59 前揭注19書，頁二三。
60 《甲申傳信錄》卷二，〈開門迎入〉。
61 《李闖小史》，卷七。
62 《祁忠敏公日記》，崇禎十七年八月六日、二十日條。
63 《南渡錄》，弘光元年四月庚申條。
64 《惕齋見聞錄》所引嘉善縣駁魏氏辨揭。內容是候考選知縣徐敬時等人自北京南歸，直接向嘉善民眾說的話。
65 同上史料。是南京己卯舉人施化遠在北京直接目擊的情況。
66 同上史料，桐城方爾仙從北京南歸，向友人詳述的內容。
67 《甲申紀聞》。杞、宋分別指的是，殷的湯王、周的武王分封給因惡德而滅亡的前王朝夏、殷之後裔的封國名稱。
68 《明季北略》卷二十二，關於魏學濂的部分。在康熙十年（一六七一）的附記中，計六奇提到：「由前傳而觀，則學濂為忠臣，由從逆而觀，則學濂又為逆臣。甚矣，論人之難也。以身當其時者，而猶忠邪莫辨，賢逆難分，況傳于千百世之下，而謂有信史乎。」另外，關於魏學濂其人以及圍繞他的「從逆」評價的擺動，在黃一農〈忠孝牌坊與十字架——明末天主教徒魏學濂其人其事探微〉（《新史學》，八卷三期，一九九七）有詳細的考察。

69 《紳志略》，關於魏學濂的部分。

70 前揭注64史料。

71 就管見範圍所及，鄭克晟《明代政爭探源》（天津古籍出版社，一九八八）第十七章，將反「從逆」運動作為明清交替時期江南民變、士變的一環進行探討。

72 即如本章中引用的檄文等中，可見到「公議」、「輿論」、「輿情」等語，都是圍繞「從逆」問題的攻擊方、防禦方雙方時常使用的詞彙。

73 《茅簷集》，附錄〈忠孝實紀〉，王崇簡序。

74 縱然吳爾壎、張家玉、傅鼎銓等人物，他們南歸以後，為了復興明朝而戰死，但是基於曾經投降李自成軍的理由，最終仍不被允許被褒封。參見《丹午筆記》〈吳爾壎〉。

75 關於明清交替時期的「忠義」與地方領導權的關係，Jerry Dennerline 以嘉定的反清運動作為題材，進行詳細地討論。J. Dennerline, *The Chia-ting loyalists: Confucian leadership and social change in seventeenth-century China*, Yale University Press, 1981. Dennerline 似乎注意到藉由「忠義」和儒教倫理來重建陷入危機的地方秩序的這一面向。而我在本章要關注的反倒是另一個面向，也就是「忠義」擴增地方社會紛爭的作用。

後記

本章是統整〈崇禎十七年の江南社会と北京情報〉（《和田博徳教授古稀記念 明清時代の法と社会》，汲古書院，一九九三），以及〈崇禎十七年の「従逆」問題と江南社会〉（《学人》（江蘇文藝出版社），第五輯，一九九四）為單篇論文，並且進行若干修改而成。

清初松江府社會與地方官們

第六章

chapter ——— 6

前言　明朝的滅亡與地域社會

崇禎十七年（一六四四）五月初崇禎帝自殺的消息傳到上海時的狀況，當時十七歲的少年姚廷遴，之後有如下的回顧。「是時我郡太平日久，民不知兵，飢荒連歲，人思奔竄，老幼不寧，訛言日至。倏傳城市夜有猴精作怪，到處敲鑼擊竹，更有目見其形者，群起而趕，趕至天明，毫無影響。如此而大家小戶，臥不貼席矣。……時常夜半訛傳，傖惶奔走。」（《歷年記》崇禎十七年條）

皇帝自殺的消息大幅撼動江南社會，並且各地陸續發生騷亂事件，在前一章已有述及。在松江府發生的一件大型行動，是以在北京向李自成投降的，亦即所謂「從逆」的官員為目標的騷動。「我松從賊諸臣，則有翰林院庶吉士朱積、給事中楊枝起、翰林春坊楊汝成、給事中翁元益等，郡城諸生，遍出討檄，舉國若狂。」（曾羽王，《乙酉筆記》）王朝傾倒，官僚的威信也因「從逆」之名而掃地的同時，「忠義」則從民間溢出，下層的知識分子和庶民呼號「忠義」並且糾彈官僚紳士，出現無政府狀態。

以下層知識分子為中心進行討伐「從逆」的騷動的同時，另一方面動搖江南社會的是奴變，也就是奴僕的暴動。奴變在四月興起於鎮江府金壇縣，接著在五月發生於鄰近上海縣的嘉定縣，然後於六月波及到上海，原因據說是弘光帝即位之際的詔書中「與民更始」一句為契機所致。依據曾羽王的記載：「詔內有與民更始句，訛傳與民更始，凡奴僕之輩，盡行更易，不得復奉故主。于是由海上至閔行、周浦、行頭、下沙、一團以及華亭諸鎮，千百成群，沿家索契，奴殺其主者，不一而足。」（《乙酉筆記》）根據《閱世編》所記，遭受奴變所害之家，往往與遭受猴精擊之家是相同的。（卷一，〈災祥〉）

不過，當福王於五月十五日正式即位且號為弘光帝一事傳到民間，則「人心稍定」（《乙酉筆記》）。江南各地的奴變、無賴結社的蜂起計畫與針對「從逆」官僚的暴動事件等，在新政權的主導下，沒多久就遭到南明官兵的鎮壓。結果是「自李闖破京，弘光未立，其時地方已有亂萌，猶未大肆也」（《乙酉筆記》）。然而，弘光帝是「醉夢不省人事，登極後，惟以聲色為娛」（《乙酉筆記》）的無能皇帝，而且十多年以來留待解決的官場內鬥其激烈程度有增無減，弘光政權作為「無一善政」（《歷年記》）的腐敗政權而遭到民間的批評。儘管如此，直到隔年五月在清軍攻擊下弘光政權滅亡為止，江南社會在不安局面中還是能保持平靜。甚至清軍迫近長江的五月初，江南的民情如端午節仍划龍舟助興一般相當悠間的模樣（《啟禎記聞錄》）。

松江府全境陷入暴力的漩渦，是在順治二年（一六四五）五月，清軍渡過長江，侵入江南，導致弘光政權崩壞之後。這場混亂是從同年八月到九月，清軍占領松江府壓制反抗勢力後，才算是趨於平靜，但是在明清交替的混亂期中，籠罩這個地方的不穩定且暴力的氛圍，直到一六八〇年代三藩之亂終結與占領臺灣為止都未能消解。在第一章曾提到關於清初地方社會「擁有實際權力的地方官府和軍隊」的「自立的權力」，而在本章將討論從順治二年到康熙初年約二十年期間，松江府境內恢復秩序的過程，並且對於「實際的官方權力」❶這個稍微奇妙的概念進行補充說明。雖然清初松江府地方官和軍隊的橫暴和收奪時常受到指謫，但是若單純將此事態認為是「清朝國家強權式地方統治」的話，則會忽略當時駐紮軍和地方官時常受到長官警戒眼光的監視，而被暴露在處罰、肅清的危險的這一側面。如果要擺脫「國家與社會」兩項對立的架構，從當時人們的認知和行動這一角度來試圖說明地方社會權力的話，就可以認為有眾多私人部屬跟隨且盤據地方社會的官、軍方勢力，是明末以來地方自立勢力的延續。本章將以松江府為中心，窺視在地方住民視角與中央政府視角相互交錯中浮現的作為「實際的官方權力」的地方官衙和軍隊的姿態。

一、順治二年夏

順治二年五月，清軍橫渡長江入侵江南，不久南京便陷落了。傳聞弘光帝逃離南京，上海知縣聽聞清軍進入南京城的消息後於五月十日離任，「合縣老幼執香而送其去」（《歷年記》）。但與其同時，上海農村卻急速蔓延著小型武裝集團之間無秩序的爭鬥。「（知縣離任）之後，村間豪惡結黨歃盟，或燒或殺，或劫或搶，或報仇雪怨，或倚強凌弱，青天白日放炮殺人，竟無忌憚。有力者各就其地而樹兵馬，大者千人，小者亦數百人，揚威耀武，名曰鄉兵，實為防守。」（《歷年記》）「自南都破後，沿鄉遍起鄉兵，公報私仇，為害不淺，地方殺人如草。」（《乙酉筆記》）

---

❶【譯注】本書原文為「デ・ファクトの官權力」，其中「デ・ファクト」（de facto，實際上的）一詞，是相對於 da jure（合法的），指的是雖然未具法律的正當性，但是實際上已存在或實踐的狀態。據岸本教授的說明，刻意在此使用「デ・ファクト」形容官員權力，原因在於：一般而言，官員權力被認為具有法律根據的正當性，而「デ・ファクトの官權力」會帶給讀者些許矛盾的語感。

據《乙西筆記》記載，南京陷落後，管轄上海、華亭、青浦三縣的松江府境內軍隊的割據狀況如下。在府城有松江府出身的前官僚且具勢力的沈猶龍率領的義勇軍，西南的豆腐濱由明代武官黃蜚，南方金山城寨則由同為明代武官的侯承祖占據。不過，將近東西寬一百二十公里、南北長九十公里的松江府全域，也並非全由上述武裝勢力集團完全地統治。如同《乙西筆記》所載，「然皆非紀律之兵，威令又不及遠，以至地方到處殺人，或以冤家報復，或以搶掠劫焚。」散布於各個小據點的明軍殘黨與清軍入侵的預感之間產生的權力空白，以及由此為起因的恐懼感，形成籠罩這個時期松江府農村暴力狀態的背景。「浦西（黃浦江的西側）人至浦東，則以為尷尬，行頭人至新場，則以為細作。白日殺之，略無顧忌。……自六月至八月，行路者無不帶刀，遠出者必遭奇慘。」

清軍出現於上海是始自六月十五日，其人數僅只五十騎，屯駐在縣城北門外的徐氏桃園。據姚廷遴的紀錄，當時上海人還輕視清兵人馬不多，他們一邊談笑「他少我眾」、「百人拿一個，自然拿盡」、「不要殺他，死活捉來，將鍊鎖頸，留待耍玩倒好」，一邊以「汗衫而執杖」、「跣足而肩竹竿」等「歡呼笑語」的氣氛，「呼朋拉伴而往打仗」，卻遭到清軍猛烈反擊，造成眾多死傷者，在恐懼之下立即投降，運送供應物資過去。八月三日松江府陷落，「殺戮之慘，較別郡更甚」。八月十日，侯承祖守禦的金山城陷落，侯承祖遭到處刑。命運不明的上海縣城在八月二十五日也被占領，抵抗清軍的弘光政權的監軍潘公權的部下數百人都遭到殺戮。

然而，儘管清軍用武力鎮壓當地，但是曾羽王和姚廷遴作為這時期的暴力事件舉出的大量事例，並不一定都是清軍行使於殘明勢力或當地民眾的行為。他們生動地記錄的暴力事件當中，有許多是如下所述屬於當地民眾相互間的衝突。

例如鄰近地區的鄉兵集團之間的衝突。周浦鎮其境內原本就有眾多打降（暴力集團），在此時期他們把周浦鎮分為四個區域，從富商店鋪收集錢財，購買收集武器，製作旗幟衣甲，編十家為甲，訓練鄉兵，鑄造大炮以防備搶掠。由於蘇家橋的棍徒（陸寅、王六）強劫客商的米而遭到周浦鎮鄉兵當場斬殺，於是後來有蘇家橋的鄉兵糾合梁家角、塘口諸鄉兵，欲報復陸寅被斬殺的仇恨。晚上十時左右號砲鳴發，姚廷遴起身往視，周浦鎮的鄉兵「上下戈矛，旗幟隨風飄揚」，嚴整待敵。與友人一同手持武器出門的姚廷遴，雖然沒有記錄事件的結尾，但恐怕是進行著地方性的武裝勢力集團相互間的衝突（《歷年記》）。

或者是親族集團之間以血洗血的報復戰爭。鹽商聞謀與生員方含章有仇，他糾集黨羽千人，欲到方的親戚徐家捉拿方含章，反而被徐九飛捕獲且遭到磔刑。聞謀的弟弟聞仲梅，招集黨羽數千人，立下懸賞金搜捕並找尋徐九飛的行蹤，後來他把被綁縛獻出的徐九飛砍作數段，又吃了徐的肝肺，而且作成肉圓祭奠聞謀。方氏兄弟聽到這樣的消息，「百計潛踪，僅以身免」（《乙酉筆記》）。

還有，奴僕與讀書人之間因為階層差異上的怨恨而出現的團體殺人。新場舉人朱襄孫等人創立「懷忠社」的義盟（反清結社），遠近的志士皆得參加，但是不允許奴僕參加。於是張回等六十人心懷不平，慘殺朱襄孫等朱家六人，並且放火燒朱家宅。他們這六十人奴僕橫行鄉里，除了朱氏以外，還燒殺了行頭鎮的嚴氏九人、下沙的王省陸一家（《乙酉筆記》）。

這些團體的結合紐帶，是以地緣、血緣或奴僕身分等各種不同條件結成，可知如此紛雜繁多的集團所形成無秩序的械鬥狀態，籠罩著當時的松江府。若以宏觀視角來看此時期的暴力抗爭，能見到清軍壓制抵抗勢力而逐漸將江南納入統治的過程。然而，若以微觀視角來看在嘉定抗清等有名事件的周邊發生的無數件暴力事例的話，那就是在國家權力的空白化狀態下，如同刺蝟般集結的小團體相互猜疑和恐懼所引起的暴力行徑。伴隨著清軍的入侵，在江南農村地帶蔓延的武力抗爭行動，當中多數部分與其說是對抗清朝的民族鬥爭行動，不如說是當地自衛性團體相互間無方向性的衝突。這種械鬥式衝突才是動搖到江南農村社會最深處的暴力。其後，八月三日清軍占領松江府，曾羽王提到「地方各有官府，變亂始平。如再延數月，則鄉鎮之禍，更不知若何也」（《乙酉筆記》）。

二、清初松江府的勢力變化

新登場的清朝地方官與軍隊，在當地民眾的眼中反映的是何種姿態？在此以較長篇幅引用描寫最初遇到新官府的曾羽王其隨筆《乙酉筆記》的文章。當時曾羽王疏散到距離上海縣城東南約二十公里之處的市鎮周浦鎮，八月底聽聞清軍陷落上海的消息，他又逃到距離周浦鎮約三里的友人宅邸。

> 天明，始知趙安撫至鎮，居民驚避。安撫即松郡庠生，奉太尊牌至者。由新場達周浦，止駕一小舟，隨帶滿帽者數人，諭居民削髮歸順，里民見之膽落，岸上迎拜數

千人。余等從此剪髮，時九月初旬也。安撫到後，地方始有法度矣。不數日，新太尊有錄科示，諸生不至者，家產籍沒。余時丁內艱，尚未具呈本學，故同朱天襄……諸友，步行至松。進東門，見守者皆滿服，諸人無不股栗。……百姓見兵丁，無不稱「都爺爺」者。……新太守張住進士陳子龍宅。華亭縣陳鑒、海防楊之易，即忠臣楊漣[1]長子，時雖剃髮，猶漢人衣冠，烏紗大帶，不改舊服也。……九月十三日，督鎮李成棟點驗各兵，余與曹馳尹儒冠往觀之。李尚烏紗玉帶，用八座大轎，抬于門首，馬步卒皆疾趨而過，軍威嚴肅，莫可名狀。李先期出示「凡鄉紳不投謁者，家產籍沒，以叛逆論」，于是紳士進見者日多。吏部左侍郎董羽宸、太傅錦衣街道坊都督徐本高、太常卿朱國盛字雲來、知府張昂之、工部主事唐世昌，共十餘人，及孝廉十餘人，候兵過，皆鵠立於帥府門首。門吏掛號畢，始魚貫而入。少刻孝廉、青衿皆長跪而出，鄉紳賓禮留茶，李送至二門即止。門首執大棍而列於東西者五、六十人，威赫之勢，擬於王者。董、徐兩公甫出，有三馬兵並驅而來，二公幾為所仆，各以手倚壁方免。余見之氣奪，思此輩氣勢，平日何在？今日生不如死也。鄉紳皆方巾，[2]不敢複用官帽，惟孝廉、子衿如故。

從上述引文可知，駐在軍的「威嚇之勢」和伴隨而來的紳士權威的失墜，作為衝擊性的事件，清楚地從當地民眾眼中反映出來。往昔紳士的權威，是從整齊衣冠、乘坐轎輿、被稱為「老爺」，以及與地方官來往時禮數周到的待遇，這些眼前可見的表徵，使其地位更加提高，[3]與之相表裡的是，這些表徵的喪失也直接連結到紳士權威本身的喪失。從《乙酉筆記》的描述，即使在上海縣青村的守備衙門，也能見到在府城的權威交替的縮小版情況。

時李環為鼎革後第一新官，聲勢赫奕，比于風憲。本城衙役，復狐假虎威，附會而侈大之。……守備衙門，改稱游府。鄉民結訟者，每遇游府放告投文，動輒數百人候之，至有一詞費千金者。行牌諸役，或本城健步，或為親丁、夜不收等，未解官，先行拷掠，旱牢水監，百般索詐。游府書役廖君息……等，向稱先生者，改稱相公。[4]……於是青村之無識者，恨生子不為書役，而視青衿為朽物矣。

如同十六世紀末范濂的隨筆《雲間據目抄》卷二提到：「予觀郡中甲科名宦，幾二十人，不忍記其姓名。一死之後，子弟之淪落者，受辱者，飄流者，鬻身者，役累者，惡可勝道。」可以注意到早從明末開始，在松江府階層浮沉的激烈已是當地的特徵之一，特別是明清交替的時候，官衙、軍隊取代紳士，地位逐漸上升而成為地方權力的核心。描述紳士之家悲慘的沒落情形的逸事不勝枚舉，在此僅是舉例數則。

根據張履祥所述：「松江某相孫某貧乏不能存，有故僕尚有富於財者往祈憐恤。適舂米以五斗，令傭者負隨而將之。傭弗克息於衢，某問傭曰：『何無力至此？』傭嘆息曰：『吾非傭工者，先祖為某學士。』某曰：『如此則親戚矣！如何然？』兩人俱弗克負荷，市人聚觀或與以竹稍共舉歸，一時傳為『二宰輔孫共扛五斗米』，兩人祖俱崇禎間相也。」（《楊園先生全集》，卷三十八）關於前引文出現的徐本高（宰相徐階的曾孫）的家，曹家駒有如下的敘述：「余丁丑（崇禎十年，一六三七）入都，正值徐澹寧（本高）掌衛事，賜蟒玉。澹寧雖忠厚長者，而衙門嚴重，旗尉之赫奕，見者不寒而慄。……沒後諸子陵替，有第七子乃原煥李公名是楫，歲貢生，惠來知縣之婿，無以資生，為人代杖。適唐子宋有一公事未了，僱此子受杖二十。袁丹名國梓，字若遺，順治已丑進士，嘉興太守大不平，謂余曰：『唐子宋不過有錢，如何令徐七官受朴責？』面俱發赤，余不敢驟置辨。少頃乃徐言曰：『此事何可勉強？必徐七官自願而為之耳。』丹老聞此言，氣稍平曰：『雖如此，然寧可僱別人，何乃僱此子？』余曰：『是則子宋失於檢點也。』噫，父為大金吾，撻人多矣，天或以此償債，亦未可知。」（《說夢》，卷二）

無論這些逸事是事實與否，過去仗著威勢的縉紳家子弟後來為他人扛物，或是在眾人環視下遭到杖打等狼狽模樣擺在世人眼前的這件事本身，更加促使縉紳子弟他們的威信急速解體。

若將清初松江府的勢力關係變化概括統整來看的話，地方社會人們首先受到的劇烈衝擊，是前述提到明末以來有勢力的縉紳之家的沒落。[5]順治三年（一六四六）下諭，「前代鄉官監生名色，盡行革去，一應地丁錢糧雜泛差役，與民一體均當」，[6]明代曾任官職者與其子孫受到優待的根據皆喪失了，這在伴隨王朝交替的勢力變化可說是理所當然。不過，紳士勢力的虛弱化本身，不僅止於與明王朝的威信有關的縉紳之家。包括到了清朝出仕者在內，在清初可以感受到整個縉紳的地位對比官吏相對低下。松江出身順治十八年的進士董含，在其隨筆《三岡識略》卷六〈三吳風俗十六則〉（康熙八至十二年左右）中，有如下敘述：

前朝縉紳類能自重，當事亦接之惟謹，邇來士大夫日賤官長日尊，於是曲意承奉，備極卑污，甚至生子遣女，厚禮獻媚，立碑造祠，僕僕跪拜。此輩氣燄愈盛，視為當然，彼此效尤，恬不為怪，以父母賦畀之身而屈體受辱，不自愛惜如此，噫！亦醜矣。

相較於現任官僚，鄉紳地位的低下，顯示人們認知的「尊貴」指標，已經從科舉資格轉移到官僚地位，那樣的變化不僅是在官與紳的關係，也連帶造成官僚組織內部的上下關係變動的事態。上海縣人葉夢珠將明末與清初的情況作對比，提到「前朝鄉紳，凡兩榜出身者（指進士出身者），無論官之尊卑，謁撫、按，俱用名帖抗禮」、「前朝鄉紳，凡科甲出身者（進士、舉人出身者），無論爵之尊卑，郡縣俱答拜」、「（前朝時代）故一登科甲，便列縉紳，令人有不敢犯之意，非但因其地位使然，其品望有足重也」，[7]在明末，有很強烈的傾向是，一旦科舉合格，便依其等級來決定他們的社會地位，而不論之後他們在官場晉升的程度。並且，在官場內部，進士出身者也受到極度重視，因此在官僚人事方面偏重科舉功名已經成為問題，這是眾所皆知的現象。[8]

與此相對，若概觀以清初松江府為中心的地方官出身的話（表2），可以見到如下傾向，在知府以上的官員中，八旗漢軍以及遼東出身者且其科舉資格為監生、貢生等級之人數較多，相對地，知縣當中則是漢軍、遼人較少而科舉資格等級較高者居多。[9]也就是說，科舉資格與官制地位間的逆轉並非稀奇之事。而且，與官僚相互尊重體面且淨是威儀與虛禮的明末有所不同的是，在清初暴力且粗野的風氣蔓延著官場，從吳江人陸文衡《嗇庵隨筆》卷三記載的如下軼事可窺知。

朱撫院國治巡行海上，召華、婁二令（華亭、婁縣二知縣），問其未完錢糧，經承因何不解，答云「正在查完欠數目」，朱盛怒大罵，手批其頰，嗟乎！今日作令之賤辱如此。

雖說官僚組織原本就有上下關係，但是打正印官巴掌的作為，對於了解明末風氣的江南士大夫來說也是相當意外的事。朱國治是以興起順治十八年（一六六一）奏銷案而聞名的江寧巡撫，即如後所述，有必要注意到奏銷案的背景中存在著這樣的官場氛圍。

再者，作為伴隨明清交替而來的官場變化之一，可舉的是對比於文官，武官的地位上

表 2 清初地方官的出身

	江寧巡撫	松江提督	松江知府	上海知縣
順治 2	土國寶×降將	李成棟 明總兵	張銚× —— 舉人	孫鵬× —— 進士
			傅世烈×滿洲	
順治 3		吳勝兆×遼東		
		張大猷		
4	周伯達●	張天祿 漢旗	林永盛↑遼東 監生	
5	土國寶×		盧士俊×遼東 監生	高維乾×遼東 貢生
6				
7			廖文元×漢旗	
8	周國佐 遼東			姚修蔚× —— 舉人
9				
10			李正華× —— 貢生	閻紹慶× —— 貢生
11	張中元×漢旗 監生			
12		馬逢知×漢旗		
13				
14			郭起鳳×遼東 貢生 祖承勳×漢旗 貢生	商顯仁× —— 進士 高淩雲×
15				陸宗贄× —— 貢生
16	蔣國柱 漢旗 監生	管效忠		
17	朱國治×漢旗 貢生	馬逢知×漢旗 梁化鳳● 武進士	于汝翼×遼東 貢生 劉洪宗×遼東 貢生	涂贄× —— 舉人
18	韓世琦 漢旗 貢生		郭廷弼×漢旗 貢生	王孫蘭× —— 貢生
康熙元				陳以恪× —— 貢生
2				鄒弘× —— 貢生
3			張羽明×遼東 舉人	

本表格是就清初江寧巡撫、松江提督、松江知府、上海知縣的出身，利用地方志與《閱世編》等文獻，在可知的範圍內記載的內容所整理。× 是指遭彈劾且成績不佳之故而被免職者。●指在任內死亡。↑指晉升。—— 是指非旗人、遼東出身者。

升。關於這一點，姚廷遴在《歷年記》卷末〈記事拾遺〉簡明敘述如下：

明季重文輕武，如吳淞總兵官要受松江府理刑節制，謂賢否冊在其掌握，以致武將不肯用命，而國家傾覆。大清政令一新，如提督、總兵等官，府、縣印官相見，用揭帖、走角門、行庭參矣。此又仕途體統之一變也。

像這樣關於在文武官僚之間，乃至貢生、監生、生員與武官之間的禮儀變化，在葉夢珠《閱世編》卷八〈交際〉也有記載。所謂揭帖，是一種名片，但與名帖不同，名帖的情況是在對等的禮儀下對方答拜，相對地，揭帖的情況是對方不答拜，並且用在對方地位較高的場合。所謂角門是指大門旁邊的小門。所謂庭參是指向上司自我介紹時執行的禮儀，對方站立著而自己則是跪拜。姚廷遴和葉夢珠的記述，皆指出在清初官場禮儀中，文官地位低於武將的情況。葉夢珠因應這樣的變化，參考的是康熙三年新定的《文武相見儀注》這本書，但是就管見所及，《文武相見儀注》（收錄於《留青新集》等清初的實用書）是順治十八年由禮部具題且受到皇帝認可的書籍，內容似乎有些差異。此外，關於清初文武官員地位逆轉，董含在

《三岡識略》卷六記錄如下的逸事。

前朝偏重文吏，武備廢弛。今則不然，修儒行者目為棄物。相傳一甲科（進士出身）謁撫軍（巡撫），接之甚倨，續有武弁晉謁，笑語款恰，臨別謂曰：「適見一進士，體貌堂堂，所惜者出自異途（非正規途徑之意）耳。」可嘆亦可笑也。

在明末擁有巨大勢力的鄉紳喪失作為地方社會權力核心的地位一事，即如歷來研究指出般是巨大的變化。然而，這種變化並不能以「紳士」對「官僚」的對抗圖式中的後者的優勢這樣單純的形式來理解。即使在官員階層中，也出現從文官優勢轉向武官優勢，或是進士資格榮耀的殞落等重要的變化。鄉紳向地方官獻媚的風潮其反面，就像所謂「嗟乎！今日作令之賤辱如此」一般，正印官的尊嚴公然地遭到損傷並非稀奇之事。

在下一節中，將以這樣的變化作為背景，探討在當時人們的眼中如何反映清初松江府的權力分布狀況。

三、作為權力核心的官衙與軍隊

當試著具體想像在地民眾眼中如何反映隨著王朝交替而來的社會勢力變化時，就不能忽視往昔鄉紳居住的宏偉住宅被接收，成為官、軍相關設施或軍人、官僚私宅的事態所具有的重要性。葉夢珠在《閱世編》卷十〈居第〉舉出十九座松江府城與上海縣城內外有名的鄉紳宅邸，記錄這些宅邸於明末清初各自的轉變，如表3整理的內容所示，松江府的九座宅邸中的七座，上海的十座宅邸中的六座，皆作為官、軍方相關建築來使用。除此之外，如前節開頭的《乙酉筆記》的記載所示，復社的有名人士陳子龍的宅邸在清軍進駐後不久就成為知府張銚的居所，由此可推測鄉紳宅邸被接收的情況並非只限於葉夢珠所舉的事例而已。

特別是比較松江與上海之後可以注意到，在上海的情況是於明清交替期間已經荒廢的宅邸被軍隊占據，或是由沒落鄉紳賣出、出租等，並不一定都是處於暴力下使所有權產生轉移，相對於此，松江府的情況則是以往誇耀威勢的鄉紳的宅邸在清軍進駐的同時，即直接遭到沒收的例子較多。原本是江南文藝中心的名城卻變為兵士橫行的軍都，這之間激烈的落差給予人們的衝擊，從前一節所引曾羽王的文章便能窺知。

表3　清初松江府鄉紳宅邸的接收、利用（《閱世編》卷十〈居第一、二〉）

	原擁有者	所在地	
徐氏賜第	徐階	松江城南	順治四年以後為松江提督衙門，康熙後賣出作為官舍
錢氏邸宅	錢龍錫	松江城南	順治二年以後為李成棟駐箚地，其後為將佐的私邸
顧氏賜第	顧正心	府治南	順治二年部分遭到破壞，之後成為營兵居所
朱氏邸宅	朱積	府治後	順治三年吳勝兆居住，其後賣出成為婁縣縣治
王氏邸宅	王庭梅	東關	順治年間為營將的公館，康熙十二年以後為嵩高書院
林氏邸宅	林仁甫	普照寺西	鼎革時，為中軍將高謙占據，之後成為提督王公定的私產
張氏邸宅	張元始	通波門東	張元始死後，借給有往來的軍人（順治中期）；改建後成為公館
陸氏邸宅	陸深		鼎革後，為陸氏聚居地；康熙初年，為上海駐防水師暫時占據
露香園	顧氏	城西北隅	明清交替時期荒廢；康熙初年，為上海駐防水師暫時占據
杜氏邸宅	杜象南	小南門內	明末賣給顧氏但卻荒廢；順治年間移築作為水次倉
黃氏邸宅	黃體仁	小南門內	明末時期荒廢；隨著水次倉的移築，作為倉房與管理官員的居所
桃園	徐驥	北郊	清初時期荒廢；順治十四年，作為演武場
陳氏邸宅	陳所蘊	縣治東南	鼎革以後，出借為往來出差官員的宿舍，之後荒廢

以下利用《閱世編》卷三〈建設〉記述清初松江城衙門的設置狀況為線索，來推測當時人們眼中映照的權力分布的模樣。清軍進駐後，位在松江城內的主要衙門如下所示。

第一，從地方官制系統來說，有明代以來松江府的府衙以及作為附郭縣的華亭縣縣衙等。其後順治十三年（一六五六）以華亭縣負擔的賦、役過重為由，分割華亭縣的西半部而設置婁縣。婁縣縣衙一開始設在城外的西倉城，之後移往城內的舊朱氏宅邸。

雖然就文官系統上來說，松江城的最高級衙門是府，但是城內設置的三座察院，是為了上級地方官的巡行駐箚而置的設施，可以說是潛在地代表上級地方長官的勢力。位於府治東側的東察院其規模最壯麗，巡撫、巡按與文宗（學政官）皆進駐在此。華亭縣的南察院雖與東察院的構造相同但規模稍遜，各道院與監察諸司所派遣的調查官進駐於此。位在府城東南隅的新察院是由鹽商所建，作為鹽運使巡行之際來使用。另外，東察院的東側有被稱為「東理刑廳」的衙門，這是松江府屬官之一的司理（理刑）嫌棄府衙狹窄而另在別處設置的衙門。關於當時松江府的理刑的勢力，葉夢珠在《閱世編》卷三〈建設〉中提到：

松江府佐，舊制五員……曰理刑推官，位班五員之末，然為各上臺耳目之官，按院出巡，必先委推官一員查察錢穀，刑名于所屬州縣，一如上臺出巡體，以故按君統轄之地，皆稟奉之。如本府司理最稱權要，其胥吏、輿臺驕踞加於紳士，小民畏之如虺如蜮。彼視府吏蔑如，各廳無論矣。

雖然理刑廳於康熙六年（一六六七）遭撤廢，但是從前引文可知在那以前的理刑廳憑藉上級官的威勢而仗勢欺人，在府的層級中具有特別的地位。

接著，在清初松江擁有最大勢力的衙門，與其說是前述文官系統的衙門，毋寧說是軍事衙門。明末時期在松江只不過設置千戶所，但是在清代由於有總兵官的駐屯及其後的松江提督的設置，松江成為駐守江南的清軍所在的中樞城市，提標的額兵五千人、城守的營兵一千人，再加上提督的親兵，共有六千人以上的兵士駐屯在此。從官僚制度上的地位來說，設置於松江的提督衙門屬於地方軍事系統的最高層級，這與松江在一般地方行政系統上屬於府的地位相比之下，顯得是不相稱的高位。

取代原本在明末松江擁有巨大勢力的鄉紳，清初時期作為這些宅邸的新主人而誇示其氣勢的是前述多種類的官僚、軍隊勢力。如董含《三岡識略》卷六提到「各衙門差役，俱有定數，多者不過數十人。晚近事廣弊繁，地方奸猾及富人避役者，皆投充其上下衙門，串成一局，把持挾詐，無所不至」，這些衙門相互結託，成為吸引人群的勢力核心。然而，明末的「鄉紳權力」絕非堅若磐石，而是在互相競爭且流動的社會情況下產生，同樣地，清朝的「國家權力」也是，若把國家權力看作是基於位階式官僚制度下被統合且無矛盾的整體樣態的話，那將會誤判當時地方社會的動態。

若要明確地顯示當時官、軍權力內部不安定程度的事例，則可舉順治四年（一六四七）松江提督吳勝兆的叛亂未遂事件。清朝在平定江南之後，最初駐屯在松江的是總兵李成棟，但是順治三年李成棟被派往福建，取而代之的是同年七月提督吳勝兆從蘇州移駐到松江。親眼見到吳勝兆的衙門的姚廷遴，在《歷年記》順治五年的記事中[10]描寫衙門的模樣如下。

駐扎衙門在府後朱宦大宅內，今為婁縣者是也。周圍鐵桶把守，白日尚且提鈴喝號，裡邊天井上用木柵遮架，裝釘堅固，恐防奸細行刺。出入標下諸官，俱遍體錦繡，威靈赫奕，大聲章著，招兵買馬。更有湖泖賊首及江南各府傑出者，俱往投用，偽授印札，為文官者，為武官者，為總兵者，為將軍者，無天無日。

四年四月，吳勝兆受到部下戴務公等人的誘惑，與江南三角洲的湖沼地帶和舟山地方的反清武裝集團相呼應從而企圖叛亂，並且脅迫知府、海防同知、推官和華亭知縣等松江府的主要地方官，強制他們參加叛亂。之前曾提到的楊漣之子即海防同知楊之易等數人，因抗拒吳勝兆的脅迫而遭殺害。不過，就在反清集團的援軍延遲到來的期間，預見叛亂終將失敗轉而背叛的部下拘禁吳勝兆，使得叛亂計畫以未遂終了。位於蘇州接到通報的江寧巡撫土國寶立即率領水軍出動，以搜索餘黨的名目大肆殺戮松江士民。早於吳勝兆在松江駐屯的李成棟也是，順治五年他被派遣到廣東後轉向反清陣營，從清廷中央來看，清初江南駐屯軍可說是叛服無常且具有危險性的集團。

清初江南駐留大軍的地方不僅是松江而已，在那樣的地域中，多少都有不受官府控制的軍隊的橫暴產生的問題，同時也有人指出交結軍隊以追求私人利益的當地住民的「投靠」現象。在糾彈清初軍隊橫暴的文章中，不難發現與明末對於「鄉紳之橫」的批評共通的修辭。當清朝統治江南時理應依靠的軍隊往往有作為接納許多投靠者的自立性集團而逐漸發展的傾向——那正是讓清初中央政府煩惱的困境。

即使鼎革之初上海縣並沒有大軍駐留，但是順治十七年（一六六〇）為了鞏固沿海防備，副總兵王光前率領的水師，從崇明水師營移駐到上海。副總兵和兩名都司接收上海縣城內的艾氏、陸氏、褚氏等鄉紳的宅邸作為衙門，較大一些的民房也幾乎盡是遭到高達萬人的兵士占據。[11]再者，康熙五年（一六六六）被朝廷派遣到江南南界巡視的五位滿洲官員也駐箚在上海。雖然康熙七年這些軍隊、衙門在上海縣鄉紳張宸的奔走下撤回，[12]但是在那數年間，這些軍隊、衙門作為上海的權力核心，不僅成為民怨的標的，同時也是「小人趨炎」的對象，此現象可從姚廷遴的記述中窺見。

> 兵丁之可惡特甚而莫敢聲言。盤放營債，民受荼毒者，不獨城內，村中破家者更多。甚至淫婦，大張明著與彼往來，又有貪其利，將如花似玉之女，與彼結親，又有將男女賣彼為奴婢，又有非親非故，任其出入房戶，一家婦女無分老幼與之淫媾，種種可惡，罄竹難書。……本縣有鄉紳張人龍者，……時任兵部職方司主事，深知水師營兵丁及滿洲衙門受投獻，詐百姓，毒害地方，出力謀為，汰水師營兵，撤巡察大人回京，肯做好事，這兩件造福無窮，萬民感載。先期旨下，中秋日去完，大座舡幾隻，裝載玩器什物並投靠男女，俱要上舡長往，父母親戚送別者大聲

> 啼哭，慘狀可觀，亦足以警小人趨炎之戒。凡倚藉滿洲衙門用事聽差者，借勢詐人者，或先逃躲，或被告發，喪氣不堪。

幾乎同一時期（順治十六年至康熙三年）駐屯於蘇州城的祖永烈的軍隊，同樣地作為江南的權力核心而擁有廣大的勢力範圍。根據生動地描寫明清交替時期太倉州社會變動的王家禎《研堂見聞雜錄》提到，「祖大將軍鎮吳，凡吳之為不法者，悉鬻身于其部曲，謂之『投旗』。既投之後，平日小嫌細忿，以片紙上之幕府，即率組練數十，以一鋃鐺鎖其人去，非破產不已」，並且記載太倉州的鄉紳王子彥的事件作為例子。逃亡且不知去向的王子彥的奴僕馬留，突然某一天衣著光鮮並與同伴回到太倉，王子彥接獲密報前去將馬留綁縛起來，不到兩天的時間，祖大將軍的檄文來到，王子彥遭到拘禁，並且受到兵士的掠奪，被強迫付出高額的贖金作為賄賂。「同時聞風起者不可枚舉，州治之前，累累縛去者無數。有小怨在人者，恆惴惴不自保。至有大家閨婦不得意於夫，亦欲投旗，令人絕倒。」曾羽王《乙酉筆記》中，對於祖永烈軍隊的撤回的相關消息，有如下記載：

祖兵之駐防蘇州者，為害五六餘年。蘇人受累，不可枚舉。至康熙三年九月，奉旨撤回，百計遷延，撫臺韓世琦，大出風力，逼之而行，時九月初六日也。去後次晨，蘇人執香于撫軍轅門者，數十餘萬，稱頌功德，三日不絕，亦為一世創聞。

清初在江南民眾眼前出現的清朝官、軍，成為混亂時期地方社會中謀求保護的人們趨附集結的核心。那些官、軍不僅保護其從屬者，同時也成為倚仗其勢力、橫行地方且掠奪當地居民的從屬者之後盾，從這一點來看，可說是發揮了繼承自明末「鄉紳之橫」的機能。然而，同時不能忽略的是，當時的人們並不認為清朝的官、軍是一體的，民眾仍期待官員能發揮「懲罰惡劣的官、軍之橫暴」的角色，而且官員方面，也自我標榜為能夠懲罰官、軍貪汙的正派人物，來努力爭取當地民眾的支持。清代中期蘇州人顧公燮《丹午筆記》對於清初「迎風板」這樣的習俗，有如下的描述：

國初，撫按甫下車時，先訪拿數人，責四十，名曰迎風板。或枷，或遣，或杖斃，以矜風力。遂有神奸巨棍，從中暗通線索，窩訪造訪，擇殷而噬，舉平日不快意之人，混開誣告。黠者重賄以求免。後竟沿為成例，多殺不辜。至雍正間，以無款迹贓証，不得風聞訪拿，此風不行矣。

上任之初，以如雷擊般地迅速且確實地揭發懲罰揮舞過往權勢的貪官汙吏，一邊誇耀著自己的「風力」，一邊令百姓高喊快哉——從順治年間到任的地方官的行動中，我們可以見到有許多「迎風板」的事例。在此，從《研堂見聞雜錄》中舉出順治八年（一六五一）就任蘇松巡按的秦世禎為例：

（秦公）初至，聞其在越中風采，人固慴之矣。而吾婁備兵使者胡公以泓，貪穢已甚，初下車，即驅出署，復遣人收其印，敕劾章下，即牽入獄，如風雨乍至，雷霆乍驚。胡掩面踉蹌，揮袍雪涕，三吳之民，且笑且詈，且喜且異，拍手頓足，喧闐衢壤。又有常熟令瞿四達，由進士起家，貪酷倍甚。一至亦即收之，匍匐對簿，囚首垢足，道旁揶揄之。後長繫獄中，屢經訊鞫，卒以罪去。其餘六府中司道守令，反貪贓為暴者，率累累縛至，一鐺鋃繫之，躄躠道上，不可勝計。平日呵殿生風，從鹵簿，尊嚴如神者，至此如縛。

秦世禎藉由把以往尊嚴如神明般的地方官猝然變得悽慘難看的模樣，展示在民眾眼前的方式來誇耀其權威。正因為當時的地方社會，是處在以官僚和軍方個人為核心的半自立的官、軍勢力的割據狀態，所以新到任的官員必須藉由打擊過去的權威，使其吸引力化為烏有，來讓當地民眾對這位新任官員個人的「風力」產生深刻印象。即如《丹午筆記》的記事提到，這類「迎風板」的行動模式本身，往往是有心人士倚仗官員的權威以行使不法或壓迫之事的溫床。如江寧巡撫土國寶般，起初是懲罰惡德官吏受到民眾喝采的地方官，之後卻以貪汙之罪受到彈劾而被迫自殺。[13]當時江南的地方官，處於官員彼此競合不絕的狀態下，所產生的不安與緊張的氛圍，實是有必要予以注目。

四、江南貪汙事案與奏銷案

據葉夢珠所記，江南的整肅吏治的行動，是以順治八年（一六五一）順治帝的親政為契機而開始（《閱世編》卷四〈宦蹟〉）。

> 時天下初定，法紀從寬，司民牧者，鮮體朝廷至意，大半惟賄是求。庶僚相仿，大吏包荒，無情之訟，莫詰其奸，而訟獄日繁，不急之徵，誅求四出，而差徭絡繹。縉紳之後，修怨者概指為通南；素封之家，無端者指名為拔富。虛詞誑上，按家計而算緡；游手謀生，望屋廛而搆隙。凡有中人之產者，莫不重足而立，遁逃無地，控訴無門，民生日惴惴矣。自世祖章皇帝親政而後，洞悉萬方之弊，惟賴巡方之官。先簡廉能以清其源，特假事權以重其任，大僚而下，一命而上，舉劾之權，悉以付之。

葉夢珠在同書中也提到順治帝頒布的敕諭內容，「在外總督、巡撫、提督、總兵等官，如有蒙蔽專權，擅作威福及縱兵害民、縱賊害良等事，許巡方御史不時糾劾」（同書卷三，〈建設〉），這段內容與《世祖實錄》順治八年三月壬辰條記載的幾乎是一樣的內容。根據《實錄》，由於順治帝命令刊刻這道諭旨並且下發到各府州縣，讓所有城鄉的紳士人民周知，因此這道諭旨的內容應是廣為江南民眾所知。

這個時期肩負巡查任務並且首先被派遣到江南的，是曾任浙江巡按且政績受到好評的秦世禎。秦世禎在標記順治八年五月十六日的題本中，[14]報告幾天前已進入江南，會將陛辭之際受賜的懇切天語銘記在心，同時也表明「矢志持廉秉公，正己律下，凡地方利弊，民生疾苦，官吏賢否，屯務虛實，務期設法確查的訪，立洗從前積習」的決心。雖然說是巡察官的常用辭句，但是確實在當時令人強烈地意識到清朝新政策的重點在於地方統治的整肅。依據秦夢珠所記，秦世禎「入境後，參劾糾彈，殆無虛日，積年衙蠹，經告發者，立正典刑，幸漏網者，抱頭鼠竄，風俗為之廓清，民生得以安枕，江南半壁，實利賴之」（《閱世編》卷四，〈宦蹟〉）。

就任於松江府的官吏中，受到秦世禎彈劾的人物，首先可舉出的是松江知府盧士俊。他被批評為歷代松江知府中最「貪婪無厭」的人物（曾羽王《乙酉筆記》）。在秦世禎上奏的彈劾的題本中也糾彈他貪汙錢糧等罪狀，而且他又與當時最大疑獄即江寧巡撫土國寶的貪汙事件有關，他被糾舉曾贈予土國寶四千兩的賄賂，請託土國寶在大計（職務評鑑）時將他評為「賢能」。[15]其他成為秦世禎的彈劾對象的松江府相關官吏，就我所知，有上海知縣高維乾以「不職有司」受到彈劾，還有武官金山衛參將軍李景陽等，以及盜用公款的松江府吏書九人等受到舉發。[16]

從順治年間的松江知府、上海知縣的任免狀況來看（表2），特別隨著來到順治朝後半期，變成官員在職期間平均只有一年左右的短暫時間。葉夢珠列舉從崇禎年間到康熙初年的二十幾位上海知縣，提到：「其才之長短，品之貪廉，心之邪正，政之仁暴，學之博陋，或人人各殊，或一人而始終異轍，要皆座未及暖，參罰隨至，因催科拙者十之七八，因不職劾者十之二三，從未有一人報最升遷。惟康熙七年戊午，任待庵辰旦，督、撫兩臺以博學鴻儒薦，……此吾生以後，海邑令長之僅見者。」（《閱世編》卷四，〈宦蹟〉）順治年間的松江知府也是一樣，除了林永盛晉升睢陽道以外，包括獲得松江士民好評的名宦李正華，都因為績效不良遭免職，或因彈劾而受處罰。免職後經數年再被起用的例子（如康熙初年婁縣知縣李復興曾受彈劾而免職，之後再度恢復原職），也有就這樣退休的例子（李正華在惋惜中去職，其後在鄉里舉辦家塾），他們在被處罰、免職後有著各式各樣的經歷，甚至還有因江南科場案遭逮捕而死於獄中的上海知縣商顯仁等，遭遇死亡的案例。

與像這樣上級長官對於州縣官的嚴格態度相表裡，民眾這邊對於州縣官的批判也是相當興盛。在《歷年記》中，記載順治末年到康熙初年上海民眾告發知縣和胥吏的事例。由於自順治十六年（一六五九）起，知縣陸宗贄用收糧官四員，分派十萬漕糧，由於弊害叢生，因此各區圖的糧長、里長中的傑出者，動用公呈攻擊四收官和總書張萬里等人。然而，收官和總書反而將公呈為首者列為倉棍，送到巡按御史之處接受調查。《歷年記》的作者姚廷遴的母姨夫談季勳就是同樣被拘留在巡按之處的其中一人。雖然那個時候經過姚廷遴等人奔走下才被釋放，但是在同一年底，談季勳將陸知縣與四收官、鄧縣丞、唐照磨、城守營的王把總、喬斐翹、漕糧總書的張萬陵等皆告到淮都處（恐怕是指淮安巡漕科道）。

（淮都處將該案件）發糧道及兵道二衙門會審。當時同事者有顧鳳圖、沈仰萱、葉舜芳、沈爾強、孫仲仁、趙聖庸、閔條侯、顧憲臣等，俱在蘇州寓雙桂堂內，糧里被害人等，過差等項，約有百人，支應動用，非同小可。……守至半月，是日元妙觀內會審，凡系告被及收糧書辦，俱蘆枷鎖項，點名進審。蘇州人看者亦多。陸縣公被糧道聲言幾句，再不敢說，惟顧鳳圖與母姨夫侃侃長說，逐件對質，以兵道糧道甜言安慰，將總書責三十板，隨發松江府畫供。時張按臺亦到松江，因而俱歸。直至二十二日，太守及理刑會審，亦責總書三十板，備文詳覆。記此知為合縣知公事，虧幾人費心力，至今受益也。

再者，在康熙五年，談氏一族的談季歷將鄒知縣等二十五人提告到皇帝之處並且獲得受理的這件事，也成為江南的話題。談氏一族也好，其他的原告也好，都不是鄉紳之類的知名人物，而是在繳納稅糧方面直接受害的一般納稅戶，可知當時的地方官和胥吏也會遭遇來自一般民眾提出告發的威脅。這樣的訴訟之所以能成立，其背景是來自欲著力於取締貪官汙吏的上級長官其積極的態度。北京的第一歷史檔案館和臺北的中央研究院歷史語言研究所收藏大量順治年間有關貪汙的題本，不僅顯示當時地方官吏的貪汙情況，同時反映當時取締貪官汙吏的盛行。[17]

考慮到順治年間到康熙初年江南地方官所處的這種情況時，我們可以發現，作為清朝鎮壓江南紳士的行動之一而廣為人知的順治十八年（一六六一）江南奏銷案也是，未必僅起因於官府與紳士的對立關係，而可能有更複雜的意義。關於此事件的概要如下所述。[18]順治末年，江南拖欠稅糧的數額攀升到高額，巡撫朱國治把責任歸咎於紳士與衙役，順治十八年六月，於奏銷（徵稅報告）之際作成拖欠錢糧者的名單，把他們當作抗糧者往朝廷呈報。其範圍涵蓋江南的蘇州、松江、常州、鎮江等四府和溧陽縣，鄉紳二千多名，生員一萬一千多名，衙役二百名都包含在這份名單中，其中還包括許多把已完納者當成滯納者等杜撰的報告。名單所載鄉紳、生員一律接受處分，若是現任官員則降格，若是在鄉者則剝奪資格。因為有命令將拖欠稅糧者帶到北京接受處罰，所以鄉紳、生員皆陷入大恐慌，在嚴酷的督促下即使超出能力也不得不納稅。其後，屢次提出恢復資格的請願也未得到許可，直到康熙十四年（一六七五），伴隨著三藩之亂陷入財政困難的清廷，雖然以捐納作為恢復資格的條件，但是提出的人並不多。

第一，必須留意到形成奏銷案的直接背景的原因，與其說是以鄉紳為目標的清朝中央的鎮壓態度，毋寧說是順治後期以來施予地方官的壓力的強化。就在朱國治的奏銷案發生的幾個月前，為了處理各省日益增加的拖欠稅糧，康熙帝頒布上諭，[19]命令「今後經管錢糧各官，不論大小，凡有拖欠參罰，俱一體停其陞轉」。在三月，針對各省巡撫以下州縣以上的官員，依據各自未完納的部分制定對應的處罰規定。自身也被列入奏銷案而遭削奪生員資格的葉夢珠，對於像這樣施予地方官壓力而導致奏銷案的情況，有如下的敘述（《閱世編》卷六，〈賦稅〉）。

經徵之官，皆以十分為考成，稍不如額，即使龔、黃再世，不免參罰。故守令皇皇，惟以徵糧為事。一切撫字，俱不及謀，……拖欠者所在多有，守令往往因積逋罷官。……至順治之季，江寧撫臣朱國治無以支吾，遂歸過于紳衿、衙役。

第二，奏銷案之後，雖然無法順利地恢復鄉紳、生員的資格，但是可以注意到清廷積極地進行對於在奏銷上有所疏失或執行過度的官吏其處罰措施。朱國治以丁憂（父母過世時的服喪）為藉口匆匆地離開江南之後，[20]作為接任者的韓世琦著手奏銷案相關的事後處理，其狀況可從《撫吳疏草》所收韓世琦的奏疏來窺知。關於奏銷案的調查是以相當組織性的方式來進行，如卷四〈題覆溷開鄉紳疏〉所載：「臣看得奏銷冊籍功令綦嚴，有司開造，務宜詳慎，乃前撫臣所報蘇、松等郡順治十七年分抗糧一案，紳戶職名多有錯誤，以致內部駁查，敕行覆核。」其後就各別的縣列舉出：「太倉州則係革職知州呂時興、書役徐鴻徵也；長洲縣則係革職知縣劉令聞、書役李因宇、錢安宇、徐爾茂、金華峰、陸君宜、周岐所、徐君榮、王君佩、何旋吉也；……華亭縣則係革職知縣楊必禎、[21]書役陸聖涓也；婁縣則係革職知縣田紹前、書役魯榮也；上海縣則係革職知縣涂贇、書役姚虞也；……」文末建議「以上各書役業經嚴行該道（蘇松道、常鎮道）重加責懲外，所有州縣各官相應指實具題」的這份奏疏，是於康熙元年五月六日提出，經由「該部議奏」的皇帝旨意下予以施行。

各個紳士紛紛向巡撫提出申訴，提到拖欠稅糧的報告是沒有根據的。依據卷三〈題明凌搢疏〉引用刑部的咨文提到，最近雖然遭到彈劾的現任官與鄉紳皆自行上奏申訴拖欠稅糧並非事實，但是刑部卻無法進行詳細調查，因此對地方官通達如下命令：

> 嗣後被參抗糧官員紳衿，如果有情事冤抑，即赴該督撫衙門辯告。如錢糧未完而稱完足，及有地稱無，捏告卸罪者，該督撫查審明白，妥確題報，相應加等治罪。如紳衿錢糧已完而作欠，無田而稱有，冒開經手官役并該管巡撫並司府等官，一并分別議處，又紳衿不赴該地方督撫辯告，竟行越奏者，照違旨治罪。

對於鄉紳的申訴，在調查上，則是進行相關官吏的懲處，據《撫吳疏草》所載而得知的例子，有太倉州的凌搢（卷三）、崑山縣的葉方藹（卷六、二十四）、長洲縣的全世渼、宜興縣的周季琬（以上卷七）、蘇州府的宋德宜（卷八）、崑山縣的葉芳恒（卷五十四）等人。在此來看看崑山縣葉方藹的例子。葉方藹是順治十六年的探花（第一甲第三名），雖然他拖欠稅糧額只有銀一厘（相當於銅錢一文），但是他的翰林院編修一職仍是被革職了。「探花不值一文錢」這句話在當時江南廣泛被流傳，許多的隨筆文集都有記載。[22]同書卷六〈葉方藹欠糧疏〉中引用葉方藹上奏的內容，大略如下：

臣……服官三載，雖身羈職，嚴督家人，遵守由單依數完納，臣名下三斗七升五合官田三頃二十九畝六分八厘六毫，計銀四十四兩四錢六分零，及取家中完銀印票，共完過四十六兩一錢五分五厘，已完透無欠，不意奸書徐寧宇朦開欠銀一厘，夫一厘之銀即今制錢一文，豈有四十餘兩之銀悉已完納，獨欠一厘以干降處，乞細加察核誣陷。

對此，韓世琦的調查結果如下：

據道府覆稱，方藹實在戶田三百二十九畝零，查照十七年之會計額，該條銀四十四兩四錢六分零，業該家屬葉仁先經如數完納，尚有完透銀一兩六錢有奇，此徵收簿票犂然不虛，驗明不爽者也。然而開欠一厘者，則由經承徐寧之溷造。庭訊之下，蓋已俯首自認，斯以奸胥之慢違而掛議完糧之紳戶，除方藹應聽部臣議奪外，徐寧按擬杖懲，猶為罪限于律，至于經管冊報之前任長洲知縣劉令聞，將此奏銷重務不親加檢察，一任書役朦朧玩愒，其疎忽之咎，臣亦不能為之寬也。

依據《撫吳疏草》所收奏疏，韓世琦大體上認可鄉紳這邊的主張，而對官吏一方進行懲罰。《研堂見聞雜錄》提到，有關太倉州的凌揩，❷依據韓世琦的上奏，凌揩在奏銷之前的三月

❷【譯注】《研堂見聞雜錄》對於順治十八年「吳下錢糧」奏銷案有不少篇幅的描述，從內容來看，作者把巡撫朱國治視為「以錢糧興大獄，株連紳衿萬餘，又殺吳郡諸生一、二十人」的惡官，而凌揩即為此次錢糧奏銷案的受害者之一。事件起因於欠冊中誤把凌揩寫作凌稽，導致後來凌揩即使納完錢糧而欲報其名續報完清冊中，卻被巡撫朱國治駁斥以「原冊無名」，導致凌揩為「是完不報完」的狀態，而不存在的人物「凌稽」仍在拖欠名冊中；另一方面，當地有一人名叫凌璣，因為「璣」與「稽」同音，所以被指「璣」為「稽」，但是凌璣實際上已經報完錢糧，並且「有冊可驗」。結果，凌揩與凌璣皆被傳喚到州衙門審訊，陷入「各費千金而不能脫」的困境。參見〔清〕作者不詳，《研堂見聞雜錄》，收入《筆記小說大觀（十編）》（臺北：新興書局，一九七五），第五冊，不分卷，總頁二六一三－二六一四。

十九日早已完納一事為部臣確認，並且建議議處總書徐來江、知州呂與興、知府余廉徵和巡撫朱國治，之後得到「奉旨依議」，對此，書中寫道：「人心一快。」

在《撫吳疏草》中，有江南鄉紳吳偉業、葉方藹、沈世奕、顧予咸、顧贄寫的序文，而後三者即是在奏銷案中盡力阻止當地紳士被押送北京的同志。[23]葉方藹《葉文敏公集》卷三〈江南韓中丞贈詩序〉中提到，韓世琦使朝廷撤回蘇州駐防祖永烈的軍隊，因而遠近士民焚香合掌歡呼，將韓世琦視為周忱、王恕以來的名巡撫。原本像這種應酬用的文章，對於文中的這類稱讚本來不需要認真看待，但是韓世琦作為處置惡德官員與橫暴軍隊的鐵腕清官，這些內容也反映韓世琦留給江南士民的良好印象。

結語

從順治年間到康熙初年的江南社會，可以強烈地感覺到貪官汙吏與駐屯軍的橫暴取代明末「鄉紳之橫」成為社會問題。強奪財物、婦女且跋扈於地方社會的他們其「權力」，是由「投靠」官衙或軍隊來尋求私人保護的人們之行動模式所支持，在這一點上，是與明末鄉紳權力相通的。正是因為有貪官汙吏和駐屯軍的橫暴，才會有來自長官對於貪官汙吏與駐屯軍的嚴厲處分受到當地民眾以快哉回應的情況。而且，若觀察順治年間到康熙年間的江南地方官場，就不能忽視當時的地方官經常承受來自長官的壓力，陷入既被強制上繳賦稅全額，又得冒著遭到彈劾貪汙的危險的強烈緊張的境地。這個時期不僅對當地民眾而言是受難的時代，同時對地方官來說也是嚴苛的時代。

存在於這個時期的地方社會的緊張感，以「政權」抑制「紳權」的過程來看，當地人士對於清初清官的支持，或許可以解釋為「江南士人的對應不是反抗而是迎合，利用諂媚無論如何都要討好結交執政政權，這是為了保全自身的利害，並且不是全體而是個別的利害」。[24] 然而，從「紳權」到「政權」的構圖中往往容易忽視的是，穿透清初「政權」的強度與明末「紳權」的強度的地方政治機制，也就是集結於權威核心、企圖保全自身的廣泛的人們其行動模式。對清初中央政府而言，統治江南的課題不只是打倒「紳權」強化「政權」，連同「紳權」與「政權」在內，還要進一步抑制地方半自立勢力的成長。中央政府為了確保在江南安定的統治，需要一邊演出懲罰貪官汙吏的公正且鐵腕的清官形象，一邊削奪地方官、軍方領袖的事實上的「權」，來爭取人們的支持。

懲罰惡德官吏的清廉嚴格的地方官——像這樣英雄式的清官形象，從秦世禎到韓世琦，然後是康熙二十年代有名的清官兩江總督于成龍和江南巡撫湯斌繼續承接下去。[25]正由於是處在殺伐的時代，對於這類清官的期待在地方輿論的層級上支持著由清朝帶來的秩序化。雖然于成龍被稱為「清朝第一清官」，但是以康熙年間中葉為界線，像這種傳奇式清官，好像不再出現於文獻上了。之所以會如此，與其說是因為清廉的地方官自身的消失，不如說反映伴隨著軍事上的緊張逐漸鬆弛，放任私屬且盤據地方的官、軍之「橫」也不再醒目，地方社會的暴力風氣在整體上也逐漸淡薄，從而民間對於作為英雄來懲罰官、軍橫暴的清官形象的實際需要漸次減退等情形。

注釋

1 是為忤逆天啟年間的宦官魏忠賢，而受到彈壓甚至被殺的正義派官員的其中一人，在明末具有來自普遍民眾的聲望。參照本書第四章。

2 方巾、道袍是讀書人的普通服裝，而在明代制度上，官僚與曾任官者在著正式服裝的時候，會佩戴烏紗帽和玉帶。

3 關於紳士權威的表徵，拙稿〈明清時代の身分感覚〉（森正夫編，《明清時代の基本問題》，汲古書院，一九九七。〔中文版《明清時代的基本問題》，北京：商務印書館，二〇一三〕）有簡單的討論。

4 所謂「相公」，在明末一般是對於生員層級讀書人所用的稱呼。從這樣的記述可知，比起「先生」，「相公」的稱呼所顯示的尊敬程度更高。

5 吳仁安在《明清時期上海地區的著姓望族》（上海人民出版社，一九九七，頁七五）總括提到：「葉夢珠在《閱世編》卷五《門祚》所列的『雲間望族』之中，在明末清初的動亂中破家者約占三分之一，入清後從家道捽落到『家聲復振』者約三分之一，狀況不明者約占三分之一。」

6 《世祖實錄》，卷二十五，順治三年四月壬寅條。韓世琦《撫吳疏草》卷四〈題徐勉時等何時出仕疏〉中提到「順治十八年十二月十一日奉旨，本朝出仕者方准稱為鄉紳，其明朝廢紳即係民人不許仍稱鄉紳」，即使是在這個時期也不一定是不言自明，好像有必要再次確認。「鄉紳」的權威，如果是以經由儒學教養所證明的道德能力為基礎的話，即使經歷王朝交替也不會動搖其權威。然而，若與前一個王朝的認定方式有別的話，屬於前一個王朝的鄉紳失去其權威也是理所當然的。

7 《閱世編》，卷八，〈交際〉；卷四，〈士風〉。

8 參照趙翼，《陔餘叢考》，卷十八，〈有明進士之重〉。和田正廣在〈明代の地方官ポストにおける身分制序列に関する一考察〉（《東洋史研究》，四十四卷十號，一九八五），對於明代到清代地方官員的出身資格的變化，進行統計性的考察。

9 依據渡邊修〈順治年間（一六四四－六一）の漢軍（遼人）とその任用〉（石橋秀雄編，《清代中国の諸問題》，山川出版社，一九九五），統計順治年間漢軍（遼人）的任用率如下所示。江寧巡撫……人數占五七・八％（全國七八・三％），松江府……人數占七二・七％（全國三九・一％），江蘇諸州縣的知縣、知州……人數占二四・八％（全國二〇・九％）。江寧巡撫的數值比全國平均來得低，這是由於土國寶長期任職所致。

10 吳勝兆的叛亂未遂事件是發生在順治四年，在《歷年記》中誤將此事件列入順治五年的記事。

11 《歷年記》順治十七年的內容。

12 當時張宸的上奏文之要旨，收錄於《上海縣志》（乾隆），卷六，〈兵防〉。

13 關於土國寶，參照鄭克晟的專論〈清初之蘇松士紳與土國寶〉（《慶祝王鍾翰先生八十壽辰學術論文集》，遼寧大學出版社，一九九三），以及井上進〈樸学の背景〉《東方学報》，第六十四冊，一九九二，第三二九頁以下。

14 中央研究院歷史語言研究所所藏內閣大庫檔案，登錄號 087753。

15 中國第一歷史檔案館所藏的內閣題本裡，在「順治年間貪汙類」中，包含相當數量的蘇松巡按時代秦世禎的題本。關於盧士俊的題本，有檔案編號六〇五〈為劣官贓迹愈著小民告發有憑謹補疏上聞仰祈嚴勒正法事〉（順治九年十二月）。再者，兩江總督馬國柱在更之前就已有彈劾盧士俊的上奏（檔案編號三四四。八年七月）。羅振玉編《史料叢編》第二集收錄長篇幅的〈江南按察司審問土國寶贓案招擬文冊〉所述土國寶的罪狀二十六款中，第九款是盧士俊的案件。其他像是蘇松巡按時代的秦世禎的上奏，在張偉仁《明清檔案》也能見到，另外秦世禎《按吳疏稿》也是秦世禎的上奏文的集成。

16 秦世禎，《按吳疏稿》卷一，〈彙參不職有司疏〉，以及第一檔案館所藏內閣題本「順治年間貪汙類」中的檔案編號三五四〈為特參貪虐武官事〉、五〇四〈為錢糧借冒拖欠等事〉等。

17 韋慶遠在〈《明清檔案》與順治朝吏治〉（《近代中國歷史檔案研討會論文集》，國史館，一九九八）的第六十二頁提到「僅據（張偉仁編）《明清檔案》所載的大量具體案例，便不難看到，有關官吏瀆職貪酷，串同營私的案件，在順治中後期的案發率比初期更有增加，而其情節也更為複雜，手段更為惡劣」，指出其背景在於即使強化統治機能但是仍未能反映吏治肅清的效果。就私見所及，順治朝案發率的增加與案發調查的詳細程度，正是由於順治八年以後的吏治肅清行動的產物。

18 孟森〈奏銷案〉（《心史叢刊一集》）是為人所知的有關奏銷案的先驅研究。討論清初江南統治當中提及奏銷案的研究，有郭松義〈江南地主階級與清初中央集權的矛盾及其發展和變化〉（《清史論叢》第一輯，一九七九），文中提到奏銷案是清統治者在有關江南地區真正的掌控權方面，打擊江南地主階級的鬥爭的高潮。

19 《聖祖實錄》卷一，順治十八年正月己卯。這一年正月七日順治帝崩逝，幼小的康熙帝在鰲拜等大臣的輔政下繼承皇位。

20 依據《研堂見聞雜錄》，旗人按慣例不必履行丁憂，但是自覺由於哭廟案和奏銷案招致吳人憤恨的朱國治，以丁憂為藉口離任，乘輕舟遁逃。

21 這裡提到的楊必禎和田紹前，是在前揭《齋庵隨筆》的逸事中出現，被朱國治打巴掌的知縣們。

22 參照前揭注18孟森的論文。作為不合理的彈劾之事例，可以說只要觸及奏銷案的文獻都會引用這段話。

23 《研堂見聞雜錄》中奏銷案相關記事，提到：「紳士當解刑部可數百，吾郡顧兼山贊，顧松交予咸，沈韓世奕輩，極力營幹，遂得免解。」

24 井上進，前揭注13論文，頁三二九。

25 關於于成龍，在本書第一章已有描述。而關於湯斌，在《歷年記》康熙二十三年至二十五年記事、《閱世編》卷四，〈宦蹟〉等也有記事，例如以正面的筆法記錄康熙帝南巡時的接待和五神廟的拆毀等事蹟。「本朝開創以來，推公為第一」（葉夢珠）、「在蘇二年，官聲極好，（離任的時候）百姓幾萬，每日擠擁轅門，嚎啕大哭……。四月初旬發行，百姓將農具塞斷街路。撫院曰：『朝廷召我，不得不去。』自此各灑淚而送。其去，行李不滿數擔，老夫人穿青布衫，儉樸如此，見者俱哭。」（姚廷遴）

後記

本章內容幾乎是新稿，不過其中亦有部分擷取自〈明清交替期の江南社会〉（《歴史と地理》四八三號，一九九五）的史料與論旨。

《歷年記》所見清初地方社會的生活

第七章
chapter ——— 7

前言

本章介紹的《歷年記》，是清初上海人姚廷遴回顧自己的一生，寫下合計八萬字左右的回憶錄。本書使用的是收藏於上海博物館的未刊稿，而在一九八二年附加標點收錄於上海人民出版社編《清代日記匯抄》（同出版社）出版問世之後，讓讀者簡單地取得容易閱讀的《歷年記》活字版本。[1]

作者姚廷遴（字純如），雖然他作為名門子弟曾接受教育，但是並未取得科舉功名，而是以市井裡一位讀書人終其一生的無名人物，他的名字在上海地方的各部地方志中也未能發現。關於姚氏一族，同時代的上海人葉夢珠在《閱世編》卷五〈門祚二〉提到三十多個上海名望家族，其中提到姚家有如下敘述：[2]

姚方伯（布政使）通所永濟，由萬曆戊戌進士入禮垣，歷兩浙藩臬長，家甚豐腴。鼎革之際，散於兵火。順治中，年九十餘，步履矍鑠如六十許人，遠近慕為人瑞，壽九十七而卒。今子孫寥落，不異寒士。

姚永濟是姚廷遴的祖父之弟，是《歷年記》重要的登場人物之一，而姚廷遴本身自然應是「不異寒士」的從孫。根據《歷年記》裡的自序，姚廷遴出生於明末崇禎元年（一六二八）。雖然卒年不詳，但是由於《歷年記》的記述持續到康熙三十六年（一六九七）七月四日（舊曆。以下月日皆示以舊曆），可知姚廷遴是在那之後過世。姚廷遴生活的時代，包含十七世紀四〇年代明清交替的動亂期。而且，清朝將中國本土納入統治之後，上海也是江南海防的據點，處於暴露在反清勢力威脅最前線的位置。[3]姚廷遴撰述《歷年記》的目的，是要在「兵火災荒，人情惡薄」的世態中，把每日忙碌辛勞地過活的自己的一生的紀錄——姚廷遴引用蘇軾的詩〈和子由澠池懷舊〉，將其比喻為候鳥飛過砂地留下短暫足跡般——存留下來，以供後人閱覽。[4]❶雖然其中大部分的記事，都是關於他的身邊瑣事相關的零碎事件，但是那些是經過七十年間的長時段，以貼近一位過著市井生活的人的形式闡述，就這一點來看，《歷年記》不失為明末清初社會史的珍稀史料之一。

❶【譯注】「更閱東坡詩云：『世間何物最相似？一似飛鴻宿岸泥。泥上偶然留爪迹，雁飛曾不記東西。』余記此乃鴻迹也，雖不能高飛遠舉，而身涉兵火災荒，人情惡薄之候，記此以待後人之覽焉。」（清）姚廷遴，《歷年記》，收入《清代日記匯抄》（上海：上海人民出版社，一九九二），頁七〇。

《歷年記》是姚廷遴按照年分，記錄從出生至虛歲七十歲（以下內容的年齡以虛歲記載）所發生事件的紀錄，也就是以自訂年譜的形式書寫而成，並且在最後部分又附上〈記事拾遺〉。這部〈記事拾遺〉的撰寫，是基於姚廷遴認為《歷年記》是以僅循著自身體驗的年譜形式而作的記事，在「風俗之盛衰，世態之更易」方面難免有所遺漏（前揭《清代日記匯抄》，頁一六二。以下，無註記書名而標示的頁數，表示同書的頁數），也就是說，〈記事拾遺〉是逐條記述明末到清初的上海地方社會的種種變化。

從《歷年記》開頭的自序提到「廷遴今四十有一歲矣」（頁四二）來看，可知《歷年記》的著述，是廷遴四十一歲即康熙七年（一六六八）決心動筆，之後陸陸續續將過去的記憶書寫下來的內容。原本他預定在六十歲還曆這年停筆，但是沒料到在上天恩惠下，直到七十歲仍是耳聰目明，因此又再多寫了十年的記事（頁一三一）。❷從各項事件皆清楚仔細地記載日期來看，恐怕應該是有作為《歷年記》的基礎來源的更加詳細的日記之類文本存在，而著手書寫日記的時期，從記事的詳細程度，甚至日期也出現的情況來看，可以推測是姚廷遴十二歲的這一年。

本章的目的是在多樣的社會層面上重構姚廷遴的生活。在《歷年記》當中，關於比較有系統且可以另作使用的記事，[5]就交由相關領域的研究去處理，在本章則是把重點放在盡可能地利用其他年復一年的日常生活相關的零碎記事。

在這樣的情況下所記載的姚廷遴的生活，既沒有能夠提供新見解般的特殊事件，又未必擁有值得特別重視的「典型」性質。即便如此，在此挑選《歷年記》的理由，是因為它是在某種「選擇範圍」中能展示當時市井之人的生活的貴重史料。姚廷遴的生活，就其人際關係也好，經濟生活、社會生活也好，都是相當富有變化的。只擷取其中一段時期、一個局面，僅強調那個部分的話，我們或許認為姚廷遴這位人物終生不過如此，但是如果透過綜觀全局，我們就能夠更深入地內在理解姚廷遴的生活，作為當時社會生活的多種可能性，以及在那些可能性當中進行選擇的過程。就前近代中國史來說，除了官員、大學者所留下的史料以外，能如此多方面地記載一個人物其生活的史料，是極為稀少的。

---

❷【譯注】「余所編記事一書，分作上中下三卷，自幼年而六十，意謂花甲一周，可以止矣。不意天假之緣，又經數載，時事益奇，風俗益薄，涉歷更難矣。幸而荷天之休，耳目無恙，多所見聞，身亦康健。每有涉歷，隨于窗下援筆記之，不覺又是十載。」（清）姚廷遴，《歷年記》，〈續歷年記〉，頁一三一。

再者，在本章，一方面對於《歷年記》所載姚廷遴的生活，有著這僅是一個有限事例的自覺，另一方面也不只是停留在把《歷年記》作為當時的下層知識人的生活的一個具體案例來輕描淡寫的樸實工作，反而是從這裡出發，致力於最大程度地引導出明確的論點——包含對於明清史研究者而言被認為是理所當然的論點。其理由是，如果現今明清史研究者本身具有的明清時代生活實態的印象，與其高度理論化的明清史研究之間存在乖離的狀態的話，則填補那間隙的著手處，即在於每位研究者將探索史料的過程中得到的明清生活實況的印象——避免著急地作出一般化解釋——而是必須用自己的話語，盡可能概念化地表現出來。[6]以下，按照第一節「人際關係」，第二節「經濟生活」，第三節「地方統治」的順序，來探討姚廷遴的生活各個面向。

一、圍繞在姚廷遴四周的人們

首先，以姚廷遴為中心的血緣關係的主要部分，按照《歷年記》的記事和地方志的記載進行重組，如圖6所示。

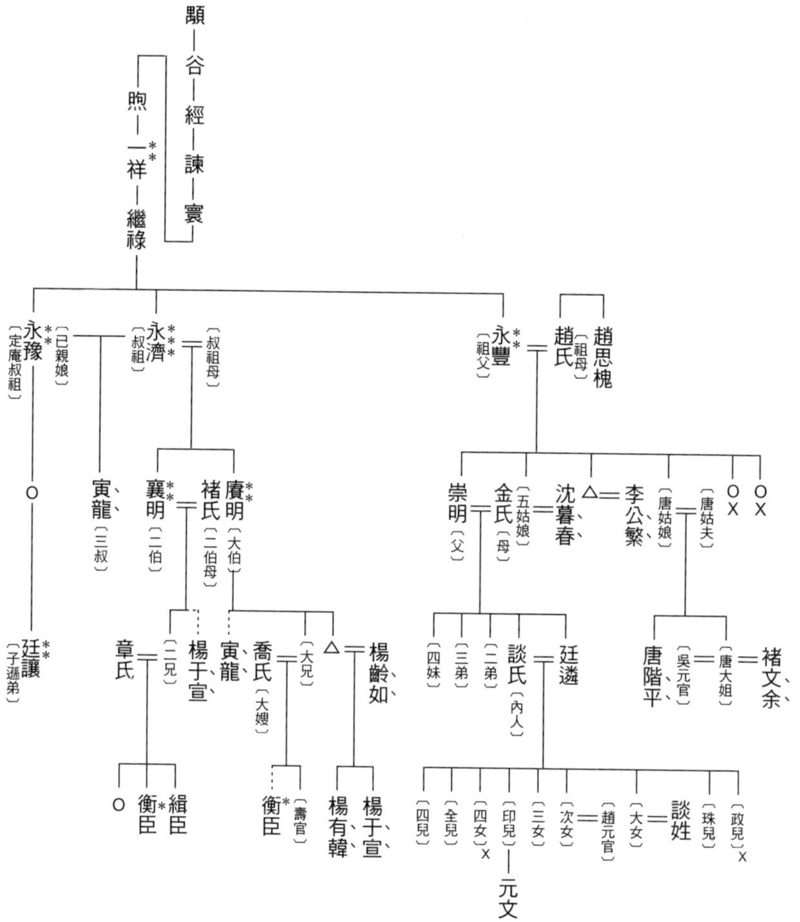

圖 6　姚氏略系圖

○代表男性的姓名不詳者，△代表女性的姓名不詳者，× 表示夭折，虛線表示養子，〔　〕是指《歷年記》使用的稱呼。認為是「字」則加上旁點，與「諱」作區別。* 是指生員，** 是指貢生、監生，*** 是指進士。

依據姚廷遴根據家譜所述內容來看，姚氏的祖先是浙江慈溪籍，傳至十一世祖姚顒時，移居上海。經過三代傳至姚諫，擔任宣德帝（在位期間一四二五－三五）、正統帝（一四三五－四九）的太醫院御醫，因此可推測姚顒移居上海是十四世紀中葉，元末明初的動亂時期。其後，五世祖一祥是監生出身，曾任江西臨江府、九江府知事，[7]而首位進士出身擔任高級官員的家族成員，是廷遴的祖父永豐的弟弟，也就是前述的永濟（頁三九－四二）。

姚永濟追隨其兄永豐讀書，天資英敏，十四歲即已成為生員，因為家貧，所以兄弟共同擔任私塾的教師以維持生計，萬曆二十六年（一五九八），姚永濟在三十五歲成為進士（頁四二）。其後的官途經歷，據乾隆《上海縣志》卷十〈人物〉所載，先是擔任浙江東陽縣、永嘉縣知縣，經歷朝廷官員的刑部主事，被拔擢為禮科給事中。給事中的職務是監察彈劾官員，雖然是小官（七品）但是責任重大，也是具危險性的官職，[8]姚永濟有幸得到皇帝的賞識，被命令考選宗室子弟，甚至一時有「姚公桃李皆皇族」（所謂桃李就是門生。也就是姚永濟作為考官所拔擢的合格者「門生」都是宗室子弟）之語。之後，歷任各省的道臺職，最後的官職是浙江布政使。約四十年期間的官員生涯結束，姚永濟歸隱鄉里，是在接近明代滅亡的崇禎十二年（一六三九），七十六歲的時候。以上，雖然在地方志的人物傳記中是當作顯赫的官歷來記載，但是從全國性的觀點來看的話，無法說是能在歷史留名的人物，而僅是一位官員的平凡經歷。[9]

姚永濟經歷官僚生涯而獲得的有，第一是巨大的財富。姚永濟自身「亦不知家有多少藏蓄也」（頁五七），人們初知姚永濟擁有財富的多少，是在清朝入關的隔年（一六四五），永濟的家裡被明朝殘軍荊本徹的部隊掠奪時。以抗清的名目強行要求「助餉」（提供軍費），姚永濟的兩個兒子被挾持為人質，不得已只好掘出埋藏銀一萬兩供出，甚至這些將兵認為，「九年浙江左藩，家內金山銀穴」，導致位於上海縣城內的姚永濟宅邸被掠奪長達三晝夜。當姚廷遴從避難處回到姚永濟宅邸探視情況，看到掠奪者搬走不了，或不識其價值而捨棄之物當中，有高價的香料、染料、玉器和衣服之類四處散亂堆積。對此，姚廷遴的感想是：「總之，一家內遭數千人亂搶，百號舡裝載，三晝夜不停，餘剩者還有論換之貨，其富可知矣。」（頁五七－五八）因為這個事件，導致以動產為主體的姚永濟喪失了大部分的家產，但是姚永濟對此的反應卻是相當平淡。[10]

由前引《閱世編》卷五〈門祚二〉有關姚氏的記事，從頭到尾幾乎都是姚永濟個人相關的記事來推測，姚氏作為名望家族的社會地位，可說是單靠著官員姚永濟的出仕和榮達而獲得。之後，儘管經歷姚永濟退休、明清交替期的動亂，往昔家產也消盡，但在姚永濟還活著的時候，姚家卻沒有喪失上海縣名望家族的地位。順治九年（一六五二），在姚永濟九十歲的生日宴會中，「本縣文武多官及鄉紳士庶，及別郡門生故舊親戚」都聚集起來，一整天相當擁擠熱鬧。同一年，在姚永濟的長子姚賡明的六十三歲壽慶中，可以見到松江提督張天祿、松江府推官韓理、上海知縣姚修蔚的身影，還有來自江蘇巡撫、蘇松巡按御史等人的隆重贈禮，[11]姚廷遴云「余亦大有利益」（頁六九）。雖然姚賡明的資格只不過是監生而已，但是他代替高齡的父親，實質上一手包辦姚家家務。然而，從這一年以後，姚廷遴就未再見過如此盛事了。[12]

順治十六年（一六五九）八月二十四日，預知死期的姚永濟，從城外的隱居處返回城內的宅邸。那是因為考慮到應該參加姚永濟的葬禮的地方官和鄉紳的方便性，擔心在鄉村舉行就無法準備十足的招待，所以才打算在城內宅邸中迎接死亡。[13]果然，姚永濟回到城裡的第六天以後開始臥床不起，雖然已經喪失視力，但是意識仍然清楚，對著隨侍在床邊的姚廷遴說「知縣為何不來望我」、「我家窮甚，怎好」等話。姚永濟結束九十七歲生涯，是在發病後第八天的深夜。自十月二十日起連續五天舉行姚永濟的喪禮，上海知縣擔任題主（書寫牌

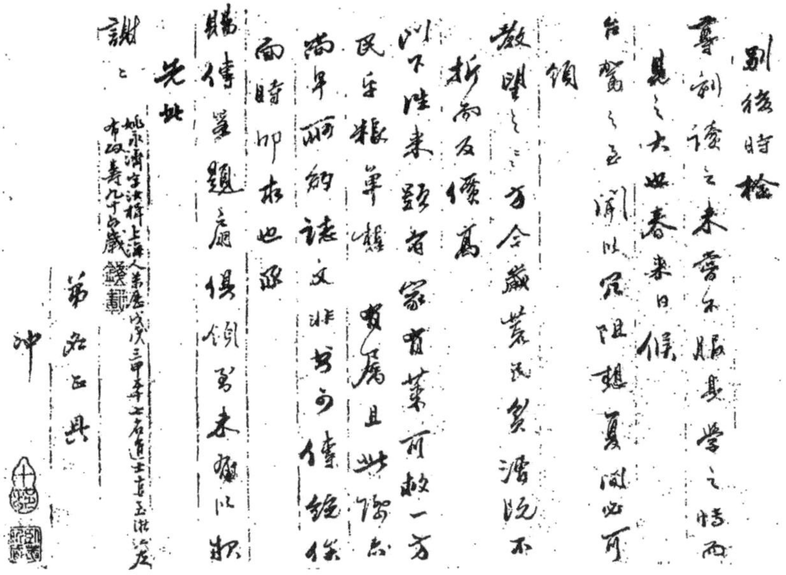

圖 7　姚永濟的信

《明清名人尺牘墨寶》（《明清史料彙編》第三集第十冊所收）中收錄的姚永濟的信，可能是寄給地方官，能解讀的內容如下：「別後時檢／尊刻，讀之未嘗不服其學之博而／見之大也，春來日候／台駕之至，聞以冗阻，想夏間必可／領／教，望之々々，方今歲荒民貧，漕既不／折而反價高／門下往來顯官家，有策可救，一方／民平，糧單想　有屬，且此際亦／尚早，所約誌文，非書可傳，總俟／面時叩求也，承／賜傳箋題扇，俱領到，未有以報／先此／謝々／弟名正具／沖」。除了文人間的應酬用語，也提到荒年之際的貧民救濟問題等。

位的人），縣內的鄉紳不用說，還有松江提督等從縣外來參加喪禮的人，光是提供這些人的餐飲就需要兩百七十兩，從參加者收取的喪儀一百兩，都花費在那上面了。更甚者，到十二月下半，還有出棺、埋葬時的餐飲和送葬的排場等費用，姚家藉由賣掉家宅得到一百五十兩銀、從奴僕的贖身銀得到一百八十兩銀，千辛萬苦保住了鄉紳的體面（頁七七－八一）。

在《歷年記》的前半部分，與姚永濟有關的記事占了極大的篇幅比例。除了姚廷遴自身以外，他的叔祖姚永濟無疑是《歷年記》最重要的登場人物。其理由是，姚永濟在地方社會是代表姚家的人物，同時姚廷遴也從姚永濟那裡得到莫大的援助和保護。透過這些援助和保護的內容，來稍微窺探一個家族其內部連結的情況。

姚廷遴的祖父姚永豐，在姚永濟出仕三年後，「因弟貴始解館」，辭了一直以來從事的私塾教師的工作（頁四〇）。「雖有出仕之弟，而清貧如故，不肯作非理事」，其樸質的生活態度受到稱讚（頁四〇），但可以推測姚永豐一家的家計是受到姚永濟的援助。崇禎二年（一六二九）姚永豐去世的時候，其喪葬的費用全部是由前往山西太原赴任途中的姚永濟所負擔（頁四三）。姚廷遴的父親姚崇明身體病弱，並且與母親（也就是姚廷遴的祖母）趙氏不和睦，總是住在妻子老家的周浦鎮，接受岳父的照顧。姚永濟退休歸鄉，依著姚永濟說的

「汝因家乏用，多憂多慮，遂成此病。今我歸家，件件在我，還汝做小財主耳」一席話，而讓姚崇明家接受援助（頁四七）。崇禎十三年（一六四〇）當姚崇明去世的時候，其喪葬費用大多是靠著姚永濟的出錢（頁四八）。這之後直到姚永濟去世的期間，姚永濟提供的不只是金錢上的援助，而且是由於姚廷遴的母親與祖母之間齟齬不合，姚永濟提供家宅讓他們分開居住（頁五〇）；因與友人結盟而造成問題的姚廷遴，也是姚永濟加以收留（頁五二，後述）；姚廷遴的親事也是由姚永濟處理（頁六八）等，姚廷遴一家的生活，可說是立基於姚永濟的保護和照料之上。

然而，這些事例無論何者，都是以某位富裕且有勢力的人物，時而援助、照顧陷於苦境的貧窮親戚的形式，僅只是個別的、一時的事例而已，這其中尚且無法窺視宗族集團內部組織的、恆常的相互扶助關係——例如祭田收益的分配等。即使在姚永濟去世後，姚廷遴仍與姚永濟的子孫們在年初與清明節等時節彼此會面，相當親善地來往，《歷年記》所呈現的宗族式結合的實體，卻沒有超出像那樣的各個族人間的情誼與交際關係的積聚。從而，當那位藉著經濟力與社會威信集聚族人的核心人物消失的話，族人間的連結就會逐漸緩和下來，這也是自然而然的趨勢。康熙二十五年（一六八六），拆賣宗族共有的墳屋（附屬於墓地的建築物），其獲銀由大嫂、姚緝臣與姚廷遴三人均分（頁一二二。從譜系圖來看，這也就是由姚崇明家、姚賡明家與姚襄明家均分）；康熙三十一年（一六九二），有拆賣樓房和賣出墓地附近的土地這樣的大事，大嫂卻未通知姚廷遴就自行處理，而讓他有「日遠一日，疏略之甚」的感嘆等（頁一四三），可說暗示著這樣的宗族關係的疏遠化。

姚廷遴於順治九年（一六五二）二十五歲時入贅談氏。[14]入贅在當時的上海並不是稀奇的事，[15]而且姚廷遴的情況是他即使入贅也沒有改姓氏。起初，姚廷遴對於姚永濟「不為娶婦歸家，反將我贅入他家」而感到不滿，而有「自此出門，斷不思返也」的決心，但是這之後，姚永濟向姚廷遴道歉，說道：「汝不來者是氣我也，我實窮，怪你不得」。從這句話能察覺到，姚廷遴的入贅是由於姚家經濟力低下而不得已的結果，姚廷遴也能體諒這一點，於是繼續按照往常般與姚永濟家往來（頁六八－六九）。而且姚廷遴入贅談氏以後，雖然與談氏家族成員的往來逐漸增加是理所當然，但是他與姚氏家族成員的關係也並未因為入贅就急遽減弱。就像接下來將提到的，入贅五年後姚廷遴轉行成為胥吏的例子，在姚廷遴的人生重要抉擇上，仍是與姚永濟的孫子們的意向有很大的關聯，姚廷遴的行動依然是具有考慮到姚氏的利弊來作選擇的傾向。雖說是入贅，但若因此認為姚廷遴離開姚氏這一封閉集團，而進入談氏這一封閉集團，也是不正確的。畢竟，在姚氏家族的族人連結，並不是以血緣為媒介的超越個別人群友誼的連結，而應該是說姚廷遴是一邊維持在姚氏家族的人際關係，一邊則將交際網絡進一步擴展到談氏族人之間。在閱讀整個《歷年記》後得到的家族式結合的印象，即如前所述，是相當開放的連結關係。[16]

僅以血緣關係來代表姚廷遴周邊的人際關係，自然是不可能的。一起遊樂的同伴、職場的朋友、與鄰人的友誼都為姚廷遴的生活增添色彩，與親戚間的來往，只不過是他的交友關係的其中一項而已。職場的朋友、與鄰人的關係且留待之後的章節，在此先談談姚廷遴少年時代的交友關係。

由於姚永濟的出仕，於是姚家成為上海名望家族的其中一員，而姚廷遴便以名望家族子弟的身分渡過少年時代。姚廷遴接受的教育，應是當時上流家庭子弟所接受的標準的教育內容。首先在六歲先從《大學》開始讀起，九歲讀《孟子》，十一歲讀《詩經》，十三歲始作文章，直到十六歲為止，前後師從八位老師。然而，在十三歲失去父親以後，雖然在姚永濟的庇護下繼續學習，但是受到祖母與母親不和的影響，逐漸疏遠學習一事，經過「任情放蕩，頑梗異常」（頁五三）的數年間，終究廢棄了學業。十四歲左右，開始與一些意氣相投的同伴來往，到十五歲時，已經是每晚都與同伴飲酒，直到深夜才回家的放蕩姿態。當時恰巧是江南遭到數百年未曾有的大饑荒的襲擊，路倒的餓死者眾多。深夜歸宅的姚廷遴，走在暗黑的道路，常常會踢到或跨過這樣的死屍，於是記下「至今見死人而不懼者，因經見多也」的文字（頁五一）。

姚廷遴的好友，據姚廷遴的評語，是一群「意氣慷慨」、「極巧利，初學書即寫好字，讀文數遍無不爛熟，但性不常」、「眉清目秀，志大性聰，有心腹，有情意」（頁五二－五三）的少年，從這類評語可察知姚廷遴自身也是屬於慷慨型氣質之人。

姚廷遴在崇禎十五年（一六四二）十五歲的時候，與富家的獨子沈烈卿和其他友人情投意合，從中選擇十位友人組成「盟」。這可說是明清交替時期江南盛行結拜兄弟式的「盟」的一個簡單例子。[17]當時，農民叛亂的範圍除了東南沿海地方外，擴及到全國，據姚廷遴所述，在「地方失守，草木皆兵，民心惶惑，強梁蜂起」的情勢下，是「人情叵測，非黨不行」的時代（頁五二）。少年們在社會不安的氛圍中，以「盟」的形式表現出互相依靠的信賴關係。這個「盟」似乎想出某種狂妄的「經畫」，但是關於這整個事件，由於記載其經過的重要部分的那半頁原本就已缺失，[18]因此僅能知道事件結果。沈烈卿遭到知縣逮捕，但因為他曾經考取童試的一等資格而受到寬免，僅以責打十五板輕刑了事。而姚廷遴這邊，則是基於姚永濟的意見，「今不拘管，將來必有覆宗之禍」，在姚永濟的監督下，姚廷遴被監禁在書房，於是「經畫數月竟成瓦解」（頁五二－五三）。遭到監禁的姚廷遴，雖然出於反抗姚永濟而完全不用功，但是卻與作為同學的親戚姚寅龍、楊于宣（參照譜系圖）結交為好友，彼此期許無期限的相處情誼。楊于宣和姚廷遴「盟于皓月之下」，期許姚廷遴將來取得高位。不過，姚廷遴在文後寫道：「愧余不肖，負彼初心。」（頁五三）

農民反叛軍的勢力擴大，在江南地方也已經釀成社會不安的氛圍，但崇禎十七年（一六四四）三月十九日北京陷落和崇禎帝自殺，對江南的人們還是意料之外的衝擊。姚廷遴與姚永濟等人一起聽聞這個消息，是在北京陷落的四十五天之後，也就是五月五日（頁五四）。五月十五日南明的弘光帝在南京即位，隔年三月，南明軍大敗於清軍的消息一傳出，便陸續出現從上海縣城逃往鄉村的避難者，楊于宣到諸翟鎮，而姚寅龍跟著姚永濟到三十保，姚廷遴則疏散到周浦鎮（頁五六）。經過一六四五年夏季到秋季的驚恐狀態，到九月底上海全境被平定並且執行薙髮。姚廷遴再次於縣城與楊于宣、姚寅龍會面，是在順治三年（一六四六）正月的時候，此次的再度見面讓姚廷遴有「如再世、如更生」之感（頁六二）。這之後，姚廷遴為了負擔全家的生計，而操持各式各樣的職業，關於這方面將在下節敘述。

二、姚廷遴的經濟生活

收錄《歷年記》的《清代日記匯抄》載有上海市文物保管委員會附加簡短解題（頁三九），其中對作者姚廷遴進行說明，描述他是「少作縣吏，老為鄉農」的人物。在本節中，以每年片段的記事為素材，對於前面的描述進行補充，盡可能地闡明有關姚廷遴的職業選擇及其原由。

在明清交替時期動亂的漩渦中，姚永濟的莫大家產消失殆盡，清廷征服江南後地方秩序一恢復，十八歲的姚廷遴立即面臨靠自己維持生計的必要。姚廷遴首先嘗試的是商業。順治二年（一六四五）冬季，姚廷遴賣掉土地籌出一百二十兩的資金，往蘇州買鹽醃豬肉歸家，數天就賣完了。擔心手上的銅錢減價的姚廷遴，於隔年正月，急忙到上海收購棉布，載到蘇州再換鹽醃豬肉歸家。但是這次卻到五月都未能賣完，只能將剩餘的部分減價賣給徽州商人的店鋪。對此，姚廷遴提到：「初學生意，初任家事，動用頗大，生活竟少，不半年而費六十餘金。」（頁六二－六三）偶因母舅持有米店，便連貨帶鋪一起租借，開起了米店。在米價上升時期利益也隨之提高，但是後來由於與外祖不和，不到一年就停止租借米店（頁六三）。姚廷遴在家中感到鬱悶的時候，在朋友楊尚息的勸說下，兩人一同前往嘉興。楊尚息的目的是，「一則做生意，二則好散心，三則冷賭債」，姚廷遴也趁著做生意的同時，參觀嘉興的名勝煙雨樓等地。在嘉興偶遇家人（奴僕）[19]沈月，在他的協助下，生意進行得很順利（頁六三）。順治八年（一六五一），接受叔祖姚永濟一百兩、二伯母七十兩的委託，前往朱涇鎮（位在松江府城西南）買米一百石。往來之間費時二十天，最後姚廷遴手頭剩餘的，僅只斛口米（可能是利用量器大小的差異來收取的米）一擔餘，對此，姚廷遴留下「生意亦難做」的記述。

以上是《歷年記》所載姚廷遴的所有經商活動相關記事。這些記事除了反映姚廷遴從事商業具有的臨時性與投機性等性質，同時也顯示像姚廷遴這樣的門外漢，要參與商業販賣事業本身是極為容易（雖然要有安定的利益仍是困難）之事。

順治五年（一六四八），姚廷遴二十一歲的時候，開始經營農業。三月，將賣掉城內宅邸一部分所取得的找價（以典賣變更為絕賣時得到的價款）五十兩，贖回曾典給別人的在東鄉的田地，之後與「舍內人」（可能是家人）一同「分種」，皆大有收穫，「因而思種田甚好」。所謂分種，是指地主招募農民來耕種其所有地，將收穫的一部分當作酬勞支付。[20]作物有稻和棉花，棉花田裡又兼種植豆類。副產品還有紫蘇與芝麻，都是姚廷遴喜愛之物。此外，由於取得柴火（當作燃料的稻稈等）也相當方便，因此姚廷遴就搬出城內的家，開始住在東鄉（頁六四）。隔年他又借銀三十五兩贖回另一塊田地。根據該年的記事，其經營的規模，一共有稻田十二畝、棉花、豆田數畝，是與當時江南被認為是一般上農的耕作面積的十畝相比，沒有太大差別的小規模經營。文中記載牛車（用牛來轉動的龍骨車）[21]的費用二十兩，各類勞作項目需要的雇工費用，僅插秧一件就要花費數兩，從這些記載來看，可知農具和短期勞工薪水等，都是地主的負擔。順治六年（一六四九），不僅有多樣雜項花費，還因蟲害導致棉花、豆類歉收，到十月決算的時候，手頭上的現金有二十餘兩，欠債五十餘兩的情況下，「漸覺狼狽」（頁六六）。不過，隔年順治七年，四畝七分的田用來種植地栗（荸薺），獲得很大的利益。

從前述姚廷遴的農業經營來觀察的話，可以看出那當中混合著自給自足與商業的性質。在副產品方面，企圖直接取得芝麻、紫蘇等愛好品以及燃料，同時在主要農產品上，投入資金在高價的農具與僱用短期雇工，可以說目標是取得高於成本支出的現金收入。而且在這個商品生產方面可顯著地看到，對於激烈變動的每年決算忽喜忽憂的不穩定的情況——就像前述提到的商業活動那樣。說起來，從順治五年到六年間，在「種田甚好」的認知下，投入計八十五兩銀贖回田土並開始農業經營的姚廷遴的行動，應該可以認為是與伴隨著農產品價格高騰的當時的買賣土地風潮有關。在《閱世編》卷一〈田產一〉中，葉夢珠論及松江府的田產需求的趨勢，提到：

> 順治初，米價騰湧，人爭置產。已賣之業，加贖爭訟，連界之田，挽謀搆隙。因而破家者有之，因而起家者亦有之。華、青（華亭、青浦）石五、六斗田（每畝田租一石五、六斗的腴田），每畝價值十五、六兩，上海六、七斗田，每畝價值三、四兩不等，田產之貴，至此極矣。

然而，那樣的農產品價格高騰的情況並沒有持續長久，在順治十年以後價格急遽滑落（圖8），據前引《閱世編》的後續，提到：

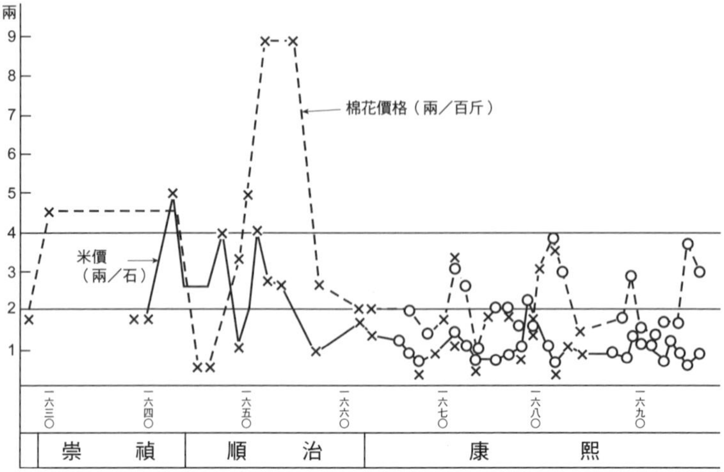

圖 8　清初松江府的米價、棉花價格

(1) 本圖是依據葉夢珠《閱世編》卷七〈食貨一〉、〈食貨四〉所載的價格（圖中以 × 表示），以及《歷年記》各年記事所載價格（圖中以〇表示）製成。

(2) 米價與棉花價格都是盡可能採用書中記載收穫期的價格。

(3)《歷年記》的米價，每擔的記載與每石的記載是混合使用。清初，「一擔」有時意味著重量百斤，也有時為「一石」的俗稱，在此考慮到當時穀物一般是以容量來計算，姑且當作「一石」來表示。

> 厥後，米價漸平，賦役日重，田價立漸馴減。至康熙元、二、三年，石米價五、六錢，而差役四出，一簽賦長，立刻破家。……中產不值一文，最美之業，每畝所值，不過三錢五錢而已。

伴隨著賦、役的負擔增加，田價則急遽滑落。姚廷遴中斷農業經營而改擔任胥吏，正好是在江南米價低廉開始成為問題的順治十四年（一六五七）[22]——雖然《歷年記》中並沒有明示其中因果關係，但是可推測其背景是與農業經營的利益減少有關。

順治十四年四月，老家人吳元受、顧明甫等商議後，對大兄、二兄建議：「看來我家官私還有，不如將大官（姚廷遴）進一房科，一可識熟衙門人面，二可習熟文移律例，後日好去作幕，每年可得百金，比處館者差幾倍。」因此，姚廷遴進了縣衙的供招房，[23]以胥吏徐翰遠為師開始學習律例。對此，姚廷遴後來記下「自此淪落十五年，後悔無及」的個人感想（頁七五）。

《歷年記》所載姚廷遴的胥吏生活的記事，作為出自胥吏親手寫成的實錄這點來看是相當令人感到興趣，在此僅就姚廷遴以胥吏當作生計來源的觀點進行探討。

關於在清初江南地方，胥吏、衙役的社會地位上升這個情況，在第一章、第六章已述及（本書第八三頁、第三四一頁等等），而姚廷遴之所以成為胥吏，可說也是順應當時潮流所致。雖然胥吏的地位上升，可以從經歷明清交替期間的江南地方，官府威力增大與衣冠（紳士階層）地位相對低落的脈絡來思考，但是使胥吏地位具有經濟優勢的條件之一，在於來自地方官府對民眾課加的種種負擔。葉夢珠《閱世編》卷六〈徭役〉中提到，在清初上海，胥吏利用朝廷徵調軍需、供應等繁雜項目，增加需索百姓的機會，而成為民眾憤怨的標靶。也就是說，湖賊的討伐、客兵的移動、戰艦的建造、對付海寇的防禦、沿海城塞的整備和長官巡察時的供應等名目所需的費用與力役，都是由胥吏從民間徵調，那時胥吏便能進行高額的不法收奪，甚至增加人民為了逃脫這些徵調而向他們行賄的機會。

> 而兵、工胥役益肆洋洋，前工未竟，後工繼起，初派方完，續派踵至，……馴至康熙三年四年間，比戶棄業逃遁，民皆重足而立，良為是也。

前引文中加上標點的「兵、工胥役」，指的是分擔縣衙事務的六房（吏、戶、禮、兵、刑、工）中，屬於兵房和工房的胥吏之意。在這裡被認為是能夠隨心所欲地貪圖不法利益的兵房、工房胥吏的職位，對姚廷遴來說反而是痛苦之所在，這一點實是饒富深意。姚廷遴初任供招房其後歷經兵房、刑房、工房的職務，他在因「心粗膽壯」而未經考慮之下進入的兵房中嘗到意想不到的辛酸，之後他從刑房被改調到工房時，甚至因為他拒絕調動而被關進拘留所（頁七七、八七）。兵房、工房胥吏是擔任籌辦設施、採購用品等事務的。不同於其他房科胥吏的收入一般來自隨著處理縣衙內事務而來的手續費，兵、工胥吏是自己包攬並置辦、備齊縣內的軍用物資以及供應上司的各類設備，同時親自從民間徵收那些費用（包含賄賂等不法收入），因此他們的收入依據自己置辦設施的費用和從民間徵收的錢財這兩者之間的差額。像這樣具有強烈的包攬性質，在某些情況下，會帶來高額的利益，但在某些情況下，同時也潛藏著胥吏必須自掏腰包，籌措各種費用的危險。姚廷遴在兵房工作時，眼見軍隊從民家奪取軍馬用的墊草，而發出「亦利害事」之嘆（頁八〇），因為像他這樣具有良心，所以當上述危險化為現實，最後的結果是姚廷遴為高額債務所苦。[24]

更甚者，康熙年間（一六六二－一七二二）整肅吏治的行動，導致胥吏生活變得相當困難。在《閱世編》中，接續前引文的胥吏的不法掠奪的記事，提到：[25]

> 于是巡撫部院韓公世琦聞之，行將巡歷各屬，先期微服遍訪，廉得其實，奸胥大蠹，往往立置重典，雜派差徭從此頓息。

關於韓世琦的巡察，《歷年記》康熙三年（一六六四）一條中，也有詳細的記載（頁八八—八九）。當時，許多兵房、工房的胥吏在巡撫韓世琦的指令下受到杖刑，並遭到關押，姚廷遴是所幸無人告發下免於處罰的少數胥吏之一人。事態發展至「事件又多，又奉嚴禁，不許如前濫差」（頁八九）的地步，無法再忍耐像這樣「異常辛苦」的胥吏生活的姚廷遴，於康熙五年（一六六六）正月，對縣官說由於胥吏的工作導致欠下一百兩的債金而想要辭職，卻受到慰留，不過他在三月十五日「一意回家，絕不至縣」（頁九三）。

康熙七年（一六六八），受到胥吏工作的危險性之教訓的四十一歲的姚廷遴，「算計坐守」，聚集四、五位學生在家開設私塾（頁九七）。[26]之後，到康熙三十六年（一六九七）他七十歲為止，姚廷遴似乎一直斷斷續續地開設私塾，在康熙七至八年、二十二年、二十四至二十六年、三十一至三十二年、三十四至三十六年的段落中，可以見到與私塾有關的記事。學生人數，從四人上下，多的時候達到九人的程度（頁一五二）。對姚廷遴而言，似乎是輕鬆的工作，例如康熙三十一年（一六九二）的記事，從他以「其年因無事，孫男三元又要讀書，故開館在家，甚適我意」語氣來敘述（頁一四二），可見以教師作為營生工作，對姚廷遴來說是相當愉快的。

同時，自康熙四年（一六六五）以來，姚廷遴新得到田地八畝，再度開始農業經營（頁九三）。關於康熙四年以降的農業經營的內容，由於記事極為片斷，因此幾乎無法得知內容，不過可以推測與順治年間農業經營的相異處在於，似乎是放棄「分種」而改由親自耕作。順治十三年（一六五六），姚廷遴已經開始學習農耕技術（頁七四），辭掉胥吏工作以後的姚廷遴的農業經營，從記事中可見到有時他在傭人的同時也親自耕作，「康熙十二年……又多雨，花多草沒，尋鉏花者竟無人，幸有鄰人莊伯顯，偶薦一人，將現錢包與他，要脫二次，然後自脫，因得不荒」（頁一〇六）。其他可能還有租佃予人的土地，但是詳情不得而知。[27]

概觀以上所記述的姚廷遴的主要生計活動，包括經商三年、農業經營（分種）約九年、擔任胥吏約十年，以及其後半生三十年間以農業（自耕）與擔任教師維生。我們從《歷年記》中可以略微窺知，姚廷遴在多樣化的營收機會之間，因應狀況進行取捨選擇的模樣。相較於前半生的投機的、不安定的職業選擇，在後半生則是「坐守」也就是選擇安全薄利的生計手段，其結果是姚廷遴的家計稍微安定下來，關於債務的記事也較少見到了。三十年期間決不是短暫時間，但是其生活的安定性，並不是在於沒有其他營收機會下選擇範圍狹隘導致

鄉保市鎮圖
每方十里
蘇州府嘉定縣界
嘉定縣界
吳淞司
上海縣
高昌鄉
長人鄉
三林司
三林塘
川沙堡
南匯所
新場
青村所
白沙鄉
柘林堡
龍華
烏泥涇
黃浦司
大海

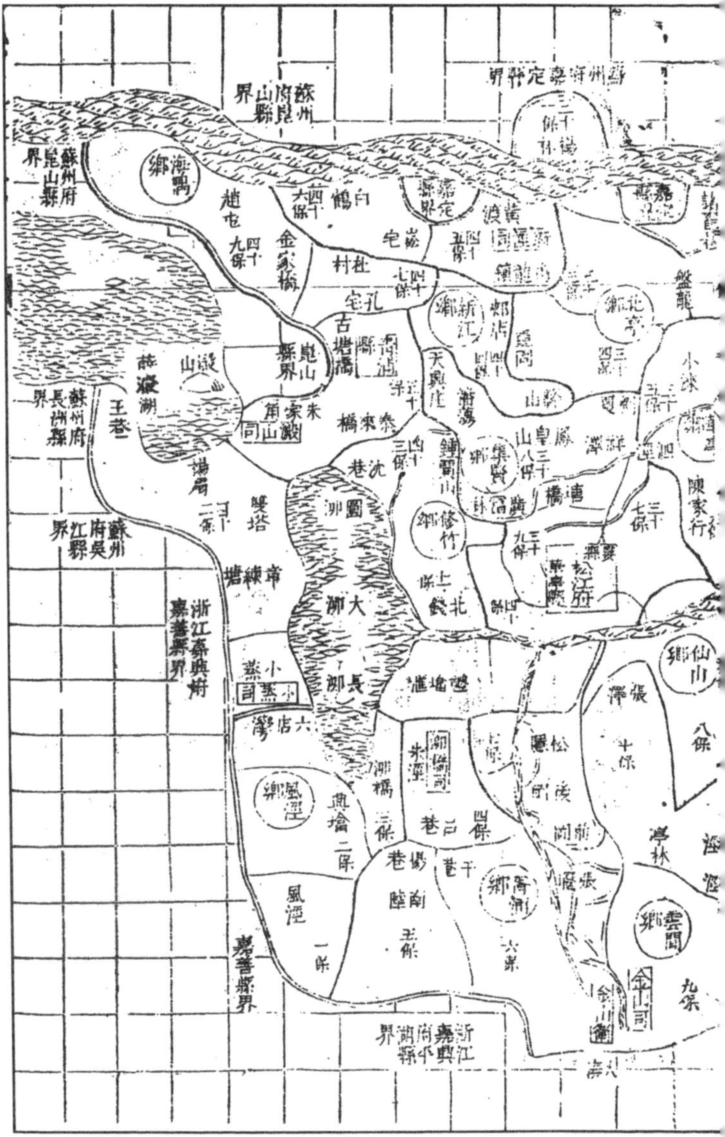

圖 9　清初的松江府

引自（康熙）《松江府志》圖經。姚廷遴的生活據點，在縣城內的姚家宅邸（登雲橋與館驛弄）、「東鄉」的姚家的「舍」以及姚廷遴的住宅、「南鄉」的姚廷遴的親家等。後二者的精確位置不明，但是從《歷年記》所載相關地名來看，「東鄉」的舍與住宅在周浦鎮附近，「南鄉」的親家在杜行鎮的談家牌樓附近，無論何者都是屬於黃浦江東，之後屬於南匯縣的地域，距離縣城約有二十公里左右。

的安定性，而是經過多樣化營收機會的權衡比較後，有意識地選擇下的安定性，這一點是應該注意之處。

關於與營生手段有密切關聯的生活場域，也可說有同樣的情況。姚廷遴除了明清交替之際疏散的時候之外，直到他二十歲為止的大半時間，都是在姚永濟宅邸所在的縣城內渡過，二十一歲以後，移居到東鄉進行農業經營，即如前文所述。二十五歲結婚以後，便到姻親家所在南鄉談氏家中居住，過著「我身或在城，或在東鄉舍內，或在南鄉贅地」（頁七〇）的生活。三十歲時的胥吏生活，是把妻子留置家中，每當被吩咐職務時，單身前往並留滯縣城的形式渡過。四十歲的時候，把家搬到在東鄉購買的屋舍（頁八八、九六），辭掉胥吏而開辦私塾，並且開始親自經營農業，雖然不需要過著往返城鄉的生活，但是為了繳納稅糧等事務而留滯城內的情況也不在少數。

若大致看姚廷遴的生活，即能以伴隨家族的沒落而從城居轉往鄉居生活的形式來說明。然而，那並非意味著人們生活的據點，在某個時間點下整個從城市移居到鄉村。毋寧說，對於有些仍保持某種程度的生活餘裕的人們而言，在城市與鄉村擁有數個據點乃是常態，這可以認為是他們因應短期性狀況，每每轉移重心到有利的那一方去。在那當中，他們在同時存在複數的可能性之間持續不斷地進行著比較權衡。

三、國家權力和地方社會

清代地方官的職務中，最重要的就是審判和徵稅。換言之，對於地方社會的人們來說，藉由審判和徵稅，最能感受到國家的統治。而這兩者，在姚廷遴的生活史中，也占據相當程度的比重。

從《歷年記》中，擷取與姚廷遴個人有關（非作為處理訴訟事件的胥吏）的訴訟事件，僅是或多或少得知其中內容、過程的記事，就高達二十四件（表4）。甚至，表4還沒有包含未進行訴訟或申訴卻未被受理的糾紛事件。姚廷遴自己作為原告的案件有兩件（表4的第2、3號），其他不管哪一件，都是姚廷遴的親戚、熟人作為當事人的案件，而且大多數案件的記事中都提到，姚廷遴作為關係人出席法庭，或盡力進行調停和解。一位基層知識分子，以他的一生中作為私人而涉及到的訴訟事件的數量而言，二十四件這樣的數量究竟是多是少恐怕有不同的看法，然而值得注目的是，起碼在姚廷遴的晚年（康熙二十六年、六十歲

表4 《歷年記》所見訴訟事件

編號	年分	原告↓被告	事由[1]	投遞訴狀之地	事件發展與始末	頁數
1	崇禎5、7	外祖↓火姓	—	縣	所費百金，應酬甚體面	四四
2	順治6	姚廷遴↓趙思槐	「相打」	縣		六六
3	順治7	姚廷遴↓趙思槐	毆傷	縣	參照本書四〇四頁	六六
4	順治9	楊贊王↓談季勳	「娶妾」	府，華亭縣等		六八
5	順治17	談季勳等↓陸知縣等	徵稅問題	淮都處[2]	靠著有志之士盡心力而勝訴	八三
6	康熙5	談季歷↓鄒知縣他	—	皇帝		九四
7	康熙6	談季勳	—	—	姚廷遴，為了請求保釋而前往蘇州	九六
8	康熙8	朱卿↓陸華海	殺人奪妻	—	花費陸姓二百兩	九九
9	康熙9	吳秀裔↓縣衙役	「縣蠹嚼民」	府	姚廷遴作為案件關係人（干証），和息	一〇〇
10	康熙10	孫佛↓吳俊超	「娶妾」	府，巡撫	姚廷遴以鄰人身分出庭，孫佛被判誣告罪	一〇一
11	康熙14	談周調↓鍾登一	殺人	按察使	在姚廷遴調解下和息	一〇八
12	康熙19	姚瑞官↓朱奎	殺人	縣	當官和息	一一二
13	康熙26	姚廷讓↑↓史知縣	—	—	姚廷讓雖無罪但未免多費	一二六
14	康熙27	趙舜來↓姚德明	田土回贖	縣		一三三
15	康熙27	趙明賢↓朱君甫	匿賊等	糧補廳等	姚廷遴等人周旋下和息	一三三
16	康熙29	吳秀裔↓陳元宰	—	—	姚廷遴苦勸下和息	一三七
17	康熙29	談慶官↓葉氏	「藏蓄什物」	—	談門族長投進一詞而息其事	一三七
18	康熙30	談酉官	—	府	姚廷遴等人周旋下也未能和息	一四一
19	康熙31❸	毛三官↓曹子建	—	—	姚廷遴周旋下和息	一四四
20	康熙31❹	黃氏↑↓康氏	住房回贖	縣，府	按照官員指示，由姚廷遴處理，和息	一四四❺
21	康熙33	陳氏↓陳三官	「拐霜誘逃」	縣	姚廷遴等人周旋下也未能和息	一四八
22	康熙34	談建侯↓談爾師	—	縣	親戚苦勸也未能和息	一五〇
23	康熙34	方未官↓姚惠官	傷害	縣	參照本書第四一三頁	一五一
24	康熙36	陳上官↓莫三官	傷害致死	縣	參照本書第四一三頁	一五七

(1) 事由的欄位中有加上「 」的文句，表示是直接引用原文的記載。
(2) 所謂淮都處，由於本事件是與漕糧有關，因此可能是指淮安巡漕科道。

以後），平均每年都有一件與他有關的事件。案件數量之多的背景，可能是由於姚廷遴作為胥吏曾有學習法律的經驗，其見地受到較高評價，而經常受到請託擔任調停者。不過，當事人都是姚廷遴的親戚、友人、鄰居、學生等，他們當中的許多人，在與審判沒有關係的語境中，也會出現在《歷年記》的記事。也有例子是，與姚廷遴共同為某事件的調停而奔走的友人，在別的事件則是當事人。[28]這樣的事情，即是表示在當時的上海，訴訟事件是人們都習以為常的事物。正如明代中期以降至清末上海地方志幾乎毫無例外都會提到，上海就是個健訟之地。[29]

關於審判的法制性內容，《歷年記》所提到的都是極為片斷，幾乎沒有史料價值。然而，關於最初導致興起訴訟的問題——在解決紛爭上，人們在怎樣的程度上仰賴國家的審判的問題，[30]在《歷年記》中雖然內容薄弱但是仍能提供若干事例，以下稍作詳細討論。

---

❸【譯注】應是康熙三十二年。

❹【譯注】應是康熙三十二年。

❺【譯注】應是一四五頁。

首先，將姚廷遴自身為原告的編號3案件，作為人們把紛爭告到縣衙的過程的一個具體事例，以下即順著姚廷遴的敘述進行介紹。

> 有祖母膳田六畝六分，在舍房周圍，出戶即是，向系祖母之弟趙思槐霸種，凡住我屋之人，或有雞犬出戶，即遭其打罵，被其驅逐而去者已數輩矣。今我親往其地，奚肯受其放肆乎，所以余要種此田。祖母必竟要使我置身無地，必欲我性命須臾，謀約已定，故意將車在我宅河內戽水，我起而視之，彼即不遜手持鋤頭，砍傷我腦後。余即出邑白知叔父叔祖，豈料祖母先在宅內，正說我不好，豈非約定乎。叔祖亦大怒云「大老官只有此孫，看汝屢屢擺布，快叫管教王成來，同去稟官」。祖母忿恨而去，余即呈准高知縣。差嚴銓提審，差人即十一官，系我好友，到祖母家去尋趙官。祖母對他說「姚大官是有銀子用的，我的兄弟是沒銀子用，人自在我家，見官時我去說」。天下有祖母留兄弟在家，而與孫子打官司者乎。將祖遺之田與外人，而擺布孫子乎。總之世上必無，我家獨有。此番官司，直至十月而定，彼田亦荒，揭債使費，自此破家，而後夫婦貧極而死。余雖破家，亦稍舒先父之氣。

這個事件的遠因，在於趙氏姊弟與姚崇明父子之間長年的宿怨，而直接的開端則是圍繞膳田耕作而起的紛爭，以及因紛爭而來的傷害事件。然而，雖說是傷害，從被毆傷的姚廷遴馬上就趕到城內姚永濟家的經過來看，受傷程度是輕微，就算是微不足道的輕罪。雖然是祖母與孫子的爭執，而且還是輕微的事件，可是提出訴訟一事並未受到阻礙，甚至連族內中心人物姚永濟都對此表示積極地支持。

其他的事例又是如何呢？《歷年記》提到的訴訟事件的事由——雖是其大部分寫得太簡略——當中，從娶妾（編號4、10）、贖回不動產（編號14、20）等屬於所謂「戶婚田土」的輕微案件，到殺人（編號8、11、12）、傷害致死（編號24）等命案，包含程度輕重不一的案件。連輕微的案件都要提交由國家裁判，乍看之下，似乎意味著民間調停機能並未運作。然而反過來看，竟然連殺人或傷害致死這樣重大事件，都能靠著當事人之間的「和息」而最終了結（編號11、12、24）。在《歷年記》的諸事例中，「國家的裁判」和「民間的調停」之間的關係究竟如何？

當事者將要提出訴訟的時候，先有某種調停機會的例子散見於《歷年記》中。前述的姚廷遴的例子也是如此，姚廷遴並非直接到縣衙去，而是先請姚永濟聽聽自己的說法，假設在那當下姚永濟使雙方和解，那也是可行的解決方法。調停的結果使不致於演成訴訟的例子，有如下的案件（頁一四四）。

> （姚廷遴家的東側鄰居康傳官死去的時候）傳官妻張氏，上覆圖中31鄰甲稱言，傳官系黃天官咒死情由，當日即有甲首趙文九、趙明點、趙鶴階、談建侯、爾師、陸爾萬、毛八起、天錫及康門合族并黃門合族公議，天官年幼無知，發言倉猝，總罰他備酒輸情而已，至于生死大數，人命不可提起。

不過，儘管有這樣的調停機會存在，若是當事者仍有不滿的情況下，仍無法阻止當事者訴訟到縣。前述會議的一個月後，在關於黃天官住房的贖回問題上，黃氏與康氏的紛爭再次燃起時，黃天官「亦去上覆圖中鄰里要去（縣）告狀」——在此黃天官要求圖中鄰里的，似乎不是調停，而是對告狀的支持——最後這個問題，還是交到國家的審判（頁一四五）。

饒富意味之處在於，即使訴狀被受理，審判的手續進行中，但是民間的調解也不因此停止，而是與審判同步進行，那卻是《歷年記》中普通的情況（如編號11、12、15、19、21—

24案）。其中最簡明的案件，可舉編號23、24這兩例。

> 案23：是日（十一月十八日）姚惠官弟兄與方未家相打，各被重傷。方未官于二十日擊鼓告准，差陸中符子，二十日姚惠官央我出邑會差友。二十八日，在邑廟中與他說明，寫和息議單，至十二月初四出城，收拾衙門，初十方回。
>
> 案24：二月初九日，莫孟嘉與吳允之之子陳上官遞和息，十二日請酒定局。些須小事起見，孟嘉子三官一時短見，竟領幾人將吳允之一打，豈料允之原來有病，因而臥床五十日而死。先期保甲在縣投准人命，知縣自來相驗，帶縣收鋪，頃刻將莫孟嘉做幾千金，人財、家業、田地、屋宅變賣殆盡。幸而講和，兩受其益。十四日，毛八起邑中病歸，二十日身故，亦為于中議和，勉強出城，感冒風寒而卒，可惜！可惜！未半月而孟嘉亦死。記此可見打人非好事也。

和解並非總是能夠成立，這是理所當然，像是有「盤桓三日，親戚俱到，苦口極勸，終不得就緒而歸」（頁一五〇）的情況。另外，也有情況在縣衙進行審理時，官員當場從事件相關人士中指名一位來負責，將案件交由他處理，[32]也就是說，這樣的事件可以當作是把案件由國家審判轉向委託民間調解的例子。

從上述內容來看，就清初上海來說，「國家的審判」和「民間的調解」究竟哪個更重要？這是不怎麼有效的二者擇一式提問。而應該說，無論是「國家的審判」還是「民間的調解」都是非常容易利用，而且相當盛行的。[33]這兩者並不是非彼即此的兩個制度，而是當事人會因應各個不同的事例，也會應付事態的局勢變化，而可隨便選擇的兩個辦法。[34]姚廷遴對審判和調解的態度也不是固定的。一方面有著就算自己陷入破產，為了「稍舒先父之氣」，作為給予對手更強烈打擊的方法，訴諸國家審判的青年姚廷遴的立場；另一方面，也有見到為了審判消耗大量的金錢，認為「甚是可惜，亦可笑」（頁一四五）的愚行，而致力進行調解的高齡姚廷遴的立場。可以見到解決紛爭的辦法，是依據當事者在兩者的比較權衡中進行選擇。

接著要討論的是《歷年記》中提到的徵稅問題。關於清初江南的徵稅、徭役問題及其改革，在諸位前輩學者的研究中已有詳細地說明。[35]就松江府來看，康熙六年（一六六七）施行的均田均役法，歷經種種曲折也終於穩定下來，以徭役負擔的減輕與負擔方式改革（照田派役和優免限制）為主軸的明末以降一系列的役法改革的流程，至此終於告一段落。[36]姚廷遴也在《歷年記》末尾的〈記事拾遺〉，謂官收官解、自封投櫃、均田均役等一連串的改革為「賦役之一大變」，並且稱揚其為善政（頁一六三－一六四）。然而，自康熙八年（一六六九）至三十六年（一六九七）間，逐年記述的《歷年記》中有關徵稅的零散記事，仍多有提及縱然經過役法改革以後依舊存在苦於納稅的實況。在本章中，將循著《歷年記》的記述，對於當時上海的徵稅問題——圍繞著徵稅問題的官民間緊張關係——進行若干考察。

姚廷遴所面臨納稅之苦的背景，出自作為清初國家政策，特別是以江南為對象的強化徵稅。以順治十八年（一六六一）的奏銷案（以拖欠稅糧為理由，使江南的一萬數千名官僚、鄉紳、生員遭受削奪資格的處分）為契機，糧稅徵收又更增加了其嚴苛程度。曾羽王在《乙酉筆記》提到「錢糧之急，莫甚於康熙元年（一六六二）以後」（頁三三）此強化徵稅的傾向，於康熙十二年（一六七三）的三藩之亂的爆發而達到極點，三藩之亂平定（康熙二十年）以後，通過屢次實行減免稅糧，朝廷顯示減緩徵稅的方向。[37]

然而，在《歷年記》中，對於上海社會遭受的納稅之苦，提到國家層級的動向的同時，更強調的是知縣個人的徵稅方法的問題。徵稅的寬嚴是決定知縣的評價的最重要的要素，在

《歷年記》裡，姚廷遴對於知縣的徵稅情況的評判，幾乎每年都留下紀錄。為了展示其評判的差距幅度，在此以康熙七年（一六六八）到任的朱光輝、康熙二十九年（一六九〇）到任的董鼎祚舉為事例，

朱光輝，遼東出身的正黃旗人，是「倜儻豁達」、「文武技藝件件皆能」的十八歲青年知縣，由於其父是正黃旗都統，因此對上司、軍官都毫無畏懼。根據姚廷遴的記述（頁一〇二一一〇三）：

> 朱公待百姓甚好，知民間疾苦，如比較（稅糧督促）時，必深黃昏，堂上不許點燭，坐在暗處，看各櫃完納（應是以昏暗為理由，縱然有些不足額卻也就放過的意思）。……凡人（納稅人）進儀門，不許（胥役）咳嗽聲響，直見完納稀少，然後呼糧房來。糧書走上堂，又不敢則聲，靜候官曰比某項，然後唱比。如欠多者，比過一次，即幾月不比，恐其腿壞也。竟有經年比不著者，如糧舡開後，竟把漕糧比簿束起，不再比矣。在任三載，代兑漕糧二萬八千。

朱知縣的革職命令頒下時，上海欠拖稅糧者約千人到蘇州，向監察御史和布政使懇求留任知縣，甚至包含姚廷遴的友人數名在內的兩百餘人到北京進行請願。這個行動的結果，是以向登聞院提出請願書一呈而終止，而姚廷遴也留下「亦奇事也」的感想（頁一〇三）。依據嘉慶《上海縣志》〈宦績・朱光輝傳〉，即使經過百年以上的十九世紀，在當地仍還有傳稱「小朱知縣」的人。

董鼎祚同樣也是出身遼東的正白旗人，父親是江西、湖廣的總督董衛國，他的兄弟幾人全都擔任知府、知州。董鼎祚就任時才十七歲，出於「少年心性」，其督繳稅糧的做法十分嚴酷。康熙二十九年時逢荒年，但是董知縣的督催卻毫不留情，大戶田多者多陷入異常窘迫的境地，而鄉鎮的各個當鋪，當價大跌，擔挑典當物的人來來往往，原本價值一兩的物品，即使僅押一、二錢，當鋪也不肯收的地步（頁一三九）。

（康熙三十年）五月初十，董知縣比較，橫極，打過經行（應是代替原受刑人接受杖刑的業者）[38]，必要打正身，縣前如地獄，鎖者、縛者、枷者、拶者甚多。糧戶一時無措，受差人如狼似虎，打罵橫行。

同月十三日，聽聞董知縣革職，上海全域的民眾、生員都湧入縣堂，怒罵董知縣，挑水洗淨縣堂和知縣的桌椅（應是要洗淨貪官汙吏之汙穢的行動），甚至他們還突襲糧衙[39]陳某的居所，破壞其家產傢具，還大聲叫罵、羞辱陳某。陳糧衙與董知縣相勾結，貪婪無厭地執行徵稅，因而受到當地人怨恨。

像這樣的民眾採取直接行動，在當時的上海決不是什麼稀奇的事。康熙二十五年（一六八六），策畫禁絕私鹽的鹽商之家遭到民眾攻擊，知縣處罰參與攻擊事件的民眾，因此有「合縣百姓」為了向知縣表達抗議而發起罷市的事件（頁一二四）。康熙三十六年（一六九七），以知縣陳善在徵稅時打死一名納稅者為發端，導致民眾蜂起，打壞縣堂與知縣私宅，並且向海防同知、守備、海關申訴知縣惡行的事件（頁一五八－一六〇）。姚廷遴對於這些事件，是用「真快事也」（頁一四〇）、「合邑通稱有天理，真大快事也」（頁一六〇）等極為肯定的語句記錄下來。也就是說，對於賢良的知縣的民眾評判，是以民眾集體式的留任請願行動[40]方式來表現，與之相表裡的是，對於惡劣的知縣的評判，則是以如前述的群眾集體式抗議行動來進行。如此來看，對於當時的地方政治而發出的民眾輿論，是以自發性地直接行動來展現，同時他們的行動也可說是採取以這兩者（留任運動與抗議行動）為兩個極端且相當安定的模式來進行。[41]

姚廷遴與其他納稅戶一樣，戰戰兢兢地應付這類的徵稅要求，通觀《歷年記》的記述，他本身一次都未曾遭到責打。如康熙十二年（一六七三），近鄰的納稅戶都被叫出來，接受數十板的責打時，「獨我與黃君仲幸太平」（頁一〇六）。其理由無非是姚廷遴在縣衙內擁有許多的差友。還有其他基於與縣衙的胥吏差役的交友關係援救姚廷遴的例子，在《歷年記》中頻繁出現。例如康熙八年（一六六九），姚廷遴的名字列在比簿，而受到知縣召喚的時候，「楊永生管比漕糧，唐階平管白銀，二人與我周全，付（管理圖甲冊籍的）陳子敬銀三兩（用作息事）」（頁九九）。康熙十年（一六七一），「余此時三年代兌[42]共十二名，幸差好友顧君周全」（頁一〇三）。康熙二十一年（一六八二），姚廷遴因病延遲漕糧繳納，「五月初二完漕清，（在滯納漕糧期間）幾月無害者，承糧書李芳英用情」（頁一一五）。康熙二十五年（一六八六），「在漕倉交糧米，承收書李芳英用情，米色俱不看」（頁一二五）。康熙二十九年（一六九〇），「知李海防（當時代理知縣之人）將漕糧（滯納者）拿出，幸差姚聲遠，數日完清得太平」（頁一三六）等等。對姚廷遴而言相當痛苦的胥吏生活，可說也不見得都是白費力氣的。為了從官方恣意徵稅的險境來保護自身安全，就不得不依賴與胥吏（或有勢者）的私人關係。這樣的情況，導致負擔轉嫁到沒有像那樣私人結合關係的人們身上，而且，對這些人而言，使得私人結合關係的形成變成緊急的必要項目。以姚廷遴的情況來看，可說是原本既有的交友關係偶然地產生保護他身家的結果，但若是普遍的納稅民眾都刻意地尋求那樣的私人關係的話，那麼這就成為讓清代包攬（承包賦稅）問題極為自然地發生的溫床。

結語

概括從《歷年記》中敘述姚廷遴的生活所帶給我印象，可以整理成以下兩點。

第一，姚廷遴在他的經濟生活中，對於多樣的營收機會，能精打細算且迅速果決地進行取捨選擇。特別是關於他「算計坐守」以前的前半生，有時是因應當時的社會經濟條件，為了經營更有利的生計事業，姚廷遴頻繁地買賣、典當、贖回田土、住宅等不動產，同時也毫不猶豫地借貸高額的款項。在經濟生活方面也好，或第三節述及解決紛爭等方面也好，當時的人們無論是富家或貧者，在多樣的可能性中尋求多角經營，由此一方面是追求投機性的利益，另一方面也劃策避免重大危險，像那樣的做法從當時的史料來看似乎是很普遍的現象，這也是讓我感到相當有意思的地方。

第二，在那樣劇烈動盪的生活中，姚廷遴與他周邊的人們之間的人際關係所具有的意義及其特質。從《歷年記》的記述來看，可知他和親戚、友人與近鄰的人們之間的私人關係，在窮困與危難的時候，往往能發揮援救姚廷遴的私人保障的作用。這些人際關係，就姚廷遴的情況來看，藉由血緣、職緣、地緣等種種緣分向外延伸、逐漸擴張，建立如同開放式網眼一般的情誼關係。即使有血緣式的、職緣式的與地緣式的團體存在，這些團體與其說涵蓋且規制姚廷遴整體生活的「共同體」，反而應該視作姚廷遴與他們各個人們所累積的私人情誼關係的產物。

前述的這些印象，固然僅是從姚廷遴這一人物的事例分析所得，而不是能夠確實地論證的學說。然而，就私見所及，從姚廷遴的生活析論的前述特色，也就是選擇幅度寬廣的「自由」與其帶來的不安定性，以及人際關係的強有力與多樣等特色，這似乎可視為是明代後期（十六世紀）以降的中國社會的相當普遍的特色。

明代後期這一時代，被當時人們自身認為是尊－卑、貴－賤、長－幼等既有秩序崩壞的時期。[43]也就是說，明代後期的社會，可以理解為秩序崩壞——無秩序、「自由」、實力的支配——的時期。然而與此同時，明代後期也是各式各樣的社會團體的集結和強化的時期。宗族、鄉紳－奴僕集團、知識分子組成的「社」、「盟」、「會」等組織，還有，在更下層的社會，有打行、無賴結社，以及包攬稅務的群體等等，有的是借用血緣、主僕等傳統關係紐帶，有的是帶有顯著的暴力性質，還有的是仰仗衣冠的權威，又有的是反抗權威而起，形成各式各樣的集團。明代後期可稱為是個集團的時代。在「自由」的社會中，人們透過人際關係，尋求某種保障，並且用來提高自己在社會上的實力，像這樣廣泛民眾的行動才是當時集團形成風潮的背景。從這層意義來看，集團的形成是與既有秩序的崩壞相表裡的現象。明末清初鼎沸的經世爭論的焦點，在於如何重建新秩序，而清朝統治政策的基本方針，是提防那些集團內部自律的、自力救濟的傾向，在促使那些集團解散的同時，把「自由」的社會在集權式官方秩序下重新編組。——我對於姚廷遴的生活所反映的歷史動向，雖然簡略，但是即如以上所述。

注釋

1 根據上海市文物保管委員會所附《歷年記》的解題（《清代日記匯抄》，頁三九），民國初年，《胡氏雜抄》這本書中收錄十分之三的《歷年記》內容並出版。孟森《新史叢刊》第一集（一九一六）所收「奏銷案」、「科場案」，以及瞿宣穎《中國社會史料叢鈔甲集》（商務印書館，一九三七），第一一三頁中，是以姚廷遴《記事編》為標題，引用內容幾乎與《歷年記》相同的記事，那些內容是引用自《胡氏雜抄》收錄的《歷年記》。此與上海人民出版社比較的話，有若干文字上的異同差別。在本章的舊稿出版時（一九八六年，參照本章文末「後記」），我尚未見到《胡氏雜抄》，其後承蒙佐藤仁史氏的好意，得以見到該書的複寫本。《胡氏雜抄》是沒有標點的活字本，編者是上海縣胡祖德。再者，《歷年記》也曾於一九六二年作為上海史料叢編的其中一冊，少量出版了活字版本，承蒙寺田隆信氏的好意得以閱覽該書，其內容，除了是縱書且簡體、繁體字混用外，其餘皆與上海人民出版社版相同。

2 《閱世編》的記事，大多是康熙三十年（一六九一）前後撰寫的內容，文中的「今」應該也是那個時期。另外，文中提到「兩浙藩臬長」，臬指的是按察使，但是其他史料中未見關於姚永濟擔任按察使之事，可能是「藩臬」是當時布政使、按察使層級的地方長官之總稱。

3 在此，依據上海地方各部地方志的地理、疆域等卷的記述，對於有關當時上海的地理、行政位置進行簡單地敘述。（參照頁三九八－三九九的地圖）眾所周知，上海在鴉片戰爭後作為商業城市有長足的發展，但是在那以前，只不過是隸屬江蘇省（在明代是南直隸，至清初康熙六年則是江南省——這兩者皆是合併江蘇、安徽的地域）松江府的一個縣而已。現在的上海直轄市的領域，除了西北部，幾乎相當於明清時期的松江府。明末清初的上海縣，其東部占據了突出於海面的部分。由於雍正二年（一七二四）

南匯縣、嘉慶十七年（一八一二）川沙廳，從上海縣分離而獨立設置，在清代後期，可以說結合上海、南匯、川沙三個縣、廳的地域，就是姚廷遴生活時期的上海縣。明末清初上海縣的領域，以黃浦江為界線，大致劃分為東、西兩部。由於東部地勢比較高，因此棉花田較多，是為江南沿海棉花帶的一部分。在海岸，則是有軍事設施和造鹽場沿著海並列。西部要比東部地勢低，較多稻田。縣城位於黃浦江的西岸與吳淞江合流點附近，縣城東側有個大碼頭，是一六八五年以來江海大關的所在地。

4 前揭《清代日記匯抄》，頁七〇。

5 在舊稿完成之後，學界在關於不同的主題上，活用《歷年記》的記事所發表的論文，包括：佐伯有一，〈明清交替期の胥吏像一斑〉（《中村治兵衛先生古稀記念東洋史論叢》，刀水書房，一九八六）；趙世瑜，《吏與中國傳統社會》（浙江人民出版社，一九九四）；渡昌弘，〈明末清初，上海姚家の「家人」〉（《東北大学東洋史論集》，六號，一九九五）。❻

6 在明清史研究中可見到的「實態與研究間的乖離」這一表現，是參考安野省三〈地主の実態と地主制度研究の間〉（《東洋史研究》三十三卷三號，一九七四）而使用的。安野在該篇論文中批判，明清地主制研究欠缺對於個別具體的地主實態的理解，「只是以字句上講究精雕細琢的形式」（頁一八九）來探究地主和佃戶，直接套用高度抽象化發展階段的概念，結果變得無法傳達出生動地現實感。安野高度讚賞的，並不是「如同沙灘上的閣樓般」（頁一九〇）的地主制研究，而是作為「充滿生命力的具體實像」（頁一八八）、「富含人情味的故事」（頁一八九）的個別地主研究。本章的內容是擷取一個人的日常生活，討論其多樣的生活面向，在這一點上，看起來或許與安野稱揚的研究型態類似。然而，本章的主旨不在於追求對於一個人的全盤認同感，亦即「富含人情味的故事」，而僅是以當時特有的行動模式的概念性理解為目的來嘗試進行稚拙的分析，這在本章內容討論中便能察知，同時也在此先明確說明。

7 在姚廷遴的〈自敘〉中，對於姚一祥這位人物，提到：「順治十年，二先伯至山西遼州，買小說一本，有高祖救囚實事載焉。」實際上，在清初短篇小說《醉醒石》中，以「救窮途名顯當官 申冤獄慶流奕世」為題，記載以姚一祥為主角的故事。根據這篇故事，姚一祥是輕財尚義之人，把作為捐納監生的費用拿去妓院遊玩，或施予遭到強盜搶劫的年輕人，雖然僅是個胥吏出身的小官，但是援救無辜的囚犯而不求報酬。依據小說結尾所言，姚永濟考取進士，成為浙江布政使，是基於姚一祥的善行，上天讓他的子孫顯貴所致。

8 關於明末六科給事中一職，參照小野和子〈東林党考（二）——その形成過程をめぐって〉《東方学報（京都）》，第五十五冊（一九八三）。

❻【譯注】姚廷遴《歷年記》記事內容詳盡豐富，常成為研究者探討明末清初社會的重要文獻，除了本書注5所列，近年來利用《歷年記》的研究論著，如：徐忠明，〈清初紳士眼中的上海地方司法活動——以姚廷遴《歷年記》為中心的考察〉，《現代法學》，第二十九卷第三期，二〇〇七年五月，頁三－二一。吳琛瑜，〈清代前期江南「準士」的社會生活研究——以姚廷遴、沈復、顧震濤為例〉，《蘇州大學學報（哲學社會科學版）》，第三期，二〇〇八年五月，頁一一〇－一一四。巫仁恕，〈逃離城市：明清之際江南城居士人的逃難經歷〉，《中央研究院近代史研究所集刊》，第八十三期，二〇一四年三月，頁一－四六。邱仲麟，〈庸人自擾——清代採選秀女的訛言與社會恐慌〉，《清華學報》，新四十四卷第三期，二〇一四年九月，頁四一九－四五七。

9 姚永濟的名字，即使在網羅明代八十七種傳記集所載人物名字的《八十七種明代傳記綜合引得》（北平：燕京大學圖書館引得編纂處，一九三二）中，也未能發現。

10 《（乾隆）上海縣志》，卷十〈人物．姚永濟傳〉。

11 《歷年記》提到：「上臺顯要如張撫臺、黃江院、張按臺等，時常饋送，來禮必重。」撫臺、按臺在《歷年記》的其他內容也可見到，應是指巡撫、巡按御史，但是順治九年的江寧巡撫是周國佐、蘇松巡按御史是秦世禎，都不姓張。由於在《歷年記》的記事中有時會見到年分的錯誤，因此恐怕是姚廷遴的記憶有誤。再者，江院指的是何種官職，因筆者寡聞而無從得知。姑且加注以待考。

12 近年出版的吳仁安《明清時期上海地區的著姓望族》（上海人民出版社，一九九七）中，涉獵多種族譜與地方志，記載上海地區（明清時期的松江府）三百餘家望族的概略。書中第三九〇－三九二頁是「上海縣姚廷遴家族」，主要並陳的是根據《歷年記》與地方志而來的記事，內容中可見到的人物就到姚廷遴的世代為止。清代中期以降，姚氏似乎就不算是上海的名門望族了。

13 關於姚永濟與姚廷遴就喪禮是該在城內還是在鄉村舉行一事的問答，是相當有趣的內容。對於姚永濟問道：「倘我天年，還是在城便？在鄉便？」姚廷遴的回覆：「倘若天年，不獨本地官府鄉紳來吊奠，抑且有外府鄉紳官府，如吳淞趙總兵、松江提督之類，未免來到，鄉中如何接待？還是城內的便，但多出喪費耳。」姚永濟便言：「見識不差，我為此歸來的。」（頁七七）

14 談氏屬於是姚廷遴的母姨夫談季動一族。在地方志等文獻中未見談季動的名字，亦不知其卒年，但是從他提起關於違法徵收漕糧的行政訴訟，作為約百人的代表而活躍的這一點（頁八三），以及他與松江府鄉紳楊氏的訴訟事件中，採取「不服其翰林之勢」的態度（頁六九）等來看，可謂是有勢力的平民。

15 從《（乾隆）上海縣志》卷九〈選舉〉中刊載的清代前期的進士與舉人的表中，若將在別處註記本姓的人假設為入贅者，其人數頗多，總計九十八名當中有三十三名，相當於約三分之一。再將時代回溯，《（乾隆）南匯縣志》卷十五〈雜志・風俗〉所收錄的明初人王逄的詩〈浦東兒女行〉中，作為浦東（黃浦江以東）的風俗現象而有「丁男循俗各出贅」一句。

16 在此所述家族結合的開放性——是指結合的鬆散與解體的迅速，同時也表現在盛行時期集結的快速——招致的結果是家族盛衰的激烈，不過這當然不能視為中國宗族的一般特徵。此為西方學界的中國史研究的焦點之一，也就是與社會流動性（social mobility）的問題有關，例如 Hilary J. Beattie, *Land and Lineage in China: A Study of T'ung-Ch'eng County, Anhwei, in the Ming and Ch'ing Dynasties*, Cambridge University Press, 1979，書中從明清時代安徽省桐城縣的各個例子，探討當地的宗族組織的強盛與社會流動性的緩慢。如同明末歸有光之言，「吳中田土沃饒，然賦稅重而俗淫侈，故罕有百年富室。雖為大官，家不一二世輒敗」（《震川先生集》卷二十五，〈敕封文林郎分宜縣知縣前同州判官許君行狀〉），家族盛衰的激烈可說是江南地方的特色。另外，J. Dennerline 也指出江南地區之中，特別是嘉定、太倉等產棉花地帶（當然上海也占有其中一區）的宗族勢力之衰弱。（J. Dennerline, *The Chia-ting Loyalists: Confucian Leadership and Social Change in Seventeenth-Century China*, Yale University Press, 1981, p.111）❼

---

❼【譯注】中譯本參見鄧爾麟（Jerry Dennerline）著，宋華麗譯，《嘉定忠臣：十七世紀中國士大夫之統治與社會變遷》（北京：中央編譯出版社，二〇一二）。

17 清初對於生員階層強化取締的行動中，時常以「結社訂盟」一詞指稱生員組織，參照小野和子〈清初の思想統制をめぐって〉，《東洋史研究》，十八卷三號（一九五九）。生動描述明末清初太倉州狀況的《研堂見聞雜錄》中提到：「明季時，文社行，於是人間投刺，無不稱社弟。本朝始建，盟會盛行，人間投刺，無不稱盟弟者。……至康熙初年，朝廷以法律馭下，嚴行禁革，此風遂改，於是不稱同盟而稱同學。」雖然青少年因意氣相投而結成的關係，其本身是超越歷史而存在的現象，但是此作為「盟」等形式而流行，則可謂明末清初的特色。

18 這是根據第五十二頁編者的註記。另外，整部《歷年記》中，除此之外，其他脫落的部分僅只一處（頁九一），或許可以推測此脫漏之處，是姚廷遴或其子孫有意識地刪除。

19 在江南地區，把奴僕稱作家人一事，可見於顧炎武，《日知錄》卷十三，〈奴僕〉。❽關於明末上海的奴僕數量之多，藉由《（乾隆）上海縣志》卷十二，〈祥異〉中有關明清交替時期奴變的記事所附的註記「按明季縉紳多收投靠，世代役使，邑幾無王民」，而廣為人知。雖然不知道姚家的奴僕整體數量多寡，但是在《歷年記》中，作為姚家的家人，光是得知名字的就有二十五位左右的人物出現。在這當中，不僅是從事雜役的僕婢，還有被稱為「管賬」、「管數」，參與經營要務，亦即「紀綱之僕」的存在。康熙十一年（一六七二），姚廷遴對於家人蔡兔，「念其三代服役」，而允許他贖身（頁一〇五），以這件事為最終，此後《歷年記》就未再出現家人的身影，這樣的事態可謂反映姚家的沒落。關於《歷年記》出現的家人，渡昌弘撰有專論（前揭注5）。

20 此定義是依據草野靖，《中国の地主経済——分種制》（汲古書院，一九八五），頁二五。

21 牛車是指以牛轉動的龍骨車，相關記載參見《（崇禎）松江府志》卷七，〈風俗〉，同時也散見於其他上海周邊的各部地方志。

22 參照拙著，《清代中国の物価と経済変動》（研文出版，一九九七），第三章〈清代前期江南の米価動向〉。❾

23 「供招」是指供述自白的意思，所謂的供招房，應是與黃六鴻《福惠全書》中見到的「招房」相同的地方。小畑行簡在注解《福惠全書》時，標注「クチガキヤク」（卷二）和「ハクジャウガキヲカクコヤクニン」（卷十二）的訓讀解釋。❿

---

❽【譯注】顧炎武在文中多處批評江南士大夫之家中多蓄奴僕的情況，如「今日江南士大夫多有此風，一登仕籍，此輩競來門下，謂之投靠，多者亦至千人」，並且認為奴僕過於涉入主人的生活，是導致門風敗壞的主因，甚至出自高官之家的奴僕往往仗勢欺人，這樣的現象尤以江南一帶為明顯，「人奴之多，吳中為甚。其專恣暴橫，亦惟吳中為甚」。（明）顧炎武，《日知錄》，卷十三，〈奴僕〉。

❾【譯注】中譯本參見岸本美緒著，劉迪瑞譯，《清代中國的物價與經濟波動》（北京：社會科學文獻出版社，二〇一〇）。

❿【譯注】根據小畑行簡訓譯《福惠全書》的前後文來看，「クチガキヤク」應是指「（錄）口供的役人」，而「ハクジャウガキヲカクコヤクニン」則是指「寫敘招的小吏」，也就是指記錄犯人口供的書役。關於小畑行簡訓譯《福惠全書》的全文內容，參照「早稲田大學圖書館古典籍総合データベース（古典籍綜合資料庫）」https://archive.wul.waseda.ac.jp/kosho/wa04/wa04_00005/（檢索日期二〇二三年十一月二十日）

24 康熙五年，姚廷遴對知縣申訴道：「二年多費，欠營債百金，難于措處，若充役在縣，將何抵補？」（頁九三，後述）關於姚廷遴擔任胥役的活動，參照佐伯有一、趙世瑜等前揭注5各篇研究論著。

25 關於這個時期的整肅吏治，參照本書第六章。

26 這一年正好是姚廷遴開始撰述《歷年記》的年分。大概可以說是他心念一轉的年分。

27 康熙二十一年（一六八二）的記述內容提到「花有捉，價三分，好者擔外，還租只二十八斤，作米一石」（頁一一六），除此之外就沒有看到有在其他內容提及關於佃租的事。

28 例如在編號15、16、18、19等事件中，與姚廷遴一起致力於調停的吳允之，在編號24的事件中是受害者。編號19的當事人毛三官、編號22的當事人談建侯、談爾師，他們都參與了編號20事件相關的康氏、黃氏之間糾紛的調停（頁一四四、一四六）。

29 日本現存明清時期的《上海縣志》，包括弘治、嘉靖、萬曆、乾隆、嘉慶、同治朝版本，在各個地方志的風俗卷中，除了嘉靖朝版本外，皆以某種形式收入關於當地人們胡亂地興起訴訟的風潮的記述。

30 中村茂夫在其論著〈伝統中国法＝雛型説に対する一試論〉《法政理論（新潟大学）》十二卷一號（一九七九）的後半部，處理了這個問題，對於民眾在解決糾紛上依賴民間調解而極力避免國家審判的普遍說法，提出了種種證據進行批判。以下述及的《歷年記》事例，或許能夠對中村氏的主張，附加一個小小的論據。雖然不無有疊床架屋之嫌，但是《歷年記》的記事，與判牘和檔案不同，不僅記錄已經被提出的訴訟之內容，而且描述訴訟被提出或是被撤銷的過程，從這一點來看，還有些許的價值，因而仍羅列這些事例。

31 所謂上海縣的「圖」，在明代等同於賦役徵收組織的「里」，上海縣三百九十八個圖對應著三百九十八位里長（《（萬曆）上海縣志》卷一，〈地理志〉以及卷四，〈賦役志下〉）。到清代雍正年間，可能是作為雍正四年（一七二六）實施「版圖法」（《（乾隆）上海縣志》卷四下，〈田賦四〉）的結果，「圖」在地圖上就顯示為一種區劃，包含一至三個圩，計有數十頃不均等的田土額，在地方志中完全是用來表示土地區劃（《（雍正）南匯縣志》卷二，〈疆土志中〉）。然而，關於在此之前作為徵稅組織的「圖」的地緣性，雖然在有關明末清初賦役改革的研究論著中，已有各式各樣的議論，但是當中並不一定有所定論。《歷年記》可見到的「圖」，即如「圖中鄰甲」、「圖中鄰里」等詞彙所示，可認為是指某個地域性範圍。黃氏和姚廷遴是二十年來的「老鄰」（頁一四六），而文中可見的趙氏、陸氏、康氏也是，平常就與姚廷遴以多種方式交際往來。「圖中鄰里」也與用水爭議的解決有關。例如，「鄰人爭水，扛張伯英家水車兩部，因伊在上水頭，每潮到，兩部牛車戽水，下流無涓滴故也。圖中鄰里又議三日而扛還其車」（頁一四四）。

32 例如，在第九號事例，有「十五日見官，因兩造具有分上，竟著干證處明，當堂吩囑押出，次日干証發帖，請兩邊至親在邑廟議明。十九日拜廟，晚間在艾宅內擺酒廿桌，做戲，二十一遞准和息」（頁一〇一）；在第二十號事例，有「十二日早堂聽審，兩造共有數人，海防（當時代理知縣）獨叫我上去聲說一番，著在我身上要與他處明。本日即至邑廟議處，寫和息議單。至明日各出錢二千五百文，共五千，送捕案經承，暗遞和息，備文詳府，具批黃天謊告，本應重懲，念親鄰哀懇呈息，更系農忙，如詳發落」（頁一四五）等內容即可說是國家審判轉向委託民間調解的情況。

33 關於像這樣的議論，原本來說一開始若未把清代「國家審判」和「民間調停」的性質當作問題來討論，就停留在僅止於事例表面的觀察，但是身為法制史的門外漢，暫且先停留在記錄像這樣的表面性質的觀察。在滋賀秀三，〈清代の司法における判決の性格——判決の確定という観念の不存在〉，《法学協会雜誌》卷九十一第八號、卷九十二第一號（一九七四－七五）（收錄於同作者，《清代中国の法と裁判》〔創文社，一九八四〕，第三章）一文，指出清代州縣的聽訟具有調停的特質。另外，關於清代州縣的聽訟的特質，近年來也熱烈地進行議論。如對於黃宗智（Philip C. C. Huang）、寺田浩明的議論提出辯駁的滋賀秀三，其重新推展的論說有〈清代の民事裁判について〉，《中国——社会と文化》，第十三號（一九九八）。同篇論文也收錄於同作者，《續・清代中国の法と裁判》（創文社，二〇〇九）。

34 地方官的人格、能力，也可當作是選擇的基準之一。在第十一號事例中，姚廷遴考慮到新任知府「性暴乖戾，難於聽審」（頁一〇八），於是花費十二兩銀，想辦法將案件移轉到縣的管轄下。

35 明末清初賦役改革是日本學界的明清史研究中，集中許多深入的研究的熱門議題之一，僅就清初江南來看的話，即能舉出相當多的論著，在此提到濱島敦俊《明代江南農村社会の研究》（東京大學出版會，一九八二）中的第二部第七章〈清初の均田均役法〉，作為從明末到清初一貫的改革邏輯中，探討清初江南繇役改革的代表性研究。

36 濱島，前揭書，頁四一五－四一七。不過，這是用我自己的話來概括的內容。

37 稅糧的免除大致可分為災害時的減免，以及皇帝的特別恩旨下免除。後者大規模施行的例子，在康熙年間（一六六二－一七二二）的中葉以降尤其明顯。參照蕭一山，《清代通史（一）》（商務印書館，一九三七），頁八一一以下的表。

38 在陸世儀〈姑蘇錢糧三大困四大弊私言〉（《陸桴亭文集》卷五）提到，「聞太倉近日增一打行，蓋徵比急迫，聊以代杖耳。官杖每日數千，里民不勝其苦，倩人代杖，每板必要二錢。民之窮餓者多賴此以活，遂有奸民從而壟斷特開行面」，顯示有代杖業者的存在。雖然該文中寫作「打行」，但這是與一般用來指稱暴力團體的「打行」完全不同的對象。《歷年記》也提到「經行」，從上下文來看，可認為是代杖業者。雖然陸世儀這篇記事的寫作日期不詳，但是文中可見最新的年分是順治十三年（一六五六）。

39 在清代上海，將縣丞稱為「糧廳」（上海通社編，《上海研究資料》〔一九三六〕，頁五三二），由此推測，這裡的「糧衙」是指縣丞。康熙三十年當時的縣丞，應是名為陳宗泰的人物（《（乾隆）上海縣志》卷八，職官表）。

40 慰留好知縣的請願運動愈來愈儀式化的例子，可以從康熙二十五年（一六八六）離任的知縣史彩的情況見到。史彩，是一位不但在整肅吏治具有功績（頁一六八），同時也致力於革除上海縣種種惡俗（《（乾隆）上海縣志》卷一，〈風俗〉）的人物。當史知縣離任的時候，城內就不用說了，城外蜿蜒道路也是「結彩張樂，百姓居民簇擁，脫靴（將好的地方官的鞋子留在城門當作紀念的惜別的儀式性行為）把酒號慟，官亦大哭」，而「出城……浦東百姓擠塞哀號，官苦極，不能言語」的光景也是持續不斷（頁一二五）。雖然像這樣的描寫類似於地方官的傳記中時常可見老套的表彰記事，但是若把那些記事看作是一種民眾行動樣式的話，卻也饒富興味。

41 在《歷年記》所見康熙二十五年、三十年、三十六年的暴動，都被寫成是自然發生的事件。然而，同時在那些暴動中，可見到只有破壞施暴對象的家財而無掠奪（頁一二四），並且謹慎地避免延燒到周邊民家（頁一六〇）等紀律。這些都是基於官方的指示，因此可以認為這些暴動是具有受到體制上允許的輿論表現形式這一特質。

42 「代兌」這一用語，在《歷年記》中經常以這樣的形式出現，例如「此時縣中方比代兌起，摘出我名。……余將田一畝五分賣于談柏年，得價三兩五錢，備完代兌」（頁一三二），可能單是指代納他人的糧稅，也可能是指一種賦役名稱，內容詳情不明。

43 森正夫，〈明末の社会関係における秩序の変動について〉（《名古屋大学文学部三〇周年記念論集》，一九七九）。據森氏說，關於在明末趨於崩壞的秩序以及秩序原理到底有什麼內容和特質這個問題，他本身仍尚在摸索當中（頁一五六）。

後記

本章是以《史学雑誌》九十五編第六號，一九八六，所載〈《歴年記》に見る清初地方社会の生活〉為基礎，進行若干修改而成。

後記

本書收錄的論文的初次發表處，皆已標示於各篇論文的後記。不過，第六章是新完成的文稿。各章的論旨與原刊載時幾乎沒有太大的變動，但是誤記的訂正、筆法的統一等自然是必須要做的，同時也適度地進行史料、文獻的補充、文章的推敲和引用史料的原文附記。若有大幅修改的部分，則會在文末的後記說明。

從這本書本身就可感受到，書中所收各篇論文是基於各方學者的啟發、批評與激勵而成立。首先，從本書全體架構來說，我蒙受自宮崎市定教授的著名論文〈明代蘇松地方の士大夫と民衆〉（《史林》三十七卷三號，一九五四，〔《宮崎市定全集》十三卷所收〕），以及本文中時常提及的增淵龍夫教授《中国古代の社会と国家》（弘文堂，一九六〇）的恩惠之大，看在讀者眼裡是相當清楚的。雖然未曾與兩位老師直接對話，但是皆為我遙遙敬畏的對象，以我自己的言詞說明這些名著所暗示的問題，或許可說是作成本書收錄的論文的最深層的動機——深刻到往往沒有自覺，直到寫成後經過數年才發覺。對於直接惠予意見的各方學者們理應致上謝忱，但是由於人數實在太多，不得不放棄一一列舉諸位學者的名字，不過，對於起初引導我朝向這樣的議題的東京大學田中正俊教授、佐伯有一教授以及碩、博士班課程參加研討會的學生；以及我撰寫本書所收各篇論文時，給予許多啟發的御茶水女子大學史學科的各位老師；還有提供繁忙且具挑戰性的研究環境的東京大學東洋史學研究室的諸位方家，在此獻上誠摯謝意；此外，對於在各篇論文寫作上賜予直接協助的以京都大學人文科學研究所小野和子教授為代表的明清研究會，以及惠予我兩次大會報告機會的歷史學研究會，還有每次參加都讓我感受相當大的刺激的明清史研究合宿的森正夫教授、濱島敦俊教授等諸方家，特別由衷感激。再者，自一九八九年透過溝口雄三教授的邀請而入會之後，得以參與活動的中國社會文化學會，以及這幾年來進行演說的東京大學大學院人文社會系研究科的「多分野交流演習」，讓我有機會跨越歷史學領域，與更寬廣範圍的中國、東亞研究者們進行議論。在本書中，雖然有些魯莽地處理思想史方面的主題，或是有利用小說、戲曲作為史料的做法，也是受到前述多領域交流的刺激所致。

另外，鼓勵本書出版的東京大學出版會中，由經驗豐富的門倉弘先生與新人山本徹先生兩位擔任本書的編輯。儘管在交付原稿上有些延遲而給兩位增添了困擾，但在兩位編輯的細心策畫下，最終完成這部精美的書籍，在此表達深厚謝意。

一九九九年八月

岸本美緒

176, 250, 266, 428-429
顧君錫　294
顧杲　290, 322
顧公燮　216, 244-245, 271, 299, 322, 357
顧贊　370
顧心宇　313
顧誠　262, 319
顧宗孟　234
顧予咸　370
《爝火錄》　281, 299
欒星　262, 319

370, 372-373, 402
韓葑　245, 256
擬制血緣關係　175, 184
謝國楨　175, 188, 252, 269, 283, 293, 321
檀上寬　56
濱島敦俊　60, 91, 320, 432, 436
繆昌期　214

十八～十九劃

顏佩韋　28, 160-161, 164, 166, 179, 204-205, 208-217, 221-222, 224, 227, 230, 237, 239-246, 254-256
歸莊　272-273
魏允枚　312-314
魏學洢　313
魏學濂　275, 279-280, 293-294, 299, 311-314, 316, 325, 327-328
魏照乘　267, 279
魏藻德　285
魏大中　275, 311, 314
魏忠賢　28, 158, 160, 166, 178, 204, 207-209, 213-214, 216-219, 221-229, 232, 239, 246, 250-251, 253, 255, 275, 287, 304-305, 311, 372
《魏監磨忠記》　219, 224
《魏忠賢小說斥奸書》　217-218, 223
瞿式耜　234
聶豹（雙江）　153-154, 156, 173
織傭之變　187, 204, 234, 237, 254-255
糧長　61, 63, 66, 363
譚鑫培　244, 256
譚嗣同　184, 191, 195-196
羅汝芳（近溪）　151, 153-154, 164, 169, 174-175, 194

二十～二十三劃

《警世陰陽夢》　178, 188, 217-219, 221-222, 239, 241, 252-253
礦監稅使之禍　77
蘇瀜　273, 298-299
顧炎武　67-68, 109-110, 174,

385, 397-398, 400-401, 423
賤民　76, 106
談季勳　363, 408, 426
談季歷　364, 408
談遷　267
調停　24, 309, 407, 409, 411-412, 430-432
鄭瑄　283
鄭敷教　251, 271, 306-307, 326
鄭鄤　235-238, 255, 257
〈緹騎紀略〉　158-160, 164, 237, 249, 251, 254
滕一飛　264
潘允哲　77
潘公權　337
《撫吳疏草》　366-367, 369-370, 373
墨子　171, 195
增淵龍夫　44, 93, 189, 435
劉羽儀　210, 242, 251
劉尚友　290, 323
劉宗周　268, 275, 277, 313-314
劉宗敏　323

十六～十七劃

《燕都日記》　290-291, 322
《樵史通俗演義》　251, 255
錢位坤　279, 293, 299-302, 305
錢謙益　165, 234, 236, 253, 255, 294, 319
錢䡵　291, 308, 324
橋樸　106, 128-129, 142-143
整肅吏治　29, 359, 401, 430, 433
《歷年記》　16, 23-24, 29, 85, 87, 261, 273, 282-283, 325, 332-333, 335, 337, 347, 353, 362-363, 374, 376, 378-383, 388-389, 391, 394-395, 398-399, 402-403, 405, 407-409, 411-412, 414-416, 419-421, 423-426, 428, 430-431, 433-434
盧士俊　346, 361, 374
盧象觀　266
韓菼　269
韓馨　228, 245
韓世琦　346, 357, 366, 368-

資訊傳播　15, 262-263
《嗇庵隨筆》　345, 375
《瑞玉記》　224
鄒谷　210
鄒守益（東廓）　153-154
鈴木董　197
《聖安本紀》　266
《滄州紀事》　264
董羽宸　340
董含　83, 254, 343, 347, 352
董其昌　76-77, 234, 315
董鼎祚　416-417
塘報　28, 260, 265, 278, 280-282, 293
稗官家　236, 238, 255
萬物一體　15, 71, 151, 167-172, 174, 181, 183, 192-194, 196-198, 200
溝口雄三　25, 27, 82, 93, 185, 189-190, 436
盟約　65, 68-70, 89, 177-178, 190, 277
楊御蕃　278, 281, 293
楊之易　340, 354
楊枝起　273, 299, 332
楊士聰　288-290, 292, 297, 308, 320, 326
楊時亮　278, 293, 325
楊汝成　273, 278, 280-281, 293, 299, 325, 332
楊念如　161, 209, 215-216, 221, 241, 243, 244-245, 256
楊雍建　89
楊漣　224, 227, 340, 354
雷縯祚　283, 291
路振飛　264

十四～十五劃

嘉靖帝　78, 86
塾教師　388
圖（圖中鄰甲）　430-431
趙士錦　290-291, 299, 308, 320, 322-323, 326
趙翼　204-205, 373
幕友　108
優免（傜役免除）特權　65, 68, 105, 133, 415
《閱世編》　67, 281, 333, 346-347, 349, 350-351, 359, 361-362, 365, 373, 376, 378,

曹家駒　236, 254-255, 342
曹化淳　281
程源　282, 291-292, 323
程顥（明道）　168
程正揆　264
程兆科　294
湯斌　29, 84, 372, 376
湯有慶　279, 299-302
童心　153-154, 164, 185
費孝通　102-103, 105, 141
馮元飂　305
馮日新　279, 324
馮夢龍　164, 186, 250, 261, 271, 277-279, 281, 283, 291, 295-296, 299, 319, 321-325
復社　89, 261, 289, 291, 305, 307, 326, 349
彭遇　279, 324
無善無惡　82
森正夫　6-7, 9, 12-14, 17-19, 21, 29, 48, 55-56, 60, 65, 91-92, 97, 99, 105, 142, 186, 200, 237, 247, 249, 254-255, 320, 373, 434, 436
陽明學　8, 15, 25-27, 32, 43, 45, 71, 74, 81-82, 146-152, 155, 157, 166-167, 172-174, 176, 181-184, 190-198, 200-202, 206, 240

十三劃

衙役（差役）　68, 83, 133, 211, 341, 343, 352, 364, 366, 398-399, 408, 419
《過江紀事》　268
葛成　234-238, 241, 247, 254, 257
義民　28, 233, 237-238, 244, 247
愚夫愚婦　155
經行　417, 433
經世致用之學　191
葉襄　303
葉紹袁　272
葉方藹　367-368, 370
葉夢珠　67, 281, 344, 347, 349, 351, 359-360, 362, 365, 373, 376, 378, 397-398, 400
《頌天臚筆》　186, 216-219, 221, 227, 231, 249-253

〈開讀傳信〉　159, 213, 250, 252, 254
開讀之變　15, 24, 27-28, 158, 163, 179, 186, 190, 204-207, 210, 217, 220-225, 227-228, 230, 235, 239, 242, 246, 248-252, 255, 305
鄉居（地主）　60, 325, 406
鄉紳　15, 22-24, 28, 32, 52-53, 63, 65-68, 73, 76-79, 82-83, 85, 88-89, 96-106, 110-114, 116, 118-121, 123-124, 126, 128, 130, 132-135, 138, 141, 150, 177, 188, 230, 264, 270, 272, 274, 286, 294, 299, 301, 303, 315, 340, 344, 348-350, 352-353, 355-356, 364-367, 369-370, 373, 386, 388, 415, 422, 426,
鄉紳支配（論）　9, 12, 15, 56, 60, 65-66, 97, 100-103, 105, 116-117, 128
鄉紳勢力　22, 32, 53, 65-66, 83, 86, 90, 100, 104, 118-119, 121-122, 134-136, 140
鄉紳之橫　29, 90, 111, 354, 357, 370
鄉紳的威信來源　128-136, 316, 344, 373
鄉紳之權威的失墜　83, 341-344, 348-353
鄉紳的語義　96-97
鄉兵　335, 337
鄉約　180, 192, 264
《棗林雜俎》　267
揭帖　208, 250, 347
黃宗羲　82, 111, 165, 184, 254, 309
黃蜚　336
黃鳴俊　275
項煜　272, 279-280, 293, 299, 300-303, 304-307, 316-317, 322, 325-326
裁判　23, 112, 411, 432
滋賀秀三　187, 432
順案　287
循環論　53, 135, 183
順治帝　89, 359-360, 375
曾羽王　273, 274, 332-333, 337, 339, 349, 356, 361, 415

張魁　279, 281, 324
張居正　82, 183
張昂之　340
張孝　208
張國維　271
張士儀　280-281
張順（魏學濂的奴僕）　275, 279
張宸　355, 374
張縉彥　281
張世偉　216, 228-233, 236, 254
張孫振　311
張岱　187, 223, 227
張仲禮　101, 141
張銚　346, 349
張溥　227, 231-232, 234-235, 238, 254, 326
張履祥　83, 268, 342
陳于廷　267
陳演　286
陳鑒　340
陳仁錫　234, 321
陳繼儒　233-234, 236-238, 255
陳濟生　290, 292, 319, 321-323, 326
陳子龍　273, 340, 349
陳貞慧　266-268
陳必謙　293, 299
陳文瑞　208, 211, 215, 250
陳方策　281
陳龍正　274-275, 313-314
通譜　174, 188
《惕齋見聞錄》　273, 275, 298-299, 322, 326-327
《陶庵夢憶》　187, 225, 227
陸世儀　272, 432-433
陸宗贄　346, 362
陸文衡　345
《鹿樵紀聞》　265, 326
《淮城紀事》　264

十二劃

《雲間據目抄》　61, 68-69, 73, 76-77, 79, 81, 113, 188, 341
《雲間志略》　76
華允誠　234, 270-271, 299
華渚　302, 305

283, 301, 321, 326, 334
寇慎　208
康熙帝　30, 84, 86, 365, 375-376
〈國難紀聞〉　278, 293
《國難睹記》　290, 295, 321, 324
《國變錄》（吳邦策）　290-293, 295-297, 321, 324-325
《國變錄》（周鑣）　307, 309, 321
國家　8-9, 14, 16-24, 29, 37, 41, 44, 60, 72, 82, 86-89, 96, 98-105, 114-118, 123-129, 131-134, 139-140, 173, 192, 196, 218, 237,248, 298, 304, 316-317, 334, 347, 407, 409, 411-412, 414-415, 430-431
　國家權力　8, 41, 45, 53, 57, 83, 123-125, 127, 133-135, 248, 338, 353, 407
　國家構造　98, 102
　「國家和社會」問題　126-128
「從逆」
　「從逆」官員　272, 278-279, 284, 286-289, 292-293, 322, 332-333
　「從逆」的定義　296-298
　「從逆」問題　15, 263, 283, 284-285, 287, 290, 298-300, 306-307, 309, 316, 318, 320-321, 328
商顯仁　346, 362
章美　302, 305
《紳志略》　281-282, 291, 296, 299, 301, 312, 320-322, 326-328
崇禎帝　217-218, 260-261, 264-265, 267, 269, 271, 274, 286, 305, 308-309, 319, 332, 393
盛國芳　279-280, 293, 324
清官　29-30, 78, 84-86, 88, 370-372
《清忠譜》　179, 188, 239-241, 244, 255
莊子　196
族譜　173, 187, 426
粗魯　241, 243, 247

《逆案存真》　290, 322
荊本徹　385
倪元璐　285
兼愛說　171
高維乾　346, 361
高弘圖　267
個人崇拜　88
時敏　280, 293, 299-300
島田虔次　25, 146, 168, 183-185, 187, 189, 196
祝淵　313-314
徐應芬　290, 322
徐階　73-75, 78-80, 157, 342, 350
徐凝生　290, 321
徐吉　208, 213, 250
徐敬時　278, 293-294, 325, 327
徐汧　234, 299, 303, 305-306
徐乾學　90, 94
徐弘基　268
徐本高　340, 342
《書事七則》　266
秦世禎　358-361, 372, 374, 426
真情　152-154, 157, 163, 241-242
祖永烈　83, 356, 370
草莽　28, 218, 227, 232, 246
孫承澤　292, 325
孫文　115, 142
泰州學派　151, 176
高橋芳郎　65, 92
唐世昌　340
馬傑　161, 164, 209, 215-216, 243, 256
馬士英　287-288, 309
原洋之介　42, 56
祕密結社　133-134
（留任）請願運動　75-76, 417-418, 433
凌掯　367, 369
倭寇　62-64, 112, 138

十一劃

械鬥　82, 338-339
許琰　271
基督教會　123, 134
《偶變紀略》　290
《啟禎記聞錄》　271-272,

范景文　285
范世彥　219, 224
范濂　61-62, 75, 77, 81, 113, 176, 341
風俗　6-7, 9, 26, 63, 69, 73, 81, 110, 119, 188, 210, 302, 343, 361, 380-381, 427-428, 430, 433
《風流院傳奇》　224
冒襄　243-244, 265
封建　60, 91, 100-101, 104-105, 111-112, 115, 126, 147, 150, 162, 183-184, 255-256, 315
封建・郡縣論　192
封建制　40-41, 60, 100, 116-117, 147, 150
姚永濟　24, 274, 279, 384-391, 393-395, 406, 411-412, 423, 425-426
姚永豐　388
姚希孟　186, 214-215, 234, 252
姚廷遴　16, 23-24, 29, 85-86, 261, 273-274, 282, 325, 332, 336-337, 347, 353, 355, 363, 376, 378-386, 388-403, 405-412, 414-426, 428, 430-432
姚宗昌　303, 305
流動的社會構造　87
政治正當性的流動化　218, 232

十劃

秩序
　秩序問題　46-47, 56-57
　明末秩序的危機　60, 166-167, 201
　秩序恢復　83, 87, 183, 334, 394
殷獻臣　210-211, 213, 250-251
袁于令　224
袁良弼　279, 293, 299, 303, 305
翁元益　273, 332
夏完淳　289, 291, 299, 321
海瑞　78-81, 85-86
迴避制度　98
逆案　239, 287, 289

〈忠孝實紀〉 313, 328
《忠孝列傳》 233
《定思小紀》 290-291, 320
邸報 16, 208, 216, 219-220, 253, 261, 277, 278, 280, 320
東廠 158, 160, 222
東林派 77, 82, 93, 194, 275, 314
武愫 288
物價 5-6, 14, 31-32, 41, 429
牧野巽 172, 187
《明季南略》 266, 270
林希元 111-112, 138

九劃

孩提 153-154, 239-241
科舉 21-22, 24, 66-68, 97-99, 102, 104-110, 112, 114, 130-132, 135-136, 142, 176, 313, 318, 344-345, 378
科場案 362, 423
姜曰廣 266
科舉官僚制 68, 104
計六奇 266, 270, 312, 327
《研堂見聞雜錄》 83, 356, 358, 369, 375, 428
侯承祖 336-337
侯峒曾 273
皇帝統治
皇帝統治的正當性 132
一君萬民的（一元）統治 30, 72, 82, 84, 86-88, 91, 99, 114-116, 123, 192,
《皇明中興聖烈傳》 217-218, 220-221
施化遠 294, 327
重田德 57, 60, 91, 97-101, 104-105, 112, 116, 141-142
城居（地主） 62, 406, 425
胥吏 83, 86, 108, 352, 362, 364, 390, 399-403, 406-407, 409, 419-420, 424-425
甚野尚志 197
奏銷案 345, 359, 364-366, 369-370, 375, 415, 423
南巡 30, 86, 286, 298, 302, 372, 376
《南渡錄》 299, 309, 320-321, 327
范允臨 234

192, 199-200, 206

八劃

知行合一　146
亞洲要素　147-148
岩間一雄　147, 184
岳元聲　234
官權力　334-372
官僚制　21, 68, 96, 104, 352-353
近代的官僚制　129
祁彪佳　223, 267-268, 271, 287, 298, 302, 305, 310
《祁忠敏公日記》　268, 271, 326-327
《泣鼎傳》　295, 307
金聖嘆　241
《金沙細唾》　269
迎風板　357-359
《孤臣紀哭》　282, 291-292
刺魏文獻　28, 217, 220, 222, 241
社　68, 176, 422
社團　72, 88, 93
社會的流動化（性）　90-91, 102, 118, 137
周雲章　280, 294
周延儒　234
周季琬　367
周順昌　158, 160, 162-164, 204-205, 207-208, 210-213, 215-216, 220, 229-230, 234, 239, 242-244, 249-250, 256
周鍾　287, 288, 291, 293, 299, 306-311, 316, 326-327
周宗建　214
周鑣　288, 291, 309, 321
周文元　161, 209, 211, 215-216, 221, 240-245, 256
周茂蘭　302, 305
〈周吏部紀事〉　216, 230, 254
宗敦一　287
宗族　40, 66, 71, 80, 83, 88, 100, 103, 116, 122, 140, 150, 172-175, 187, 201, 389-390, 422, 427
忠義　159, 182, 204, 225, 231, 236-238, 246, 248, 303, 315, 317, 328, 332

吳默　215, 228, 234
吳履中　299, 309
孝　147-149
抗租　69, 101-102, 163, 165, 186, 249
《吳門表隱》　216, 245, 252
沙舜臣　210, 251
沈世奕　370
沈猶龍　336
沈揚　161, 209, 215-216, 221, 243, 256
身體觀　187
赤子　75, 151-157, 167
赤子之心　27, 151-153, 164
宋學顯　279, 293, 299-302, 305
宋企郊　308
宋德宜　367
宋懋澄　236-238, 254-255
谷川道雄　46, 56, 186, 249
投旗　83-84, 356
投獻　101, 110, 120, 355
投靠　29, 67, 83, 110, 113, 120, 133, 175, 269, 305, 354-355, 370, 428-429
《檮杌閑評》　255
投充　83-84, 353
李樂　66
李巖　262, 319
李漁　120-121，164, 177
李玉　179, 239, 255
李贄　153-154, 164, 261
李自成　82, 260, 262-263, 265, 271-273, 275, 278, 280-282, 284-287, 290, 292, 296-297, 301, 303, 308, 311-312, 316, 321-322, 324, 328, 332
李實　220, 224
李成棟　340, 346, 350, 353-354
李正華　346, 362
李多見　75, 77
李復興　362
里甲制　87, 101, 139, 150, 166
《李闖小史》（《剿闖小說》）271, 291, 295-296, 299, 307, 310, 327
呂兆龍　299, 309
良知　15, 25-27, 146, 148, 151-155, 157, 162, 167, 183,

朱長祚　209, 211, 218, 252
朱傳譽　260, 280, 319-320
朱陛宣　215, 234
朱鷺　253
朱子學　26, 146-147, 191, 194
全世渼　367
地域　6-9, 12-13, 15-19, 36-37, 45, 61, 87, 96, 114, 117, 119, 122-123, 142, 195, 260, 284, 298, 332, 354, 405, 423-424, 431
　地域社會的觀點　8
　地域社會論　7-10, 12-15, 20, 30, 33-38, 40-41, 46, 50-52, 54-55, 57
　大地域　36
寺田浩明　189, 200, 432
同心圓式構造　171
西嶋定生　9, 92
西部邁　48
任辰旦　362
任俠（俠客）　45, 72, 93, 189, 210, 237, 247, 255
百姓　61-62, 65, 67, 79, 98, 108, 119, 121, 155, 158-160, 163, 212-213, 222, 243, 249, 269, 340, 355-356, 376, 400, 416, 418, 433
〈冰山記〉　166, 223, 227
米價　64, 395, 397-399
名帖　344, 347
安野省三　424
有機體說　196-200

七劃

何三畏　76, 78
何炳棣　56, 101
何良俊　61, 65, 119, 137
均田均役　414-415, 432
阮大鋮　287
吳偉業　239, 370
吳三桂　286
吳爾壎　280, 294, 328
吳肅公　233
吳勝兆　346, 350, 353-354, 374
吳汝璋　210
吳震元　233
吳邦策　290, 292, 295-296, 321

奴變　67, 150, 268-269, 277, 302, 320, 332-333, 428
奴僕（僮僕）　66-68, 70, 78, 101,106, 110, 112-113, 119-120, 133, 175-176, 267, 269, 275, 279-280, 294, 311, 313, 333, 338, 356, 388, 395, 422, 428-429
包攬　401, 420, 422
民眾　8, 11-13, 15-16, 21-29, 49, 56, 63-64, 68-69, 73-81, 84, 86-88, 90, 103, 108, 125-126, 129-130, 150-151, 155, 157-158, 161-167, 177, 180, 190-191, 204-205, 212-213, 216, 232-233, 242, 246, 248, 250, 256-257, 260-261, 263, 265, 273, 277, 282, 284, 292, 294, 301, 311-312, 315-317, 327, 337, 339, 341, 349, 357, 359-360, 362, 364, 371-372, 400, 418, 420, 422, 430, 433
民眾暴動　32
民變　8, 10, 15, 27-28, 43, 51, 61, 73-77, 79-80, 88-90, 150, 155, 157-158, 162-163, 165-167, 186, 201, 205-206, 210, 234, 236-238, 247-249, 278, 302, 305, 315-316, 328

六劃

安廣居　294, 325
衣冠　60, 83, 314, 340-341, 399, 422
共同體　27, 46, 60, 64, 92, 122, 147, 191, 193, 195, 421
光時亨　287, 288-289, 291, 311
《江陰城守紀》　269
合夥（合本）　180
《再生紀略》　290-292, 319-320, 323
自治團體　81, 122
朱光輝　416-417
朱國盛　340
朱國治　345-346, 364-366, 369-370, 375
朱察卿　79
朱積　273, 293, 299, 332, 350
朱祖文　210, 251

235, 237
文秉　237, 266
《文武相見儀注》　347
《文文肅公日記》　249
反宦官民變　234, 305, 315
反鄉紳民變　76
毛一鷺　208, 210, 224, 242, 250
毛堪　215

五劃

《玉鏡新譚》　208-209, 211, 217-220, 250, 252-253
《甲乙事案》　266
《弘光實錄抄》　309
弘光帝（福王）　267-268, 271-272, 274-275, 278, 283, 286-288, 333, 335, 393
《甲申核真略》　288-291, 320, 323-324, 326
《甲申紀事》（馮夢龍）　271-272, 278-281, 283, 291, 295, 299, 319, 321-324
《甲申紀事》（趙士錦）　290-291, 320
《甲申紀聞》　261, 291, 295, 319-320, 325, 327
《甲申傳信錄》　291, 308, 327
左良玉　288
史可法　165, 265-266, 274, 281
史彩　433
《四友齋叢說》　61-62, 65, 73, 119
申濟芳　301
申芝芳　292, 299, 323
《生綃剪》　225-226
正統論　115
世論（輿論）　8, 15, 28, 73, 80-82, 87-88, 90, 93, 126, 155, 185, 261, 282, 284, 305, 309-311, 314-315, 318, 320, 328, 372, 418
代兌　416, 419, 434
打行（打降）　69, 180, 337, 422, 432-433
田中正俊　163, 165, 186-187, 247, 249, 436
田價　398

土國寶　346, 354, 359, 361, 374
土豪　85-87, 97
山田賢　12, 18-21, 37, 55
山本進　55, 57

四劃

尹韻公　260, 319
王家禎　83, 356
王畿（龍溪）　146
王景皐　251
王艮（心齋）　146
王三錫　280, 294
王時敏　234
王守仁（陽明）　146, 148, 153, 162, 170-171, 183, 187
王心一　234, 280, 294, 299, 303, 305
王崇簡　313, 316-317, 328
王節　210, 212, 234, 242, 250-251
王曾　66
王孫蕙　293, 299, 322
牛金星　311
公　74-78, 80, 114, 125-126, 156-157, 162, 175
公議（公論）　28, 77, 93, 111, 126, 191, 300, 304, 312, 315, 328, 412
公道單　16, 28, 279, 281-282
〈五人義〉（戲曲）　244-245, 256
《五人義》（小說）　256
〈五人義助疏碑〉　234-235, 326
〈五人傳〉（吳肅公）　233
〈五人傳〉（作者不詳）　161, 216, 242, 249, 254
「五人之墓」　228-229, 231, 245, 256
〈五人墓碑記〉　221, 231-232, 238, 254
心即理　146
《丹午筆記》　216, 244-245, 271, 280, 299, 322, 328, 357, 359
天啟帝　204, 217
不慮不學　152, 155, 233
文震亨　210, 251
文震孟　208, 214-215, 234-

索引

A. V. Chayanov　42
E. Durkheim　198
E. Fromm　44
F. Engels　163
F. Meinecke　35
G. W. Skinner　36
G. K. Chesterton　47
H. J. Beattie　114, 142, 427
J. Dennerline　328, 427
J. Habermas　93
R. H. Tawney　123, 142
T. Hobbes　47

一～三劃

《乙酉筆記》　273, 332-333, 335-336, 338-339, 341, 349, 356, 361, 415
二宮宏之　72, 93
入贄　390, 427
于成龍　29, 84-86, 372, 376
于埔　269
上田信　57-58
大木康　260-261, 319
小山正明　60, 69, 91-92, 175, 188
丘民瞻　305
《三岡識略》　83, 254, 343, 348, 352
三藩之亂　84, 139, 334, 365, 415
士大夫　25-26, 65, 79, 97, 150-151, 157-158, 163, 166, 204, 210, 214, 224, 227-228, 231-233, 238, 243-244, 247, 260, 274, 280, 286, 294, 306, 322, 343, 345, 427, 429, 435
小報　263, 274, 282-283
大運河　86, 264-265, 272, 274, 277
大報　274, 283

知識叢書 1148

明清交替與江南社會：十七世紀中國的秩序問題

明清交替と江南社会──17 世紀中国の秩序問題

作者　岸本美緒
譯注　吳靜芳
資深編輯　張擎
責任企劃　林欣梅
封面設計　木木 Lin
內頁排版　張靜怡
人文線主編　王育涵
總編輯　胡金倫
董事長　趙政岷
出版者　時報文化出版企業股份有限公司
108019 臺北市和平西路三段 240 號 7 樓
發行專線｜ 02-2306-6842
讀者服務專線｜ 0800-231-705 ｜ 02-2304-7103
讀者服務傳真｜ 02-2302-7844
郵撥｜ 1934-4724 時報文化出版公司
信箱｜ 10899 臺北華江橋郵局第 99 信箱
時報悅讀網　www.readingtimes.com.tw
人文科學線臉書　http://www.facebook.com/humanities.science
法律顧問　理律法律事務所｜陳長文律師、李念祖律師
印刷　紘億印刷有限公司
初版一刷　2025 年 3 月 21 日
定價　新臺幣 660 元

國科會經典譯注計畫

ISBN　978-626-419-221-7 ｜ Printed in Taiwan

時報文化出版公司成立於一九七五年，並於一九九九年股票上櫃公開發行，於二〇〇八年脫離中時集團非屬旺中，以「尊重智慧與創意的文化事業」為信念。

明清交替與江南社會：十七世紀中國的秩序問題／岸本美緒著；吳靜芳譯 .
-- 初版 . -- 臺北市：時報文化出版企業股份有限公司，2025.03 ｜ 464 面；14.8×21 公分 .
譯自：明清交替と江南社会──17 世紀中国の秩序問題｜ ISBN　978-626-419-221-7（平裝）
1. CST：社會史　2. CST：社會變遷　3. CST：明代　4. CST：清代｜ 540.9206 ｜ 114000683